알기쉬운 미국이민법

# 영주권을 원하십니까?

부록 : 영주권자(시민권자)가 알아야 할
## 한국법률 100문 100답

**이 한 길** 지음

미 국 변 호 사
(전)국회법제실장

서강출판사

알기쉬운 미국이민법
### 영주권을 원하십니까?

초판 1쇄 인쇄 2011년 11월 10일
초판 1쇄 발행 2011년 11월 10일
지은이 이한길
펴낸이 남상진
편집디자인 이규산
펴낸곳 서강출판사
주소:경기도 파주시 교하읍 문발리 500-11번지
(파주출판문화정보산업단지 內)
TEL:031-955-0721, FAX:031-955-0723

값 23,000원 / ISBN978-89-7219-288-6
이 책은 저작권법에 의하여 보호를 받는 저작물이므로 전재와 복제를 금합니다.

알기쉬운 미국이민법

# 영주권을 원하십니까?

 **추 천 사**

    이한길 변호사와의 인연은 제가 부장검사를 하다가 국회 법제사법위원회의 전문위원으로 옮겨간 1988년으로 거슬러 올라갑니다. 그곳에서 3년을 함께 일했습니다. 한국의 국회에서는 다른 위원회에서 의결된 법안을 모두 법제사법위원회로 보내어 그 법안의 위헌여부 및 다른 법률과의 상충여부를 심사하고 법안의 체계와 자구를 바로 잡아 의결한 후에 본회의에 상정하도록 되어 있기 때문에 국회에서 의결되는 모든 법안이 법제사법위원회의 심사를 거치게 됩니다.

    따라서 법제사법위원회의 스태프들에게 주어지는 업무량은 상상을 초월하며 특히 회기 말이 가까워지면 가히 살인적이라고 할 수 있습니다. 이한길 변호사는 당시 뜨거운 열정과 사명감으로 물밀 듯 밀어닥치는 법률안의 검토를 헌신적으로 해냈습니다. 그 무렵 국회에서 의결된 거의 모든 중요한 법률들이 이한길 변호사의 손을 거쳐 다듬어졌습니다.

    저는 3년 후 다시 검찰로 돌아갔으나 이한길 변호사는 계속 국회에 남아 법제사법위원회에서 갈고닦은 실력으로 여러 위원회의 중요한 자리를 거치면서 그 지식과 능력의 폭을 넓혔고 드디어는 법제실장으로 국회의 입법과정을 통할하는 책임까지 맡았습니다.

    그동안 미국에 유학을 하였고 주미대사관에서 입법관으로 3년 동안 근무도 하여 한국과 미국의 법률을 모두 통달한 흔치 않은 법률가가 되었습니다. 이제 공직에서 명예롭게 퇴임하고 미국 변호사로서 미국의 중심부에서 변호사 생활을 시작하게 되는 것을 보니 그 열정과 노력에 진정으로 깊이 고개가 숙여집니다.

그 이한길 변호사가 자신의 법률지식과 경험을 살려 책을 썼습니다. 미국에서 영주권을 취득하는데 관심이 있는 국내외 한국인을 대상으로 그 궁금한 점을 핵심을 짚어 요령 있게 설명한 책입니다.

그 내용을 보면, 각자의 입장과 처지에 맞추어 영주권을 취득할 수 있는 가능한 방법을 적절하게 제시해 주고 있으며, 되는 것은 된다, 안 되는 것은 안 된다고 분명히 지적하여 허황된 말에 넘어가 피해를 보는 일이 없도록 주의를 환기시켜 주는 일도 잊지 않고 있습니다. 또한 그 이외에도 교민들이 꼭 알아두어야 할 한국 관련 법률문제를 문답식으로 정리하여 그 궁금증을 풀어주고 있습니다.

법률문제는 이제 어쩌다가 부딪치는 남의 이야기가 아닙니다. 모든 사람에게 일상적인 문제가 되어 가고 있습니다. 미국에서 영주권이나 시민권을 취득하고자 계획하시는 분은 물론 이미 미국에 정착하신 분들께도 이 책이 일상생활에 큰 도움을 주는 지침서가 될 것으로 믿어 의심치 않습니다.

2011. 11. 추천인 **채 방 은**

법무법인 한덕 대표변호사, 법학박사
(전) 서울지방검찰청 북부지청장
상명대학교 석좌교수

 추 천 사

  이한길 변호사님의 책 발간을 축하드립니다.
  이 책을 위해 거의 2년 가까이 심혈을 기울여 노력 한 것으로 알고 있습니다.

  이 책은 미국이민법을 일반인들이 이해하기 쉽게 설명하였고, 이민업무에 관심이 있는 많은 분이 이민법을 폭넓게 이해하는 데 도움이 될 것이라고 생각합니다. 특히 교민들이 꼭 알아야 할 한국법 100문 100답은 교포들의 가려운 부분을 긁어주고 갈증을 시원하게 해주는 청량제 같은 역할을 하리라고 생각됩니다.

  이 변호사님은 22세에 최연소 입법고등고시에 합격하고 1급 관리관으로 퇴임할 때까지 30년 넘는 공직생활 중 대부분을 법률관련 분야에만 전념했습니다. 법제사법위원회 전문위원, 법제실장을 역임했습니다. 이 변호사님께서 거쳐 왔던 두 자리는 대한민국의 법을 만드는데 가장 중요한 자리입니다. 30년 넘는 공직생활 중에 3,000여건이 넘는 법안이 이한길 변호사님의 손을 거쳤습니다. 대한민국의 법률중 이변호사님의 손을 거치지 않은 법률은 아마 거의 없을 것입니다. 살아있는 한국의 법전이라고 할 수 있습니다. 누구도 부인할 수 없는 대한민국 법률의 최고 전문가이십니다.

  공직생활 중 American대학 Law School에서 연구교수로 미국 이민법을 폭넓게 조사.연구했고 한국과 미국의 제도를 비교 연구하여 국회에 보고하기도 하였습니다.

특히 공직 생활 중에 워싱턴에 있는 주미 한국대사관에 입법관으로 3년을 근무한 바 있습니다. 따라서 교포들의 어려운 법률문제에 대하여 누구보다도 잘 알고 있습니다. 이러한 배경들이 이 책을 저술하게 된 가장 큰 동기라고 알고 있습니다.

지금의 시대는 국제화시대라고 합니다. 국가 간에 사람과 자금의 이동에 대한 장벽이 사라지고 또 법률의 장벽도 점차 사라져가고 있는 추세입니다. 특히 한국과 미국 간에 FTA가 체결되면 한국과 미국 간에 이러한 장벽은 더욱 빠르게 허물어져 갈 것으로 보입니다.

미국 현지에서 변호사로 활동하는 본인은 이러한 변화의 과정을 누구보다도 강하게 피부로 느끼고 있습니다. 더욱이 점차 한국 법률에 대한 수요는 그 어느 때보다 높아가고 있으나 현지 미국변호사들은 교포들의 한국법률에 대한 많은 문의에 적절하게 그 요구를 충족시켜주지 못하고 있습니다. 다행히 때에 맞추어 출간되는 이한길 변호사님의 저서는 교포들의 한국법률에 대한 갈증을 다소나마 해결해줄 것으로 기대됩니다.

또한 알기쉽게 설명한 미국이민법도 영주권을 취득하고자 하는 개개인에게 자기 상황에 맞는 여러 가지 방법들을 구체적으로 제시하고 있는데 앞으로 영주권을 취득하고자하는 많은 분께 큰 도움이 되리라 생각합니다.

2011.11
**한상준** 미국변호사
Principal Attorny
Han And Associates, PLLC
(T:703-256-5050)

 발 간 사

이 책은 두 부분으로 구성되었습니다.

첫째는 미국이민법을 설명하는 부분으로 주로 영주권의 취득과정과 영주권을 받는 방법들을 설명하였습니다. 두 번째는 영주권을 받은 후 교포들이 알아야 할 주요한 한국법률을 알기쉽게 문답식으로 설명하였습니다. 당초 구상은 각각 별도의 책을 출판하려 했으나 미국에 이민을 가고자하는 분들이 영주권을 취득하고 미국에 정착한 후에는 한국과의 법률관계 등이 연관되어 있으므로 이를 일괄적으로 연결시켜 책을 발간하는 것이 좋다는 주위의 조언에 따라 별도의 책으로 내지 않고 이를 합하여 단행본으로 발간하게 되었습니다. 한 권의 책으로 발간하다 보니 내용의 깊이가 조금 미흡한 것 같아서 아쉽습니다. 따라서 다음 기회에 더 자세히 내용을 보강하기로 하고 우선 단행본으로 책을 발간하기로 하였습니다.

저는 20대 초반에 공직에 입문하여 30년이 넘게 공직생활을 하였습니다. 평생 법률관련 부서에만 근무하였습니다.

공직생활 중에 미국대사관에 3년간 근무할 기회가 있었습니다. 이때에 많은 교민이 자녀교육과 신분문제에 대하여 고민하는 것을 보아 왔습니다. 나 자신도 아이들 교육문제 때문에 고민하고 상담을 받았던 기억이 납니다.

이러한 경험과 미국의 이민법과 유사한 한국법률들을 직접 입안하거나 심사한 바 있고, American 대학에서 객원교수로 미국이민법을 특별히 공부한 경험, 또한 30여 년 간 공직경험들이 이 책을 쓰게 되었습니다.

앞으로 한국과 미국은 인적. 물적 교류가 지금보다 더 활발해질 것으로 보입니다. 영주권을 받고 미국에 정착하고자 하는 사람도 많아지고 무역장벽이 없어짐에 따라 교민들도 필요한 한국법률을 알아야 할 필요성이 높아지고 있습니다. 한미FTA , 무비자 미국방문, 이중국적 인정, 법률시장 개방 등 사람과 돈의 장벽이 갈수록 없어지고 있으며 한·미간 교류는 더욱 더 확대되고 있고 그 속도 또한 빨라지고 있습니다. 이와 부수해서 미국이민법을 비롯한 한국법률의 중요성이 더해지고 있습니다.

미국에 이민을 가고자 하는 분들을 만나보면 미국이민법에 관한 많은 사항에 대하여 궁금해하시고 알고자 합니다. 또 영주권을 받거나 시민권을 가지고 계신 교포분들은 한국법률에 대하여 궁금해 하는 부분도 많이 있습니다. 이러한 분들에게 이 책이 조그마한 도움이 되었으면 합니다.

여러 가지로 부족한 이 책이 나오기까지 도움을 주었던 한상준 변호사님, 채방은 한덕 법무법인 대표변호사님, 국회운영위원회 최민수 수석전문위원님, 자료수집에 고생 하여준 국회도서관 직원 여러분들에게도 깊은 감사의 말씀을 드립니다.

2011.11
이 한 길 씀(미국변호사)

## 목 차

### 1. 미국 이민의 역사, 미국이민법 특징 / 17
  1) 미국 이민의 역사 / 17
  2) 이민법(Immigration and Nationality Act)은 어떤 법인가? 특징은? / 19
  3) 한국의 이중국적과 예상되는 역이민 / 22

### 2. 영주권(이민비자) / 27
  1) 이민비자(영주권), 비이민비자의 구별은? / 27
  2) 영주권이란? / 28
  3) 왜 영주권을 받으려고 하는가? / 30
  4) 한국 사람은 몇 명이나 영주권을 받고 있나? / 33
  5) 영주권을 어떠한 절차로 취득하나? / 34
  6) 영주권 취득은 갈수록 어려워진다. / 37
  7) 50세 이상자 영주권의 실익이 있나? / 38
  8) 영주권을 취득하는 방법(이민비자의 취득) / 40

### 3. 가족초청영주권 / 43
  1) 가족영주권(가족이민)이란? / 43
  2) 순위 및 쿼터는 어떻게 되나? / 43
  3) 가족의 범위는? / 44
  4) 비자 개방일자란? / 48
  5) 재정보증서란? / 49
  6) 시민권자와 결혼하면 영주권 받을 수 있다. / 50
  7) 입양 / 53
  8) 가족영주권 관련 사항 / 54
  9) 가족영주권 문·답 / 55

4. 취업영주권(취업이민) / 61
   1) 취업영주권이란? / 61
   2) 취업영주권(취업이민) 순위 및 쿼터 / 65
   3) 1순위 취업영주권은 누가 받을 수 있나? (EB-1) / 66
   4) 2순위 취업영주권은 누가 받을 수 있나? (EB-2) / 69
   5) NIW (National Interest Waiver) / 70
   6) 3순위 취업영주권은 누가 받을 수 있나?(EB-3) / 73
   7) 취업영주권 가장 중요한 것은? / 74
   8) 취업영주권 어떠한 절차가 필요하나? / 77
   9) 기타사항 / 79
   10) 취업영주권 문·답 / 83

5. 종교영주권 등 특수이민(EB-4) / 89
   1) 종교영주권(종교이민)이란? / 89
   2) 자격요건은? / 90
   3) 어떻게 받나? (절차) / 91
   4) 종교비자(R)와 다른 점은 무엇인가? / 92
   5) 기타사항 / 92
   6) 종교 영주권 문·답 / 93

6. 투자영주권(투자이민)(EB-5) / 97
   1) 투자영주권(투자이민)이란? / 97
   2) 투자영주권(투자이민)에는 어떤 종류가 있나? / 98
   3) 투자조건은? / 99
   4) 어떠한 절차로 투자하나? / 99
   5) 투자영주권 장점은? E-2(소액투자비자)와 비교 / 100
   6) 투자영주권 단점은? / 101
   7) 임시조건부 영주권을 준다. / 102
   8) pilot program이란? / 103
   9) 투자영주권(투자이민) 유의사항 / 105
   10) 투자영주권(투자이민) 문·답 / 107

## 7. 나는 영주권을 받을 수 있나? 방법은? / 111

   1) 유학생 / 112
   2) 연수중인 공무원, 정부 투자기관 직원 / 117
   3) 교환교수 / 119
   4) 변호사, 회계사, 건축사등 전문직 / 120
   5) 의사 / 121
   6) 간호사 / 123
   7) 약사 / 125
   8) 한의사 / 126
   9) 대기업, 은행등 지사 근무자나 현지법인 근무자 / 127
   10) 교직원, 학원강사 / 128
   11) 연구소연구원 / 129
   12) 종교인 (목사, 신부, 승려 등) / 130
   13) 태권사범등 운동선수 / 131
   14) 연예인, 예술인 / 132
   15) 기러기엄마 / 133
   16) 조기유학생 / 136
   17) 사업체를 운영하시는 분, 중소기업 경영인 또는 종업원 / 137
   18) 자영업자 (꽃가게, 떡집, 악세서리 등) / 138
   19) 기술이 있는 분 (카센터, 사이딩, 전기, 보일러공, 미용 등) / 139
   20) 자녀가 미국에서 태어난 경우 (원정출산) / 140
   21) 결혼예정자 / 141

## 8. 비이민비자(Non-Immigration Visa), 영주권과 관계 없다. / 145

   1) 비이민비자란 무엇인가? / 145
   2) 비이민비자 (Non-Immigration Visa)에는 어떤 종류가 있나? / 146
   3) 비자발급, 체류기간, 신분변경 / 147
   4) 무비자 여행이 가능 하다는데? 비자 면제 협정이란? (VWP) / 150
   5) 방문 · 상용비자 (B1/B2) / 154

6) 수출입업자(무역업자)비자(E1), 소액투자비자(E2) / 160
　7) 유학생비자(F) / 172
　8) 단기전문직 취업비자(H-1B) / 180
　9) 교환 연수비자(J) / 186
　10) 약혼자비자(k) / 191
　11) 주재원비자(L) / 193
　12) 특별기능보유자 비자(O) / 198
　13) 연예인·체육인비자(P) 및 문화교류비자(Q) / 200
　14) 종교비자(R) / 201

**9. 시민권취득 / 209**
　1) 미국 시민권자(미국국민)가 되는 방법은? / 209
　2) 시민권자와 영주권과의 차이는? / 210
　3) 영주권자의 시민권 취득 어떻게 하나? / 211
　4) 시민권 관련사항 문·답 / 213

**10. 비자거부, 입국거절, 불법체류, 추방 / 217**
　1) 비자거부 / 217
　2) 입국거절 / 219
　3) 불법체류란? / 221
　4) 추방 / 222

---

**부록 /** 영주권자(시민권자)가 알아야 할 한국법률 100문 100답 / 225
　　부록목차 / 227

 이 책을 읽기 전에...

1. 독자들의 이해를 돕고 또 쉽게 설명하기 위하여 이민법의 원문과 한글과의 표현이 다르게 쓰인 경우가 있습니다.

   예컨대, 미국의 USCIS 정확한 번역은 미국시민권, 이민 및 서비스국이라고 하여야하나 많은 사람들이 이민국이라고 과거 용어에 익숙하여 있기 때문에 편의상 이민국이라고 하였습니다.
   이민비자는(Immigration Visa) 사실상 영주권과 다를 바 없으므로 영주권 이라고 하였습니다.

2. 이민법에서 미국 대사관의 영사 및 이민국의 심사관들에게 많은 재량권을 부여하고 있습니다. 같은 case라도 영사 및 심사관에 따라서 결과가 달라지는 경우도 있습니다. 또한 이민국에서는 유권해석 및 처리지침들을 자주 바꾸기 때문에 이 책의 발간 후에 어떠한 사항이 변경될 수 있다는 점도 유의하셔야 합니다.

3. 부록 편에서 설명드릴 영주권자나 시민권자가 알아야 할 한국법률의 경우 법률 및 시행령, 시행규칙 등이 수시로 바뀌기 때문에 개정여부 등을 본인의 의사결정 전에 확인하시기를 권장 드립니다.

4. 구체적인 개별적 법률문제는 개인별, 사안별로 상황에 따라서 다를 수 있습니다. 법률전문가와 개별적으로 상담하시기를 권합니다. 이 책의 내용에 대하여 법적 책임이 없다는 것을 알려드립니다.

# 1. 미국 이민의 역사 및 미국이민법 특징

1) 미국 이민의 역사
2) 이민법(Immigration and Nationality Act)은 어떤 법인가? 특징은?
3) 한국의 이중국적과 예상되는 역이민

# 1. 미국이민의 역사 및 미국이민법 특징

## 1) 미국이민의 역사

한국인의 미국 이민의 역사는 100여 년이 조금 지났다. 미국 교포 사회의 기록이나 관련 서적을 살펴보면 1900년대 초라고 기록되어져 있다. 이들 자료에 의하면 인천 제물포항을 출발한 93명이, 1903년 미국 하와이에 도착한 것이 한국인의 미국이민 시초라고 한다. 당시에 이미 미국 본토에는 중국인들이 값싼 노동력으로 많이 들어와 있었고 또한 일본인들도 이미 진출하고 있었다. 우리 한국인은 사탕수수 농장에서 이민생활을 시작하였으며 중국이나 일본보다 이민의 역사가 짧다. 이민 초기에 한국인들의 힘들었던 생활을 당시 기록이나 자료 등을 통하여 엿볼 수 있다. 100여 년 전에 93명으로 출발하였던 미국으로의 이민의 수는 현재는 200만 명을 넘고 있다. 미국 각 처에 한국인들이 살고 있다. 가장 최근에 나온 외교부 통계

알기쉬운 미국이민법 • **영주권을 원하십니까?**

자료에 의하면 현재 미국에 거주하고 있는 재외동포는 210만이 넘는다고 한다. 이중 시민권자는 100만 3천 명, 영주권자는 52만 명, 일반 체류자 46만 명, 유학생 10만 5천 명이다. 통계에 잡힌 수만 그렇다. 불법 체류자 및 통계에 잡히지 않은 수까지 고려하면 훨씬 많은 수가 될 것이다.

　LA, 뉴욕, 시카고, 워싱턴, 미국 어디를 가더라도 한국인들을 쉽게 볼 수 있다. 전자상가에는 삼성제품이 제일 좋은 곳에 눈에 띄고 도로 곳곳에서 현대자동차를 볼 수 있다. 한국 사람과 한국제품이 넘쳐난다. 100여 년의 짧은 기간이지만 우리 한국인이 이루어낸 미국이민의 역사는 결코 작은 것이 아니다.

　이민국 통계 자료를 보면 1940년대부터 지금까지 한국 사람이 미국 영주권을 취득한 수는 100만 명을 넘고 있다. 1950년대에 약 5천여 명, 60년대 2만 7천여 명의 수준에 불과하던 영주권 취득자가 70년대와 80년대에 각각 24만 명, 32만 2천 명 수준으로 증가하였다.

　6.25 이후에는 전쟁고아나 결혼이민이 대세였으나, 1965년에 미국 이민법이 개정되면서 시민권자의 가족초청 이민이 허용되어 이미 미국에 정착한 많은 한인들이 한국에 있는 가족들을 초청하여 미국에 정착시켰다. 또 당시 한국의 암울한 정치상황과 관련하여 많은 지식인들이 이민을 선택하였고 때맞추어 이민법의 개정으로 70년대와 80년대에는 이민자 수가 폭발적으로 증가하였다.

1. 미국 이민 역사 및 미국이민법 특징

또 2000년대에도 약 21만 명이 미국에서 영주권을 받았다. 지금도 매년 2만 명이 넘는 한국 사람이 영주권을 받고 미국에 이민을 간다. 지금 이 시간에도 많은 한인이 영주권 취득을 위하여 노력하고 있으며 하루 평균 약 60-70명 정도가 영주권을 취득하고 있다.

## 2) 이민법(Immigration and Nationality Act)은 어떤 법인가? 특징은?

미국 이민법은 이민비자, 비이민비자, 영주권, 시민권 취득에 관한 사항 및 절차 등을 규정한 것으로 연방대법전 U.S. CODE TITLE 8에 규정되어있고, 하위규범으로서 C.F.R(한국의 대통령령이나 부령에 해당됨)에 규정되어 있다. 이민업무는 미국 헌법에 규정되어 있는 연방관할 업무로써 개별 주법에서는 규정하지 않고 연방업무로서 연방의회에서 제정하는 연방법에서 규정하고 있다.

1952년 이민법 (Immigration and Nationality Act of 1952)은 그 이전에 있던 이민업무와 관련이 있는 개별법들을 체계화하고 단일법으로 통합하여 현재 이민법의 기초가 되고 있다. 이후 산발적으로 이민관련 법률이 제정되었으나, 중요한 입법은 1986년에 제정된 이민개혁 및 통제법( Immigration Reform and Control Act)이다. 또한, 위장결혼을 방지하기 위하여 같은 해에 만들어진 이민결혼 사기방지법도 중요한 법률로서 기록되고 있다.

이후 1990년에 이르러서 이민법을 전반적으로 개정하였다. 다양성이민(Diversity Immigration) 제도 도입으로 미국으로 이민을 오지 않는 국가에 적극적으로 문호를 개방하였다. 이와 반면에 외국인의 입국거부 사유, 강제출국 조항을 정비하면서 그 절차를 엄격히 하여 불법체류나 범법 행위자들에 대한 입국 제한조치를 강화하였다.

1996년에 클린턴 행정부 당시에 "불법이민 개혁 및 이민자 책임법"이 제정되었다. 이 법에서는 범죄 경력을 가진 비시민권자의 강제 출국을 강화하였다. 이민국에서 집행하는 강제출국에 대하여 법원에서 관여할 수 있는 폭을 제한하고 강제출국에 대한 구제수단도 제한하였다. 이민업무에 종사하는 이민 변호사들은 이 법이 지나치게 인권을 제약하는 반이민적인 법이라고 비난하고 있다.

불법 체류자의 증가가 의회와 행정부의 큰 이슈가 되고 법이 제정될 때마다 불법체류자들의 미국생활을 더욱 힘들고 어렵게 만들고 있다. 모든 법의 제정이 불법체류자의 방지에 주요한 초점을 맞추고 있지만 여전히 그 수는 줄지 않고 증가하고 있다.

최근에 와서 이민법에 가장 큰 변화를 가져온 것은 2001년 9.11사건 이후이다. 9.11사태이후 부시 행정부는 국토안보부(Department of Homeland Security Service) 라는 새로운 정부기관을 만들고 그동안 이민업무를 담당하던 기존의 이민국의 업무를 조정, 폐지하고 이민 관련 업무를 국토안보부에 이관하였다.

## 1. 미국 이민 역사 및 미국이민법 특징

이어서 USA PATRIOT ACT와 국경안전, 비자 및 입국 개혁법 등이 연속하여 제정되었다. 이들 법은 한결같이 미국의 출입국을 강화하고 불법체류를 단속하는 데 중점을 두고 있다.

국토안보법 (Homeland Security act) 제정 이후 가장 큰 변화는 무엇보다도 이민관련 업무를 국토안보부로 이관하고 테러활동 및 외국인의 감시 체계를 강화하였다는 점이다. 입국거부나 추방할 수 있는 범위를 대폭 확대하는 등 미국의 입·출국의 감시 체계를 더욱 강화 하고 있다.

2010년에는 이민개혁과 관련하여 큰 이슈가 되었던 드림법안이 공화당의 반대로 무산되었다. 많은 이민가정 청소년들이 애타게 갈구하던 미국으로의 합법적인 정착의 꿈이 송두리째 날아가 버렸다. 지난 중간 선거 결과 민주당이 선거에 패하고 공화당이 하원에서 다수당이 됨에 따라 향후 이민법처리가 더욱 어려워져 보인다. 많은 이민대기자들은 대통령 선거 전에 공화당이 점진적 자세로 나올지 모른다는 가느다란 희망을 가져보지만 여전히 불투명하다. 미국의 경제사정의 악화와 히스패닉계 이민의 증가는 이민법의 개정방향을 점차 보수화시키고 이민에 대한 부정적 여론을 확대시키고 있다.

미국 이민법을 자세히 검토하여보면 미국이민법은 미국으로 이민을 장려하기보다는 어떻게 하면 봉쇄할 수 있는지 규제하는 것 같다. 철저히 미국 중심적이다.

자국의 필요에 따라서 운영한다. 돈이 있는 사람이나 고학력자 등 미국 사회에 도움이 될 사람에게는 언제든지 문이 열려 있다. 돈이 많은 다국적 기업의 간부들에게도 손쉽게 정착할 수 있도록 문이 열려 있다.

아메리카드림이라는 말이 지금도 존재할까? 맨주먹으로 미국에 와서 크게 성공한 사람도 많다. 우리 한국인 중에서도 맨주먹으로 자수 성공한 사람도 많다. 그러나 그것은 영화 속에서나 볼 수 있거나 과거의 이야기일 뿐이다. 지금은 미국에 첫발을 내딛는 그 순간부터 가진 자와 가진 것이 없는 자, 배운 자와 배우지 못한 자의 차별이 존재한다. 이민법을 연구하고 관심을 가져온 필자가 느낀 미국의 현실과 제도는 더 이상 미국에 대한 동경이나 아메리카의 드림은 옛날이야기 같이 들린다. 미국이민법은 미국의 이익과 미국인을 위한 것이지 그 이상도 아니다.

## 3) 한국의 이중국적과 예상되는 역이민

한국에서는 2010년 국적법을 개정하여 이중국적을 인정하였다. 개정된 국적법은 상당히 파격적인 내용을 담고 있다. 그동안 이민 1세대나, 1.5세대의 경우 한국으로 역이민을 고려해도 한국에서 이중국적을 인정치 않았던 관계로 미국시민권을 포기하여야만 가능 하였는데, 어렵게 획득한 미국시민권을 포기하기란 쉽지아니 하였다.

개정된 한국 국적법에서 이중국적이 인정되는 자는 선천적 이중국

1. 미국 이민 역사 및 미국이민법 특징

적자나, 65세 이상 자, 65세가 되지 아니하여도 특별한 공로가 있거나 우수인재로 인정되는 자로 한정하고 있다. 과거 국적법은 미국시민권을 얻은 재외동포의 경우 시민권을 얻음과 동시에 한국국적을 자동 상실토록 하여 이중국적을 철저히 배제하였다. 앞으로 우수한 젊은 한인들의 경우 한국국적을 다시 가질 수 있게 됨에 따라 젊은 두뇌들의 유출을 방지할 수 있는 긍정적인 효과가 있을 것으로 예상된다.

국적법이 개정되기 전인 2009년도에 미국에 거주하던 한인이 한국으로 영구 거주하기 위하여 돌아온 역이민자 수는 약 2천 명이 넘는다. 이들은 모두 영주권이나 시민권을 포기하고 한국으로 돌아온 경우들이다. (외교부 해외이주통계 및 외교백서) 당해 연도에 미국으로 영주권을 받고 이민을 떠난 한국인의 수가 약 2만 6천명 이었던 점을 감안할 때 아직도 떠나는 사람보다 돌아오는 사람의 수가 10분의 1에 못 미치는 수준이지만 앞으로는 역이민을 택하는 한인들의 숫자는 늘어날 것으로 보인다.

한국에서는 이중국적을 인정한다. 그렇다면 미국도 우리와 같이 이중국적을 인정하고 있는지 여부이다. 여기에 대하여서는 다소 논란이 있다. 일부 변호사들은 미국에서도 이중국적을 인정하고 있다고 한다. 또한 대다수 사람들도 미국은 이중국적을 인정한다고 생각한다. 그 이유는 미국에서 태어난 아이는 미국시민권이 자동으로 부여되기 때문에 그렇게 생각하는 듯하다. 그러나 미국에서 태어난 아이들에게 시민권을 자동 부여하는 것과 이중국적을 적극적으로 인정하는 것과는 분리하여 생각하여야 한다. 미국이민법 어느 곳에서도 이중국적을 인정한다는 적극적인 규정을 발견 할 수 없다. 다만 출생에 의한 이중국적이 발생하면 과거 우리 국적법처럼 그 선택을 강요하지 않는다. 그 결과 출생에 의한 이중국적의 경우 미국에서는 소극적으로 이중국적을 인정하고 있다.

그러나 이에 반하여 미국 이민법(Immigration and Nationality Act) 337(a)에서 외국인이 시민권을 취득할 때 미국에 충성 의무를 선서하고, 과거의 국적이었던 국가에 대한 충성의무를 포기하도록 하고 있다. 또한, 이민법 (INA) 349(a)(1)에서 자발적으로 미국시민권을 포기할 목적으로 외국국적을 취득(귀화)하는 경우 시민권을 상실하도록 규정하고 있다. 이 규정을 볼 때 후천적 이중국적을 인정하지 않으려는 입법의도가 있다. 또한 시민권자가 외국여권(한국여권)을 사용하여 미국으로 출.입국하면 미국 여권을 압수당할 염려도 있다. 미 연방법원 판례에 의하면 적극적으로 시민권 포기의사가 없으면 시민권을 박탈할 수 없다는 판례가 있기는 하나 여전히 이중국적 인정 여부를 명확히 판단하고 있지 않다. 결론적으로 말하면 미국은 이중국적인정 여부가 명확하지 않다.

# 2. 영주권(이민비자)

1) 이민비자(영주권), 비이민비자의 구별은?
2) 영주권이란?
3) 왜 영주권을 받으려고 하는가?
4) 한국 사람은 몇 명이나 영주권을 받고 있나?
5) 영주권을 어떠한 절차로 취득하나?
6) 영주권 취득은 갈수록 어려워진다.
7) 50세 이상자 영주권의 실익이 있나?
8) 영주권을 취득하는 방법(이민비자의 취득)

# 2. 영주권(이민비자)

## 1) 이민비자(영주권), 비이민비자의 구별은?

미국비자는 영주권을 받을 수 있는 이민비자(Immigration Visa)와 영주권과 전혀 관계가 없는 비이민비자(Non-Immigration Visa)로 구분되어 진다. 이민비자는 영주권을 취득하기 위한 비자이다. 가족이민, 취업이민, 투자이민 등을 통하여 영주권을 받을 수 있는 비자이다.

이민비자를 받으면 이 사람은 영주권자가 되므로 향후 미국 내에서 영구히 거주할 수 있고 취업이 가능하며 미국의 출입국에 제한이 없다. 특별히 범법행위를 저지르지 않는 한 추방되지 않으며 여러 면에서 시민권자와 비슷한 대우를 받는다. 5년 후에 시민권을 신청할 수 있고 시민권을 취득하면 미국 국민이 되는 것이다.

이에 반하여 비이민비자(Non-Immigration Visa)는 영주권과 관계없이 단순히 일정한 목적을 가지고 방문하려는 자에게 발급하는 비자이다. 이민비자가 아닌 것은 모두 비이민비자이다. 비자목적에 맞는 활동만 할 수 있고, 허가받은 체류기간이 만료되면 미국에서 더 이상 체류할 수 없고 출국하여야만 하는 비자이다. 허가받은 체류기간을 넘기면 불법체류가 된다.

비자와 체류기간에 대하여 많은 사람들이 혼동을 한다. 비자와 체류기간은 다르다. 비이민비자 소지자는 체류기간 내에만 미국에 머무를 수 있다. 그러나 이민비자 소지자는 이러한 제한이 없다.

비이민비자중에서도 일정한 조건이 갖춰지면 미국 내에서 신분조정(I-485) 등을 통하여 영주권을 신청 할 수 있다. 극히 일부 비이민비자만 영주권 취득이 제한되고 있고 대부분 비이민비자도 미국 내에서 합법적으로 영주권을 신청할 수 있다.

이민비자는 영주권과 거의 같은 개념이라고 보아도 큰 무리가 없다. 이 책에서는 독자들의 이해를 돕기 위하여 이민비자를 영주권과 같은 의미로 사용하겠다.

## 2) 영주권이란?

## 2. 영주권(이민비자)

그린카드(Green Card)라고도 한다. 영주권 색깔이 초록색이어서 그린카드란 말이 유래되었다고 한다. 영주권은 미국에 합법적으로 영구히 거주하며 일을 할 수 있다는 허가증이다.

일정 기간 (5년)이 경과하면 시민권을 신청할 자격이 부여되므로, 시민권을 취득하기 위한 예비적 단계라고도 할 수 있다. 시민권을 신청하지 않고 합법적으로 영구히 거주만 할 수도 있다. 다만, 영주권은 10년마다 갱신하여야 한다.

이민비자(영주권)를 받기 위하여서는 일정한 자격이 필요하다. 미국정부는 아무에게나 영주권을 주지 않는다. 꼭 미국에 필요한 사람만 선별적으로 영주권을 준다. 즉 시민권자(영주권자)와 가족관계가 있거나(가족영주권), 미국사회나 기업에 필요한 사람이거나(취업영주권), 돈이 많아서 미국에 투자하여 고용을 창출할 수 있는 사람(투자영주권)만 해당이 된다.

재미있는 것은 로또이민이라는 것이 있다. 세계 각국으로부터 미국에 이민 오고자 하는 사람에게서 신청을 받아 추첨을 하여 당첨된 사람에게 이민을 허락한다. 그 이유는 미국이 국가별, 인종별 다양성을 지양하는데 미국에 이민을 오지 않는 국가들, 예를 들면 일본이나 스위스, 스칸디나비아반도의 여러 국가들의 경우 이민 신청자가 적기 때문에 이들 국가의 국민들에 대하여 특별히 신청을 받아서 복권 추첨형식으로 당첨이되면 이민을 허락한다.

남미의 여러 국가들과 중국, 필리핀, 폴란드, 한국, 인도 등의 경우는 이민자가 많기 때문에 여기에 해당되지 않는다. 추첨방식에 의한 이민의 경우도 경쟁률이 100대1을 넘는다. (한국 출신이라도 부모가 북한이나 일본에서 태어난 경우 해당됨)

2012 회계연도(2011.10-2012.9)의 경우 추첨이민에 1,500만 명이 신청하였다. 쿼터는 5만 개 이다. 경쟁률은 300대1이 넘는다.

이외에 예외적으로 정치적 망명 등 인권과 관련된 경우도 있기는 하지만 극소수에 불과하다. 한국 사람의 경우 한국이 정치적 민주화가 된 관계로 정치적 망명을 인정받기가 어렵다. 중국, 이라크, 에디오피아 같은 국가 출신들의 경우 정치적 망명을 통하여 영주권을 받는 경우가 많다.

### 3) 왜 영주권을 받으려고 하는가?

왜 영주권을 받으려고 하는가? 이 질문에 대한 답변은 여러 가지가 있을 수 있다. 정답이 없다. 각자의 성장 과정, 처해진 상황, 인생관 등에 따라서 대답이 달라질 수 있기 때문이다.

유학생활이나 주재원으로 정당한 비자를 가지고 체류하는 동안에는 영주권의 필요성을 전혀 느끼지 못한다. 왜냐하면 자녀들을 무료로 공립학교에 보낼 수 있고, 비자 기간 동안 머무를 수 있으니 크게

## 2. 영주권(이민비자)

염려를 하지 않아도 된다. 그러나 유학이나, 연수, 주재원등을 마치고 귀국하려 할 때 또는 자녀들을 대학에 보내고자 할 때는 영주권의 필요성을 피부로 느낀다.

먼저, 미국에서 생활할 때 영주권이 있는 것과 없는 것의 차이점을 설명해 보겠다.

첫째, 영주권이 없는 경우 비자가 만료되면 미국을 떠나야 한다. 유학생은 60일 이내에 짐을 싸야 한다. 졸업 후 미국에 머무르려면 별도의 취업비자를 받거나, 다른 비자로 바꾸어야 한다. 떠나지 않으면 불법체류가 된다. 주재원도 더 이상 체류하지 못한다. 영주권이 없는 비이민비자는 미국에 체류할 수 있는 것이 한시적이다.

둘째, 영주권이 없으면 교육비와 사회보장 혜택을 볼 수 없다. 자녀들은 부모가 합법적인 비자를 소유하여 체류 중인 경우에 공립 중·고등학교에 갈 수 있다. 무료로 공립학교를 다니다가 사립학교를 다녀야 할 때 그 학비의 부담이 피부로 느껴진다. 사립중·고등학교의 학비는 사립대학교의 수준이다. 학교마다 차이는 있지만 연 5천만 원에서 1억 원 정도 들어간다. 또 대학 등록금은 주립대학은 사립대학에 비하여 저렴한데 영주권이 없으면 주립대학의 경우에도 비싼 등록금을 내야 한다. 의과대학 같은 경우는 영주권이 없으면 거의 들어가지 못한다. 영주권자는 국가에서 주는 대학 학자금 혜택을 볼 수 있으나 영주권이 없으면 신청조차 할 수 없다.

셋째, 영주권이 없으면 직업을 구하기 어렵다. 영주권이 없는 자가 취업하려면 취업비자 등을 받아야 되고 또 고용주는 일을 할 수 없는 자를 고용하면 벌금폭탄을 맞아야한다. 고용주에게 엄청난 부담이 된다. 그러니 고용주는 영주권이 없는 자를 채용하지 않는다.

넷째, 영주권자는 직계가족을 초청할 수 있다. 즉 영주권자가 배우자나 미혼자녀를 초청하면 이들에게도 영주권을 준다. 단지 시민권자에 비하여 시간이 많이 걸릴 뿐이다.

다섯째, 영주권자는 5년 후에는 시민권을 받을 수 있다. 법적으로 미국사람이 되는 것이다. 미국시민이 되면 미국의 보호를 받고 모든 사회복지 혜택을 받을 수 있다. 기존의 미국시민과 차별이 없다. 노랑머리 백인과 전혀 법적으로 차별이 없다. 선거권도 있고 공직 선거에도 출마할 수 있다. 미국의 판사. 검사가 될 수 있고, 장군도 될 수 있다. 능력만 있으면 미국 국회의원도 될 수 있고, 주지사도 될 수 있다. 범죄행위가 있어도 추방되지 않는다. 미국에서 태어나지 않았으니 대통령 출마만 못한다. 영주권을 받음으로써 누릴 수 있는 혜택이 줄줄이 사탕이다.

본인들의 사정에 의하여 생활기반을 미국에 두었을 때 영주권이 있고, 없고의 차이는 하늘과 땅이다. 미국에 정착하려는 사람은 영주권이 없는 불법체류의 경우 그 생활이 너무 힘들다. 물론 미국에서 살 생각이 없고 한국에 돌아오려는 사람에게는 영주권은 아이들

2. 영주권(이민비자)

교육에 있어서 교육비가 적게 드는 정도의 매력뿐이지만, 아이들의 장래 문제나 미국에 정착하려는 사람은 영주권을 받는 것이 바람직하다.

영주권 없는 불법체류자는 운전면허증 취득, 소셜넘버, 주택임차, 은행거래에 제약을 받고 취직을 할 수도 없다. 언제 체포되어 강제 추방될지 모른다.

부모가 영주권을 받으면 21세 이하의 자녀는 자동으로 부모와 같이 영주권을 함께 받을 수 있다. 영주권을 받으면 사실상 군대를 가지 않아도 되고 또 한국에서는 대놓고 이중국적을 인정해주니 누구라도 기회가 있으면 영주권을 받으려고 한다. 심지어 한국의 대학들은 영주권자, 시민권자들이 입학할 때 여러 가지 특별한 혜택을 주고 있다. 각 대학마다 사정은 다르지만 장학금도 국내학생보다 더 많이 주고 대학입학이 국내학생보다 더 쉽다. 그래서 많은 사람들이 영주권을 받으려고 목을 메고 있다.

## 4) 한국 사람은 몇 명이나 영주권을 받고 있나?

2008년에는 2만 6천 6백 명, 2009년에는 2만 5천 8백 명, 2010년에는 2만 2천 2백 명이 영주권을 받았다. 해마다 한국의 조그마한 시골의 군 단위 인구수와 대등한 숫자가 미국으로 영주권을 받아서 이민을 가고 있다. 문제는 이민을 가는 자들이 젊은 층과 고급인력이 많고 한참 일할 수 있는 자들이다. 반면에 역이민으로 돌아오는 자들은 60세 이상 고령자가 대부분이다.

## 5) 영주권을 어떠한 절차로 취득하나?

영주권을 취득하는 방법에는 비이민비자를 받아서 일단 미국에 입국한 후 미국 내에서 신분변경을 통하여 취득하는 방법과 한국 내에서 미국대사관을 통하여 이민비자를 취득하는 방법이 있다.

어느 경우에도 이민국(USCIS) 승인이 필요하며 대사관의 역할은 우편배달부의 역할뿐이 없고 칼자루는 이민국에 있다. 대사관에서도 인터뷰를 통하여 부적격자를 가려내어 이민비자 발급을 거부할 수 있으나 제한적이다.

비이민비자 (Immigration Visa) 발급에 있어서 미국 대사관 영사의 역할은 대단히 크지만, 이민비자 즉 영주권 발급과 관련하여서는 이민국(USCIS)이 절대적이다. 이민국의 이민허가 (Petition)가 없으면 대사관에서 이민비자(Immigration Visa)를 발급할 수 없다.

### 미국에서 수속하는 경우(비이민비자 신분변경)

가족영주권, 취업영주권, 투자영주권 모두가 절차 및 제출서류가 다르다. 미국의 시민권자나 영주권자 또는 사업주(스폰서)가 이민국

2. 영주권(이민비자)

에 청원서를 제출 하여야한다. (I-130, I-140, I-360)

청원서(Petition)승인이 난후 신분조정(I-485) 신청을 하고 승인이 떨어지면 미국내 이민국에서 인터뷰를 한다. 인터뷰에 통과되면 영주권이 바로 나온다. 서류를 완벽하게 제출하거나 운이 좋으면 인터뷰 없이 이민국 승인과 동시에 자택으로 우편을 통하여 영주권을 보내 주기도 한다. (신청절차 등은 다음에 설명하는 해당분야를 참고 하시기 바람)

## 한국에서 수속하는 경우

주한 미국대사관을 통할 경우 초청자나 고용주(스폰서)가 이민국에 청원서를 제출하여야 한다. 제출한 청원서가 승인이 되면 청원자는 이민국으로부터 승인서를 받게 된다(I-797). 이민국에서는 이 케이스를 국립비자센터(National Visa Service)로 넘기면 국립비자센터(NVC)는 쿼터 등 제한이 있는지 검토한 후 초청자(미국거주) 및 영주권 신청자(한국거주)에게 통보하고 초청자와 비자 신청자가 해당 수수료 등을 납부하면 안내문과 서류가 있는 우편물을 서울에 있는 미국 대사관으로 보낸다.

국립비자센터(NVC)에서 서울에 있는 미국대사관에 관련 서류를 발송하면 대사관에서는 해당 비자 신청자에게 통보하고, 신청자는 인터뷰 날짜를 예약한다. 그 사이에 신체검사 및 신원조회 서류 등을 갖춘 후 인터뷰를 한다. 결격사유가 없고 인터뷰가 끝나면 비자를 발급한다.

실질적으로 중요한 것은 이민국에서 청원서가 승인 나는 것이지 그 후의 국립비자센터(NVC)나 대사관에서의 절차는 기계적이다. 혼자서 모든 서류를 준비할 수도 있으나 경험이 있는 변호사나 전문가들과 상의하는 것이 바람직하다.

## 대부분 미국에서 수속한다

대부분이 영주권 수속을 한국에서 하지 않고 미국에서 하고 있다.

연방이민국이 발표한 통계에 의하면 취업영주권의 약 90% 이상이 미국에서 진행되는 것으로 나타났다. 취업영주권 1순위, 2순위는 거의 96-97%가 미국에서 수속한다. 3순위는 약 83%, 종교영주권은 약 65%, 투자영주권은 약 27%를 미국에서 수속하고 있다.

학력이 높은 전문 인력들이 대학 졸업 후 바로 취업을 하면서 영주권을 획득하는 것으로 보인다. 2009년도 한국에서 외교부에 이주신고 후 미국으로 이주한 사람은 599명, 2008년 1,034명, 2007년 2,227명인데 반하여 영주권을 취득한 사람은 매년 2만 명이 넘는 것을 보면 거의 90-95% 이상이 미국 현지에서 영주권을 취득하고 있다고 볼 수 있다.

2. 영주권(이민비자)

## 6) 영주권 취득은 갈수록 어려워진다.

영주권 취득이 갈수록 어려워지고 있다. 그 이유는 이민법에 쿼터량을 정하여 이민자 수를 제한하고 있고, 미국으로 이민을 가고자하는 대기 중인 사람이 많아 그 적체현상이 갈수록 길어지고 있기 때문이다. 또 하나는 취업영주권의 경우 미국의 경제 상황이 안 좋은 관계로 스폰서 구하기가 어렵고 이에 대한 심사를 강화하여 노동허가 받기가 어려워졌기 때문이다.

미국에 오고자 하는 사람은 많다. 많다는 표현보다는 미어진다는 표현이 더 적절할 것 같다. 하지만 미국에서는 일정 수 이상의 이민자를 받지 않는다. 이민법 (INA) 201조에서 매년 이민을 받을 수 있는 사람 수를 제한하고 있다. 직계가족의 가족영주권을 제외하고 매년 42만 1천 명 이상 받지 않는다. 가족영주권 22만 6천명, 취업영주권 12만 명, 종교영주권 1만 명, 투자영주권 1만 명, 추첨영주권 5만 5천 명으로 이민법 (INA)에 의해 정해져있다. 미국 대통령도 어떻게 할 수가 없다. 오바마 대통령 친척도 몇 년을 기다려서 영주권을 받았다. 영주권 신청대기자는 계속 밀린다. 시민권자 직계가족의 경우만 쿼터 수에 제한을 받지 아니하고 무제한적으로 이민을 받아준다. 매년 미국에서 받아들이는 이민자 수는 약 100만 명 수준이다. 그러함에도 끊임없이 영주권 희망자가 밀리고 있어 적체현상이 풀리지 않고 있다.

## 7) 50세 이상자 영주권의 실익이 있나?

많은 한국 사람들이 미국 이민을 결심하고 영주권을 취득하려는 이유는 자녀들의 교육과 직업을 구하기 위한 것이 많다. 영주권을 받으면 자녀들이 공립학교에 다닐 경우 중·고교 학비는 무상이고, 또한 주립대학을 갈 경우 등록금 혜택을 볼 수 있다. 가난한 자에게 미국정부에서 지급하는(펩사) 학자금 신청도 가능하다. 또 한국보다는 노동의 길이 다양하다. 본인이 영주권을 받으면 자녀도 동반하여 받을 수 있다. 영주권을 받음으로써 누릴 수 있는 혜택이 많은 것은 사실이다.

그러나 필자는 50세 이상 분들에게는 미국이민을 다시 생각해 보도록 권유한다. 왜냐하면 이 경우 대부분 자녀들이 중·고등학교를 마친 경우가 많다. 자녀들이 21세 미만이면 부모가 영주권을 취득할 경우 자동으로 자녀들도 영주권을 취득할 수가 있으나, 21세가 넘으면 자녀들은 영주권을 받을 수 없다. 부모의 영주권 취득이 자녀들에게 도움이 안 되는 경우가 많다.

또 직업을 구하는데 있어서도 50이 넘은 사람들이 할 수 있는 것은 자영업이나 거의 막노동 수준의 일이다. 젊은 나이라면 아이들의 장래를 위하여 고생도 감수한다고 해도 50이 넘어서 영주권을 취득해 보아야 자녀들에게 혜택을 줄 수 없는 경우가 많다. 또 이들은 고용주(스폰서)를 구하여도 3순위가 대부분이다. 지금의 추세라면 거

## 2. 영주권(이민비자)

의 10년이 걸리는 데 그 과정은 참으로 힘들다.

문화적 이질감과 보이지 않는 인종차별, 언어 소통문제, 치안의 불안정 (총기사고), 의료보험의 어려움 등을 감안할 때 50이 넘으신 분은 미국 이민을 재고해보는 것이 좋다고 생각된다.

간혹 사업이나 직장생활의 불만으로 자조적인 소리로 "한국이 싫다", "이민이나 가버리겠다"라고 하는 말을 들을 때가 있다. 몰라도 한참 모르는 소리이다. 다른 지역 캐나다, 호주, 필리핀, 베트남 등은 어떤지 모르겠다. 그러나 미국은 분명 아니다. 수년간 철저한 계획과 사전 준비 없이 아는 친척이나 친구 하나 믿고 달랑 짐을 싸는 것은 무모하고 너무 위험하다. 미국이라는 사회가 그렇게 녹녹하지가 않다. 영어도 안 되고, 특별히 미국에 도움도 되지 않고, 돈도 없다면 누가 환영해 주겠는가? 그저 천덕꾸러기일 뿐이다.

또 투자영주권(투자이민)도 권하지 않는다. 이 분들은 10억 이상 투자하여 영주권을 받을 실익이 없다. 말이 10억이다. 순수투자 금액만 그렇다. 여기에 변호사비용 또 투자와 관련된 부대비용, 영주권이 나올 때까지 생활비도 감안하여야 한다. 설사 영주권을 받았다 해도 직업이 없으면 생활비를 한국에서 가져와 써야 한다. 자녀들에게 도움이 되지 않는다면 투자한 액수의 돈이 아깝다. 또 투자영주권은 항상 위험이 뒤따르고 있다.

그러나 가족영주권의 경우 비용이 전혀 들지 않는다. 이민국 수수료만 부담하면 된다. 따라서 큰 부담이 없으므로 가능하다면 가족초청을 통한 영주권은 받아도 좋다고 생각된다. 소위 말해서 밑져봐야 본전이다. 영주권을 받은 후 재입국허가나 6개월마다 입국을 하는 방법을 이용하면 영주권을 유지할 수도 있다. 가능하면 시민권을 받아도 좋다. 한국에서 65세 이상이면 이중국적을 인정해주기 때문이다. 순위에 따라 느긋한 마음으로 기다리고 미국에 볼일이 있으면 무비자로 방문하면 된다. 무비자가 어려우면 방문비자를 받으면 된다. 나이가 드신 분들은 힘들게 취업영주권이나 투자영주권에 연연할 필요가 없다.

## 8) 영주권을 취득하는 방법 (이민비자의 취득)

영주권의 취득방법은 가족영주권(결혼, 입양도 포함됨), 취업영주권, 종교영주권, 투자영주권(이민법상 취업영주권 카테고리에 있음) 기타 로또이민이라고 불리는 추첨에 의한 영주권(한국은 해당 안됨) 외에는 없다.

그 외에 혼혈인 또는 미국기관에 장기간 근무한 경우 영주권을 주는 경우가 있으나 극소수이다. 정치적 망명이 있으나 한국의 경우 거의 인정이 안 된다. 대부분은 해당이 없다. 이외에 기타 방법으로 영주권을 받을 수 있다고 하면 이것은 불법행위라고 생각하면 된다. 이민법에서 인정치 않는 미국이민, 영주권 취득은 있을 수 없다.

# 3. 가족초청영주권

1) 가족영주권(가족이민)이란?
2) 순위 및 쿼터는 어떻게 되나?
3) 가족의 범위는?
4) 비자 개방일자란?
5) 재정보증서란?
6) 시민권자와 결혼하면 영주권 받을 수 있다.
7) 입양
8) 가족영주권 관련 사항
9) 가족영주권 문 · 답

# 3. 가족초청영주권

## 1) 가족영주권 (가족이민)이란?

 가족영주권이란 시민권자(영주권자포함)가 가족관계가 있는 자를 초청할 경우 초청된 가족관계에 있는 자에게 영주권을 주는 것을 말한다. 초청할 수 있는 가족의 범위와 수속기간은 직계가족인지 여부, 자녀의 나이, 자녀의 결혼 여부 등에 따라 우선순위가 결정되고, 짧게는 몇 개월 길게는 10여 년 이상 걸린다.

## 2) 순위 및 쿼터는 어떻게 되나?

 **0순위:** 시민권자의 배우자, 21세 미만의 미혼자녀, 21세 이상시민권자의 부모, 16세 이전에 입양된 아이.

**1순위:** 시민권자의 21세 이상 미혼자녀

**2순위:** (a) 영주권자의 배우자, 영주권자의 미혼자녀 (21 세미만)
(b) 영주권자의 미혼자녀 (21세이상)

**3순위:** 시민권자의 기혼자녀

**4순위:** 시민권자의 형제 · 자매

## 3) 가족의 범위는?

시민권자는 부모, 자녀, 형제 · 자매까지 초청할 수가 있다. 그러나 영주권자는 배우자와 미혼 자녀만 초청할 수 있으며 영주권자의 직계존속(부모)과 결혼한 자녀는 초청대상이 아니다. 따라서 결혼한 자녀나 부모를 초청하려면 시민권을 취득해야 한다. 또 영주권자의 형제 · 자매도 초청대상이 아니다. 가족을 초청할 수 있는 범위에 대한 영주권자와 시민권자의 차이점이다.

초청한다는 말은 시민권자(영주권자)의 친척이 영주권 받기를 원하면 영주권을 준다는 말이다. 물론 순위에 따라서 시간의 차이는 있지만 영주권을 주고 5년 후에는 원하면 미국 시민권도 준다.

## 3. 가족초청영주권

### (가) 자녀

자녀의 순위는 자녀의 나이와 결혼 여부에 따라서 순위가 달라진다. 시민권자 자녀가 21세 미만이고 미혼이면 0순위다. 이 2가지 요건(21세미만+미혼)을 갖추어야 한다. 빠르면 4-6개월 늦어도 1년 내에 영주권을 받을 수 있다. 하지만 자녀가 21세를 넘어가면 미혼이라고 하더라도 1순위로 밀린다. 결혼한 경우라면 3순위로 밀린다. 현재 1순위는 약 7년, 3순위는 10년이 소요된다. 나이와 결혼 여부에 따라서 대기시간이 하늘과 땅 차이이다.

기다리는 사람의 입장에서는 하루가 여삼추인데 7-10년이란 시간은 결코 짧은 시간이 아니다. 영주권자의 경우 미혼자녀는 2순위이지만 21세 미만 미혼인 경우(2a)와 21세는 넘었으나 미혼인 경우(2b) 로 나누어지며 같은 2순위 내에서도 기간의 차이가 있다. 2a는 약 2년, 2b는 약 7-8년이 소요된다.

영주권 수속이 진행 중 상황변화가 있을 수 있다. 예컨대 자녀의 나이가 21세를 초과하거나, 결혼을 하거나, 결혼을 한 후에 이혼을 하거나 또는 영주권자인 초청자가 시민권을 취득한 경우이다. 이 경우에는 순위가 변경된다. 예를 들면 21세 이전에 시민권자의 자녀가 결혼을 한 경우 자녀는 3순위에 해당된다. 그러나 21세 이전에 다시 이혼을 했다면 0순위가 된다.

이처럼 상황변화에 따라서 순위가 변동되지만 비자 우선일자는 변동이 없다. 영주권자의 경우 시민권자에 비하여 우선순위 및 대기기간이 길지만 시민권을 취득할 경우 순위가 빨라지고 비자우선일자(Priority Date)는 변동이 없기 때문에 가족을 초청하려면 가급적 빨리 영주권 상태에서 신청해두는 것이 좋다.

## (나) 배우자

합법적인 배우자에 한한다. 미국의 가족법과 한국의 가족법이 다르고 또 미국 내에서 가족법은 각 주마다 다르다. 원칙적으로 한국법에서 배우자로 인정되면 가능하다. 미국 외의 국가에서 배우자로 인정되는 경우 미국 내에서 특별히 금지하지 않으면 배우자로 인정이 된다. 미국의 대부분 각주에서 중혼(배우자가 2명이상)을 금지하기 때문에 이런 경우는 해당이 안 된다. 미국의 일부 주에서는 사실혼관계에 있는 자도 배우자로 인정되는 경우도 있지만 한국에서 사실혼을 인정하지 않기 때문에 사실혼 관계에 있는 자는 배우자로 인정하지 않는다. 그러나 사실혼 관계에서 태어난 자녀는 영주권을 받을 수 있다.

미망인도 해당이 된다. 과거에는 시민권자가 죽기 전에 2년 이상 혼인상태가 유지되었고 배우자는 재혼을 하지 않았어야 했다. 또 배우자 사망 후 2년 이내에 신청을 하여야 했으나 지금은 법의 개정으로 이러한 제약조건이 없어졌다.

### (다) 형제·자매

부모 중 1명으로부터 형제·자매 관계이면 가능하다. 이복형제도 가능하다. 그러나 입양된 아이는 형제를 초청할 수 없다.

### (라) 원정출산 아이와 부모는?

최근 한국에서 논란이 되고 있는 원정출산의 경우를 살펴보자. 원정출산의 문제는 한국뿐만 아니라 미국에서도 뜨거운 이슈로 부각되고 있다. 일부 미국의원들은 미국 출생 아이들의 시민권 부여를 금지하자는 법안을 발의하기도 하고 일부 미국 언론에서도 문제를 제기하고 있다. 한국에서는 수년 전부터 원정출산 문제가 부각되었는데 최근에는 중국인들이 원정출산을 많이 하고 있다.

원정출산을 하여 태어난 아이는 미국시민이 된다. 미국 헌법을 바꾸지 않는 한 이 아이는 미국 시민권자이다. 이 아이가 21세가 되어 부모를 초청하면 부모는 6개월 내에 늦어도 1년 내에 미국 영주권을 받는다. 또 이 부모는 영주권을 받고 5년 후에 시민권을 취득할 수 있다.

이런 사람이 주위에 널려 있다. 원정출산을 함으로써 태어난 아이만 혜택을 보는 것이 아니라 원정출산을 한 부모도 영주권을 받을 수 있다. 심지어 부모가 불법체류를 하여도 영주권이 나온다.

순위도 0순위다. 쿼터도 없다. 이렇게 혜택을 주니 너나나나 할 것 없이 연간 수천 명씩 원정출산을 하는 것이다. 한인 밀접 지역에서는 원정 출산과 관련된 신종사업이 등장할 정도이다. 최근 자료에 의하면 연 8천 명 수준이라고 한다. 무비자로 미국에 와서 원정출산을 하는 그 인원은 헤아릴 수도 없다고 한다.

## 4) 비자 개방일자란?

"비자개방일자"라는 것이 있다. 매달 미국무부에서 발표를 한다. 가족영주권뿐만 아니라 취업영주권에 있어서도 비자개방일자는 중요하다. 매달 영주권 심사에 들어갈 수 있는 Cut-Off 날짜를 말한다. 각 순위별로 날짜를 발표한다. 자기의 영주권 심사는 비자우선일자(접수일자)가 이 개방일자 안에 들어가야 영주권 심사가 진행된다. 그때까지는 자기 순서가 올 때까지 대기하여야 한다.

비자우선일자(Priority Date)는 이민 적체가 극심한 상황에서 매우 중요하다. 우선일자란 무엇인가? 쉽게 설명하면 자기의 순서 대기표(접수일자) 라고 할 수 있다. 은행에 대기 손님이 많은 경우, 은행 창구에서 순번 대기표를 받고 기다리고 있다가 순서가 되어 은행원이 호명하면 그때 창구에 가서 업무를 처리하는 것과 같다.

가족영주권 우선일자(Priority Date)는 접수일이다. 이때 신청서와 수수료를 함께 제출하여야 한다. 자료가 불충분하여 재신청 할 경우에 재신청한 날짜가 우선일자가 된다. 가족영주권을 접수하고 우선일자를 받았다고 하여 바로 영주권 심사에 들어가는 것은 아니다.

자기의 우선일자(접수일자)가 비자개방일자에 들어가야 한다. 그 전까지는 대기하여야 한다. 우선일자가 되었다고 하는 것은 이제 영주권 심사를 시작한다는 의미이고 그전에는 대기상태라는 것이다.

가족영주권 0순위는 항상 우선일자가 개방되어 있기 때문에 당장 오늘 신청해도 심사에 들어간다는 의미이다. 4순위의 경우 우선일자(Priority Date)가 10년을 넘게 기다리는데 이것은 지금 서류는 접수해도 심사를 하려면 10년을 기다려야 한다는 의미이다.

은행에 가서 번호표를 빨리 받는 것이 자기업무를 빨리 마치는 것과 같이 영주권을 빨리 받으려면 우선일자를 먼저 받아야 된다. 그러기 위해서는 접수를 빨리 해야 한다.

## 5) 재정보증서란?

취업영주권이나 투자영주권과는 달리 가족영주권의 경우 초청자는 피초청자에 대하여 재정보증을 서야 한다. 이민서류에 재정보증서(I-864)를 첨부하여야 한다. 초청자가 연방 극빈자 수준의 1.25배 이상의 수입원을 증명하여야 한다.

초청자가 이 소득에 미치지 못할 경우 제3자가 보증을 할 수도 있다. 초청한 사람이나 보증을 한 사람은 피초청자 (이민을 가려고 하는 사람)가 시민권자가 되거나, 사망하거나, 미국을 영구히 떠나거나, 10년간 직장을 근무할 때까지 (SS Tax납세) 미국정부의 보조금을 받게 될 경우 이에 대한 변상 책임이 있다.

쉽게 말하면 미국 시민권자나 영주권자가 가족을 초청하면 그 초청된 가족에게 영주권도 주고 시민권도 줄 수 있는데, 이 사람이 미국 정부로부터 보조금 등 생활지원을 받으면 초청한 사람이 책임지라는 취지이다. 재정보증인이 없어서 가족영주권을 취득하지 못하는 사람은 거의 없다.

## 6) 시민권자와 결혼하면 영주권을 받을 수 있다.

### 가) 본인뿐만 아니라 자녀도 받을 수 있다.

시민권자와 결혼한 경우 배우자뿐만 아니라, 그 자녀(의붓자식)도 영주권을 취득할 수 있다. 한국에서 수속을 진행할 경우 대사관에서 인터뷰를 한다. 영주권은 대사관에서 발급하지 않고 미국입국 후 이민국을 통하여 받는다. 결혼기간이 2년 미만인 경우 조건부 영주권을 받을 수 있고 2년 이상인 경우 바로 정식 영주권을 받을 수 있다. 영주권 취득을 목적으로 한 위장결혼이 많았던 관계로 이민국 (USCIS)에서는 결혼관계가 허위인지 진실인지 구별하기 위해서 다

## 3. 가족초청영주권

른 가족영주권보다 까다롭게 심사하고 있다.

　미국 내에서 결혼한 경우 미국 내에서 신분조정이 가능하고 서류 접수 후 약 6개월 정도 지나면 인터뷰가 가능하다. 인터뷰를 할 때 부부가 같이 가야 되는데 이민국 직원은 개별적으로 부부를 인터뷰하기도 한다. 결혼관계를 증명할 수 있는 서류 또는 결혼사실 관계를 증명할 수 있는 자료들이 필요하다.

## 나) 왜 임시 영주권을 주나?

　결혼기간이 2년 미만인 경우 2년 기간의 임시영주권을 받는다. 왜 임시영주권을 주느냐 하면 그동안 위장결혼을 통한 영주권 취득이 많아서 이것을 방지하기 위하여 1986년도부터 별도의 법을 제정하여 실시하고 있다. 임시영주권 취득일로부터 2년이 경과하기 전 90일 부터 정식영주권 취득 신청을 하여야한다. 만약 이 기간 내에 신청을 하지 않으면 영주권은 말소된다. 상당한 이유가 있는 경우에는 구제 받을수도 있으나 잘못하면 영주권을 받지 못할 수도 있다.

　정식 영주권을 신청할 때 부부의 결혼이 허위가 아니고 진실하다는 관계서류나 증명할 수 있는 사실자료를 함께 제출한다. 부부공동명의로 된 주택임대차계약서, 부부명의로 나온 고지서, 아이가 태어난 경우 부부의 자녀임을 증명하는 출생증명서, 은행공동구좌, 보험증명서, 이웃의 진술서 등 부부관계가 진실하다고 객관적으로 입증

할 수 있는 서류나 사실증명 서류 등이다. 증거서류 등이 충분하다고 이민국 (USCIS) 에서 판단되면 인터뷰 없이 정식영주권을 받을 수 있다. 서류나 사실증명이 불충분하다고 판단하면 부부를 인터뷰한다. 따라서 사전에 충분한 서류 등을 준비하여서 시간의 낭비와 절차의 번거로움을 피하는 것이 현명하다.

### 다) 사정변경 (배우자 사망, 이혼, 배우자 또는 어린아이들에 대한 폭행 )된 경우도 영주권을 받을 수 있다.

임시영주권을 소지한 자의 배우자가 사망한 경우 임시영주권 만기일 90일 전까지 기다릴 필요 없이 정식영주권을 신청할 수 있다. 임시영주권 기간 내에 부부가 이혼을 하거나 별거를 한 경우, 결혼당시 영주권을 취득하기 위한 사기결혼이 아니고 진정한 결혼의사가 있어서 결혼을 하였다면 정식영주권을 단독으로 신청할 수가 있다. 문제는 어떠한 방법으로 당초 결혼이 위장결혼이 아니고 진정한 결혼이었음을 입증하느냐의 문제에 귀착된다. 이민국 (USCIS)에서는 위장결혼으로 인한 영주권 취득이 많았던 관계로 이혼, 별거 등의 경우 위장결혼이 아닌가 하고 편견을 가질 수 있다.

이혼 판결문에서 시민권자에게 이혼의 귀책사유가 있다고 판시하는 경우 예컨대, 배우자의 부정행위(간통 등), 배우자의 학대행위 등이 있다면 좋은 입증 수단이 될 수도 있다. 성격 불일치 등으로 인한 단순한 합의이혼 등의 경우 이민국을 설득시키기 위한 입증자료로는

3. 가족초청영주권

부족하다고 하겠다. 당초결혼이 위장결혼이 아니었음을 입증하여야 한다. 입증책임은 신청자에게 있다.

## 7) 입양

### 가) 왜 입양을 통하여 영주권을 얻으려 할까?

시민권자의 자녀는 21세 미만 미혼인 경우 0순위로서 가족영주권의 대상이 된다. 그러나 가족영주권은 조카나 삼촌은 초청대상이 아니다. 할아버지나 손자도 해당이 안 된다. 부모, 자식, 형제·자매만 해당 된다. 이와 같이 직계 혈족 관계가 아닌 경우 초청대상이 아니기 때문에 가까운 친인척을 통하여 미성년자의 입양을 고려한다. 입양은 친척관계가 아니어도 관계 없으나 고모나 삼촌 등 가까운 친척이 초청대상이 되지 않는 조카 등을 위하여 입양하는 경우가 많이 있다.

### 나) 언제까지 입양을 마쳐야하나?

16세 이전에 입양 판결을 받아야하고, 2년간 입양부모와 거주하여야 한다. 즉, 16세 이전에 입양절차가 끝나야 한다. 한국에서도 그러하지만 미국에서도 입양할 때는 법원의 판결을 받아야 한다. 법원의 입양판결을 먼저 받고 이민국에 영주권 신청을 한다. 입양과 관련되는 가족법의 경우 각 주마다 법률이 다르기 때문에 입양하고자 하는 양부모가 거주하는 주에서 어떻게 입양절차를 규정하였는지 먼저 확인해야한다.

16세 이전에 입양절차를 마쳐야 하기 때문에 입양 절차에 소요되는 시간을 고려하여 미리 미국에 입국하여야 한다는 이야기가 된다. 각 주마다 입양에 소요되는 시간과 입양에 따른 법적 요건이 다르기 때문에 그 주에서 가족법을 전문으로 하는 변호사의 의견도 들어 보는 것이 좋다. 대게 1-2년 정도의 시간이 소요된다. 모든 절차를 차질 없이 마치려면 일부 변호사들은 14세 이전에 미국에 입국을 권유하고 있다.

입양된 양자는 21세가 되어도 생부나 생모를 초청할 수 없다. 입양된 양자가 생부 생모로부터 상속을 받을 수 있느냐의 문제는 미국에서의 가족법은 각주마다 다르게 규정하고 있어서 일률적으로 말하기 어렵다. 대게의 경우 상속권을 인정하지 않으나 특별한 예외규정을 두어 인정하는 경우도 있다.

## 8) 가족영주권 관련 사항

가) 아동신분보호법( Child Status Protection Act)으로 21세 넘는 자녀 구제 받을 수 있다.

3. 가족초청영주권

　부모가 영주권을 신청한 경우 21세 미만의 자녀는 부모와 같이 영주권을 받을 수 있다. 그러나 영주권 수속기간이 오래 걸리다보니 수속 중에 자녀들의 나이가 21세를 넘기는 경우가 있다. 이 경우 자녀들은 영주권을 취득하지 못한다. 이들을 구제하기 위한 법이 아동 신분 보호법이다. 이민청원서를 제출하고 영주권 신청을 하기 위하여 신분조정(I-485)을 하는데, 이때는 쿼터에 밀려 순번에 따라서 우선일자가 풀릴 때까지 기다려야 한다. 예컨대 가족이민 4순위는 약 10년, 취업이민 3순위는 약 5-6년을 기다려야 자기순서가 된다. 이 때 자녀들이 21세가 넘어버리면 자녀는 영주권을 받을 수 없다. 이 경우 청원서 제출 후 승인될 때까지의 기간은 제외 해준다.

## 9) 가족영주권 문·답

문) 가족영주권 초청자가 사망하면 진행 중인 영주권은 어떻게 되나? (부가 자녀를 초청중인데 영주권 수속 중에 부가 사망함)
답) 청원서가 승인 전에 초청자가 사망하면 무효 된다. 다만, 청원서( I-130)가 승인되고 피초청자와 친인척 관계에 있는 자(시민권자, 영주권자)가 재정보증을 할 경우 인도적인 견지에서 청원을 무효화시키는 것이 타당치 않을 때 구제받을 수 있다.

문) 시민권자(영주권자)는 조카나 삼촌을 초청할 수 있나?
답) 안 된다. 시민권자는 직계가족(배우자, 부모, 자녀) 및 형제, 자매만이 초청대상이다. 영주권자는 배우자와 직계 미혼자녀만 해당 된다.

**문) 불법체류로 미국에 있다. 가족영주권을 받고자 하는데 가능한지?**
**답)** 상황에 따라 다르다. 시민권자의 직계가족 (21세미만 미혼자녀, 부모, 배우자)은 미국 내에서는 가능하다. 단, 불체자가 한국에 있을 경우 입국 금지조항(3년, 10년)에 걸릴 수 있다. 시민권자의 직계가족이 아니면 불법체류를 한 경우 미국 내에서는 신청할 수 없다. 또 시민권자의 직계가족이라도 밀입국의 경우는 안 된다. 밀입국의 경우는 245(i)조항에 해당되는 경우만 가능하다.

**문) 결혼 후 조건부영주권 해지 전에 배우자가 사망했다. 남아있는 미망인은?**
**답)** 단독으로 정식영주권 신청이 가능하다. 미망인을 위한 청원서를 제출할 수도 있다.

**문) 조건부영주권 해제 시기는?**
**답)** 2년이 되기 90일 전부터 신청할 수 있다. 2년을 넘겨서 신청 하면 정식영주권을 못 받을 수도 있다. 이 기간을 넘기지 말아야한다. 상당한 이유 있는 경우만 가능하다.

**문) 시민권자와 결혼 후 이혼했다. 현재 임시영주권을 갖고 있다. 정식영주권을 단독으로 신청할 수 있나?**

3. 가족초청영주권

**답)** 단독 신청이 가능하다. 결혼 당시 결혼이 진실이었고 이를 증명해줄 증빙자료를 제출해야 한다. 이혼절차가 종료되어야 된다. 이혼 판결문을 첨부해야 한다. 이혼 수속 중인 경우도 가능할 경우가 있다.

**문)** 영주권자가 자녀를 해외에서 출생한 경우 이 아이도 영주권이 가능한가?
**답)** 가능하다. 두 번째 생일 전 미국에 처음 입국할 때 수속을 할 수 있다.

**문)** 시민권자와 결혼했는데 배우자의 폭행 등으로 정상적인 결혼 생활이 어려운 경우?
**답)** 정식영주권 단독신청이 가능하다. 조건부영주권을 가진 피해 배우자는 가해 배우자의 동의 없이 단독으로 정식영주권을 받을 수 있다. 이혼할 필요도 없고 단독신청이 가능하다.

**문)** 무비자로 미국에 들어왔다. 시민권자와 결혼하면 영주권 취득이 가능한가?
**답)** 90일 내에 결혼하면 영주권취득이 가능하다. 90일 이후에 결혼할 경우 연방 항소법원마다 판결내용이 다르다. 인정하는 경우와 인정치 않는 경우가 있었으나 최근에는 대부분 인정해 주고 있다.

**문)** 밀입국 후 시민권자와 결혼한 경우 미국 내에서 영주권 신청이

알기쉬운 미국이민법 · **영주권을 원하십니까?**

### 가능한가 ?
**답)** 안된다. 시민권자의 직계친족(배우자, 부모, 21세 미만 미혼자녀)이라도 밀입국한 경우는 안된다. 다만, 밀입국의 경우 245(i) 조항에 해당되는 경우만 미국 내에서 신분변경을 통하여 영주권 신청이 가능하다.

### 문) 시민권자이다. 조카를 입양하려는데?
**답)** 16살 이전에 입양절차를 마치고 2년 동안 같이 거주해야 한다.

### 문) 배우자가 시민권자이다. 미국에 빨리 들어가려면 수속을 어디에서 하는 것이 유리한가?
**답)** 한국에 있는 시민권자의 배우자가 미국에 입국하여 배우자와 재회 하려면 2가지 방법을 고려할 수 있다. K-3비자를 받고 미국에 입국하여 영주권을 받는 방법과 미국에 합법적으로 입국 후 미국 내에서 영주권을 신청하는 방법이 있다. 미국에서 진행하는 것이 더 빠르다. k-3비자 받는데 약 1년이 걸린다. 약혼단계에서는 k-1비자를 사용한다. 약혼자가 자녀가 있을 경우(의붓자식) 자녀는 k-2비자로 21세까지 입국할 수 있다.

# 4. 취업영주권(취업이민)

1) 취업영주권이란?
2) 취업영주권(취업이민) 순위 및 쿼터
3) 1순위 취업영주권은 누가 받을 수 있나? (EB-1)
4) 2순위 취업 영주권은 누가 받을 수 있나? (EB-2)
5) NIW (National Interest Waiver)
6) 3순위 취업영주권은 누가 받을 수 있나?(EB-3)
7) 취업영주권 가장 중요한 것은?
8) 취업영주권 어떠한 절차가 필요하나?
9) 기타사항
10) 취업영주권 문·답

# 4. 취업영주권(취업이민)

## 1) 취업영주권이란?

 취업영주권은 취업을 통하여 이민비자를 받고 영주권을 취득하는 이민형태이다. 미국 이민법(INA) 203(b)에 5개의 취업영주권 형태를 규정하고 있다. 미국연방법전(U.S.C) chapter8. 1153(b)조에 규정되어 있다. 여기에는 1순위 취업영주권 (EB-1), 2순위 취업영주권 (EB-2), 3순위 취업영주권 (EB-3), 특수영주권(EB-4), 투자영주권(EB-5)으로 구성되어 있다. 많은 사람들은 어느 누구나 취업이민을 통하여 영주권을 받고 또 미국에 취업도 할 수 있다고 생각한다. 많이 잘못 생각하고 있다.

 먼저 취업영주권의 개념을 정확히 이해하여야 한다. 취업영주권은 기본적으로 미국의 사업자(고용주)를 위한 제도이다. 미국의 사업자가 자기사업을 함에 있어서 종업원(고용인)이 필요한데 미국 내에 이러한 종업원이 없어 부득이하게 외국에서 종업원을 데려와야 할 필요성이 있을 때에 외국종업원을 데려오도록 하고 이 종업원에게 영주권을 주는 것이다. 데려올 수 있는 외국인 종업원의 수는 1년에 14만 명을 초과하지 못하도록 이민법에 명시하고 있다. 또 외국인 종업원의 자격요건을 엄격히 두고 있다.

미국에서 사업을 하는 고용주(사업주 스폰서)가 아무 자격이 없는 외국인을 데려오도록 한다면 미국 정부의 입장에서는 낭패가 아닐 수 없다. 그래서 일정한 자격이 있는 사람만 데려올 수 있도록 자격을 제한하고 미국의 사업자에게 꼭 필요한 사람만 받는 것이다. 또한 필요의 정도 및 종업원의 학력, 기술 수준 등을 고려하여 종업원에게 순위를 매기고 있다. 순위가 높은 사람이면 그만큼 미국에서 필요한 사람이고 순위가 낮을수록 덜 필요한 사람이다. 미국에서 필요치 않은 사람은 아예 취업이민을 받아 주지 않는다.

취업이민을 통하여 영주권을 받으려면 먼저 고용주(스폰서)가 있어야한다. 미국에서 사업을 하고 있는 사업자만이 가능하다. 고용주(사업자)라고 아무 외국인을 고용할 수 없다. 업종이 허용되어야 하고 고용주(사업주, 스폰서)의 재정상태가 튼튼해야 한다. 취업영주권에 있어서 스폰서라는 용어를 일반적으로 많이들 사용하고 있다. 더 정확한 용어는 고용주(Employer)라고 표현하는 것이 이민법의 정확한 해석이다. 보통 사업주라고도 한다. 스폰서, 고용주, 사업주

## 4. 취업영주권(취업이민)

는 같은 의미이다.

외국인을 고용하기 전에 고용주(사업주, 스폰서)는 노동부에 사전 노동허가를 받아야 된다. 고용주가 노동허가서(L/C)를 받기 위해서는 외국에서 종업원을 불러올 수밖에 없다는 것을 증명하여야 한다. 연방 노동부에서는 고용주가 미국 내에서 종업원을 구할 수 없다는 것을 증명해야 노동허가를 하여준다. 이를 위하여 일정기간 동안 신문, 방송 등을 통하여 구인광고를 해야 하고, 구인광고를 보고 미국인이 온 경우 미국인이 적격자라고 판단되면 이 사람을 먼저 채용하여야 한다. 외국 사람을 채용하기 전에 미국에서 종업원을 구 할 수 있으면 미국 사람을 먼저 채용하라는 것이다.

미국노동부에서는 외국인을 채용하는 것보다는 미국인을 채용하여 주기를 바란다. 그러한 이유 때문에 미국 노동부에서는 가급적 외국인 근로자들의 미국내 취업을 제한하려고 하고 노동허가의 심사를 까다롭게 한다.

다시 말하면 미국에서 사업체를 운영하는 사람이 종업원이 필요한데 신문, 광고 등을 통하여 구인광고를 했는데에도 종업원을 구할 수 없는 경우에만 외국인을 채용해도 좋다는 노동허가서(LC)가 나오고, 고용주가 재정상태가 튼튼하고 또 종업원이 자격을 갖추고 결격사유가 없어야 (불법체류, 범죄행위 등) 종업원인 외국인에게 취업영주권이 나온다.

문제는 미국의 경제상황이 좋지 않을 경우 고용주가 구인 광고를 하면 취업지원자가 구름 떼처럼 모여든다는 것이다. 고용주는 특정 외국인을 채용하려면 이들 취업지원자들 개개인이 자기 사업체에 부적격하다는 것을 일일이 소명해야 한다. 고용주의 입장에서 마음에 두고 있는 특정인을 고용하여 영주권을 주고 싶은데 노동허가(LC) 과정에서 이 절차를 모두 밟아야 하니 여간 힘들고 번잡스러운 일이 아닐 수 없다.

필자가 알고 있는 지인이 특정인(한국사람)을 염두에 두고 취업영주권을 주려고 구인 광고를 하였는데 미국 대학 졸업자들이 구름 떼처럼 몰려오고, 이 중에는 미국의 명문 대학을 졸업한 자들도 있어 노동허가 (LC)를 받으려면 이들 지원자들이 부적격하다는 사실을 일일이 소명하여야 되는데 도저히 할 수가 없어서 포기한 경우가 있다. 노동허가서 (LC)를 받기가 이처럼 어렵다.

설사 이 어려운 과정을 통과하여 노동허가를 얻었다고 해도 영주권을 기다리는 종업원의 입장에서는 기다려야 하는 시간이 너무 길고 고통스럽다. 취업영주권의 경우 노동허가서를 신청하면 우선일자가 부여되는데 본격적인 영주권 심사를 하기까지는 상당한 시간을 기다려야 한다.

최근 3년 전만해도 대체 case라는 제도가 있었다. 이미 다른 사람이 노동허가(LC)를 받은 경우에 제3자가 대체하여 받을 수 있는 것

4. 취업영주권(취업이민)

인데 현재 이 제도는 폐지 되었다. 지금은 처음부터 노동허가를 준비 하여야 하고 또, 현재 미국에는 실업자가 많은 관계로 노동부로부터 노동허가 (LC)를 얻기가 몇 년 전보다 더 까다롭고 어려워졌다. 또 노동허가서는 승인 후 6개월이 지나면 그 효력도 없다. 이미 노동허가 (LC)를 받고 수속을 진행 중인 사람이라면 몰라도 이제 처음부터 취업이민을 고려중인 사람은 이 부분을 잘 이해하고 취업영주권을 신청하여야 할지 여부를 결정하여야 한다.

## 2) 취업영주권(취업이민) 순위 및 쿼터

취업영주권 쿼터는 매년 14만 명으로 순위별로 약 4만 명씩 배정되고 특수영주권(종교영주권이 대분임)에 1만 명, 투자영주권에 1만 명을 배정하고 있다. 각 순위별 자격요건은 다음과 같다.

1순위 (EB-1):
    (1) 특별한 능력 소유자; 과학, 예술, 교육, 체육, 사업 등 분야에서 큰 공헌을 할 수 있는 능력소유자
    (2) 탁월하고 능력 있는 교수나 연구원
    (3) 다국적 기업의 집행간부 또는 지배인급 간부직원

    2순위 (EB-2): 석사이상 학력자 또는 과학, 예술, 경영 분야에 특출한 능력이 있는 자

3순위 (EB-3):
전문직(professional): 학사학위가 요구되는 직종.
숙련노동자(skilled worker): 2년 이상 경력자.
비숙련자(unskilled worker): 미국 내에서 인력이 필요한 자.

## 3) 1순위 취업영주권은 누가 받을 수 있나?(EB-1)

위 표에서 보듯이 1순위 자는 다시 3개의 부류로 분류하고 있다. 비상한 능력의 소유자로서 미국의 국익에 도움이 되는 자, 탁월한 대학교수나 연구원, 다국적 기업의 주요 간부, 이런 부류의 사람들에게는 미국은 항상 열려있다. 이들에게는 2순위, 3순위 자들에게 요구하는 노동허가서(LC)도 필요 없다. 언제든지 본인들이 미국에 이민을 가고자 하면 OK이다. EB-1(2), EB-1(3)은 노동허가는 필요 없으나 스폰서는 있어야한다.

올림픽 금메달 수상자인 김연아 선수나, 노벨상을 받을 정도의 과학자나, 삼성그룹의 이건희 회장이나 현대자동차의 사장들이 이민신청을 한다고 가정하면, 미국의 입장에서는 언제든지 환영한다. 그러나 아무런 기술도, 재능도 없고, 돈도 없는 사람이 이민을 가고자 하면 미국에서는 no, thank you 라고 답한다. 가족영주권의 경우 이런 제약은 없지만 이민자가 정부 보조금 등을 받아야 하는 경우에 초청자에게 배상책임을 부담시키고 있다.

4. 취업영주권(취업이민)

  1순위 대상자들은 미국으로부터 언제나 환영을 받는 자 들이라고 할 수 있다. 1순위 자격요건을 더 구체적으로 보면 다음과 같다.

## (가) 특별한 능력의 소유자(EXTRAORDINARY Ability)

  미국의 예술, 체육, 교육, 사업, 과학에 큰 기여를 할 수 있고 국제적으로 국내적으로 널리 명성이 있어야 한다. 이 분야에서 구체적으로 이름을 날릴 정도의 인사라면 1순위가 가능하다. 노벨상을 수상하거나 올림픽 금메달 수상할 정도의 능력 소유자는 해당이 된다고 볼 수 있다. 노동허가가 필요 없고 스폰서도 필요 없다. 본인이 특별한 능력자라는 사실만 증명하여 신청하면 된다.

## (나) 탁월한 교수와 연구원

  탁월한 교수나 연구원의 경우도 1순위로 인정한다. 이 조건에는 3년 이상 교수직이나 연구직에 경력이 있고 그 업적이나 이름이 국제적으로 인정을 받고, 대학 또는 대학연구소에서 종신직 교수나 연구원으로 있거나 교육계에서 인정받는 사설연구소에서 풀타임으로 재직 중인 경우 등이다.

  노동허가서 (LC)는 필요 없지만 스폰서를 서 줄 고용주(스폰서)는 필요하다. EB-1(1) 보다는 자격요건이 완화된다. 특별한 능력의 소유자 수준에는 미치지 못하는 교수나 연구원이 해당 될 수 있다.

## (다) 다국적 기업의 집행간부 및 매니저

EB-1(3)에 해당하는 다국적기업의 집행간부 등에 대한 취업영주권은 1순위를 부여하고 있다. 삼성전자나 현대자동차는 물론이고 이보다 훨씬 규모가 작은 기업의 다국적 기업 간부들에게도 1순위 자격을 부여하고 있다. 이민법상 집행간부 및 매니저 등을 말하는데 실무적으로 과장급 이상으로 부하직원이 있고 이를 통솔하고 지휘할 수 있는 위치에 있어야 한다. 이 부분이 다소 명확하지 않아 이민심사관에 따라 적용하는 기준이 약간씩 차이가 있다.

왜 이들에게 1순위 취업영주권 자격을 주고 언제든지 환영할까? 그 질문의 해답은 쉽게 얻을 수 있다. 이들은 미국 경제에 도움이 된다. 미국에 지사를 설립하면 미국에 일자리도 늘고 세금수입도 늘어난다.

EB-1(3)은 비이민비자 (immigration visa) L-1A (주재원비자)와 비슷하다. 실제로 많은 한국기업들의 상사주재원들이 L비자(비이민비자)로 미국의 현지 법인이나 지사에서 근무 중에 EB-1(3)을 통하여 영주권을 취득하고 있다. 이 비자 해당자는 비자 신청 전 3년 중 1년 이상 외국의 유관회사에 근무하여야 한다는 조건이 있다.

미국에 있는 한국의 상사주재원들은 대부분 한국에서 1년 이상 근무한 경험들이 있기 때문에 이 자격요건을 쉽게 통과할 수 있다. 한국에서 사업을 하는 사람들의 경우 미국에 지사나 지점 등을 설치하고 자녀들이나 친척들은 L-1A 비자를 발급받아 영주권을 취득 하게 하고 있다. 실제로 많은 사람들이 그렇게 한다. 미국에서는 회사 설립이나 지사 설립의 절차가 복잡하지 않고 쉽고 간단하다.

## 4) 2순위 취업영주권은 누가받을 수 있나? (EB-2)

2순위 취업 영주권은 석사학위 이상 학력 소지자나, 과학, 예술, 경영 분야에서 특별한 능력이 있는 자들에게 부여한다. 1순위 자들보다는 미국의 국익이나 경제에 덜 필요하나, 3순위보다는 더 필요한 사람들이다. 그만큼 절차가 1순위보다 까다롭다.

뒤에서 자세히 설명하겠지만 2순위나, 3순위에서는 노동허가(LC)를 요구 하므로 고용주는 사전에 노동허가(LC)를 받아야 한다. 또 취업 영주권을 원하는 이민 신청자를, 사업체를 경영하는 고용주가 채용해 주어야 한다.

### (가) 학력이 높은 전문직

- 대학의 석·박사학위 소지자.
- 대학의 학사학위와 5년 이상 해당 전문 업종에서 경력 있는 자.

높은 학력이 요구되는 직업은 직업 자체가 미국법상 학사 학위 이상의 특별한 직업 교육을 요구하는 변호사, 의사, 설계사, 교사, 교수 등의 전문직 직업들이다.

### (나) 특별한 능력 소유자

학력은 없으나 예술, 과학, 경영 분야에 특별한 능력이 있는 자로 10년 이상 관련분야에 종사하거나 관련 교육기관에서 받은 자격증, 단체의 회원 등 특별한 능력이 있음을 증명할 수 있는 증빙 서류 등이 있으면 신청할 수 있다.

## 5) NIW(National Interest Waiver)

### (가) NIW 는 무엇인가?

NIW는 취업영주권 2순위의 한 종류이다. 일부에서는 "고학력자 단독이민"이라고도 부른다. 미국의 국가경쟁력을 높이기 위해 1994년 이민법을 개정할 때 도입되었다. 미국의 국가이익에 도움이 되는 고급인력에 대하여 노동허가를 면제시켜줌으로써 이들 고급인력을 쉽게 미국에 유치함으로 경쟁력을 높이기 위함이다. 취업영주권 2순위, 3순위는 노동허가서(Labor Certification)가 요구된다. 그러나 NIW (National Interest Waiver)는 이러한 노동허가를 면제해 주

4. 취업영주권(취업이민)

므로 많은 시간과 노력이 절약된다.

## (나) 심사기준 및 자격요건

NIW(National Interest Waiver)는 노동허가(LC)를 면제해 주고 또 스폰서도 필요 없기 때문에 1순위와 동일한 효과가 있다. 따라서 심사기준이 엄격하고 취득하기가 어렵다.

NIW 심사기준은 신청자가 미국의 경제발전, 근로자의 근로조건 개선, 근로자의 교육에 대한 기여도, 미국인의 의료건강에 기여여부, 빈곤층 주거환경 해결에 기여 할 수 있는지 등이 주요 고려사항이다. 그밖에 미국의 국익이나 경제발전에 도움이 된다는 증빙자료 등이 요구된다.

2순위는 영주권 취득까지의 기간이 약 2년 정도 소요된다. 그러나 NIW는 노동허가도 스폰서도 필요 없으니 2순위 자격 해당자에게는 매력적이라고 할 수 있다. 기간도 약 1년 정도면 가능하다.

## (다) NIW (National Interest Waiver) 의 장점

모든 취업영주권의 경우 1순위 중 탁월한 능력 소유자만 제외하고 스폰서가 필요하나, NIW는 스폰서가 필요 없다. 본인이 직접 신청할 수도 있다. 수속기간이 짧다. 1년이면 영주권 취득이 가능하다. 동반가족 배우자나 21세 미만의 자녀도 영주권이 나온다. 투자영주권의 경우 많은 투자자금이 들어가고, 2년 기간의 임시영주권이 나오고 2년 후에 다시 정식영주권을 받아야 한다. 이 과정에서 많은 사람이 탈락한다. 그러나 NIW는 비용이 들지 않는다. 변호사 비용과 이민국 수수료뿐이 들지 않는다.

취업영주권의 경우 스폰서와의 관계 및 경제상황에 따라서 해고될 염려가 있고 영주권을 받을 때까지 스폰서에 구속되는데 NIW는 그럴 필요가 없다. NIW를 통하여 영주권을 받고 한국에서 일을 할 수도 있다. 영주권 받은 후 사정이 변경되면 구태여 미국에 의무적으로 살 필요가 없다. 합법적으로 영주권을 유지시킬 수도 있다. NIW를 통하여 영주권을 획득한 의사들의 경우 한국에서 의사활동을 하고 가족들만 미국에서 거주하는 예도 많다.

이러한 여러 가지 장점 때문에 최근에 많은 전문직 한인들이 NIW에 도전하고 NIW로 영주권을 받는 경우도 많이 있다. 자녀들의 교육과 영주권에 관심이 많은 전문직들은 취업영주권 보다 NIW를 이용하여 보라고 권하고 싶다. 최근에 한국의 의사들이 많이 신청하여 영주권을 받고 있다. NIW에 유망한 직종은 의사, 치과의사 등 건강관련 종사자나 생명공학, 제약분야, 방위산업 등에 종사하는 사람들이다. 예술, 운동, IT산업 등에 종사하는 분들도 도전해 볼 수 있다. 사전에 충분한 자료를 준비하여야 한다.

4. 취업영주권(취업이민)

## 6) 3순위 취업영주권은 누가받을 수 있나?(EB-3)

3순위(EB-3) 취업영주권은

1) 전문직(Professional): 학사학위가 요구되는 직업과 학위소지자.
2) 숙련노동자(Skilled Worker): 2년 이상 경력이 있는 자.
3) 비숙련노동자(Unskilled Worker): 미국 내에서 인력이 필요한 자로 구분된다.

전문직종은 학사학위 이상이 요구된다. 한국의 학위도 인정된다. 학사학위가 있다고 해서 모두다 전문직이라고 할 수 없다. 학위와 관련되거나 유사하여야 전문직이 된다. 예를 들면 회계과를 나온 자가 회계사 사무실에 취업하고자 할 경우 전문직으로 인정될 수 있지만 음식점 주방장으로 취업한다면 학사학위가 있다고 해도 전문직으로 인정받을 수 없다. 숙련공은 학력 제한이 없다. 그러나 최소 2년 이상 경험이 있어야 한다.

한국에서 음식점 주방 일을 한 경우 숙련공으로 인정받을 수 있다. 이민이 허락되는 업종에서 일한 경험이 있으면 일단 3순위 숙련공의 자격은 주어진다. 특별한 학사학위 등이 없는 경우 많이 이용한다. 그러나 비숙련공이나 숙련공은 이민이 허락되고 가능한 업종이라 해도 그 대기 시간이 너무 길다.

과거에는 숙련공이나 비숙련공이 노동허가를 받은 경우 이를 다른 사람으로 대체 할 수 있도록 하여 중간에 기간을 단축하여 영주권을 받을 수도 있었다. 그러나 이 제도를 악용한 예가 많아서 최근(2007년)에 이를 폐지하였다. 따라서 3순위를 통하여 영주권을 받고 이민을 가려면 7~8년을 기다려야 한다는 이야기가 된다.

## 7) 취업영주권 가장 중요한 것은?

한국의 이민 설명회에 가보면 이주공사나 이민 알선업체 등 이민업무와 관련되는 업체종사자들이 이민을 원하는 사람들에게 달콤한 이야기들을 많이 한다. 미국에 취업도 하고 영주권도 받고 자녀들을 무료로 공립학교에도 보낼 수 있다고 한다. 귀가 솔깃해진다. 직장의 앞날이 불투명하고 한국생활이 갈수록 힘들어진다. 아이들 교육문제도 많은 고민에 빠지게 한다. 한국현실에서 도피하고 싶어진다. 미국에 가고 싶다. 이주공사나 업체직원들의 말을 다 믿어도 되는 것인가? 과연 그럴까?

물론 계획대로 모든 일이 잘 진행되면 그럴 수 있다. 맞는 말이다. 실제로 많은 한국 사람들이 이러한 과정을 거쳐서 영주권을 받았다. 그러나 좀 더 구체적으로 영주권을 받을 수 있는 절차와 그 과정이 얼마나 복잡하고 까다로우며 시간이 소요되고 많은 위험 요소가 도사리고 있다는 것을 설명하여 주지 않는다.

4. 취업영주권(취업이민)

이 과정을 충분히 이해하여야 한다. 이 과정을 이해하지 못하고 이민업체의 직원들이나 브로커들의 말만 믿고 이민을 결정한다면 큰 어려움에 직면할 것이다. 취업영주권을 자세히 알고 시작하여야 한다.

## (가) 고용주(스폰서)와 노동허가서(L/C)

취업영주권에 있어서 가장 중요한 것은 첫째는, 고용주(스폰서)이다. 둘째는, 노동허가서(L/C)의 취득이다. 셋째는, 시간과의 싸움이다. 종업원의 자격요건도 중요하나 애당초 자격요건이 되지 않으면 취업영주권을 신청할 수 없기 때문에 이야기 자체가 되지 않는다. 자격요건이 되는 경우에도 취업영주권을 도와줄 스폰서 즉, 고용주(사업주)가 있어야 한다. 또 고용주의 재정능력이 확실해야 하고 또 이 고용주가 노동허가를 받을 수 있어야 한다.

이 첫 번째, 두 번째 산을 넘었다면 긴 세월을 기다릴 수 있느냐이다. 미국에 체류할 경우 합법적인 체류신분을 긴 세월 동안 유지할 수 있어야 한다.

본인이 취업요건의 자격이 되는 것을 전제로 하는 말이다. 전혀 학력도 기술도 없는 경우 3순위 비숙련공으로 오는 경우 기다려야 하는 기간이 약 6~7년이다.

기다리는 긴 세월 속에 스폰서 해준 고용주(스폰서, 사업주)가 사망할 수도 있고, 그 사업이 파산할 수도 있다. 종업원을 해고할 수도 있다. 그러면 새로운 고용주를 구해야 한다. 그 과정이 너무 어렵다.

최근에 3순위 영주권으로 긴 세월을 기다렸던 자들이 지금에 와서 고용주들이 바뀌거나 고용의사가 없다고 오리발을 내밀어서 영주권은 고사하고 돈만 날린 내용이 언론에 보도된 바가 있다. 소위 말하는 닭 공장, 청소용역 등 단순노무자로 취업영주권을 신청한 경우이다. 중간에 이민을 알선했던 사람은 간 곳이 없고, 고용주는 고용에 적극적이지 않아서 기다렸던 노력이 물거품이 된 사람이 한둘이 아니다.

충분히 사전에 이러한 점을 감안하여서 의사결정을 하여야 한다. 자녀들과 가족들의 운명이 달려 있는 문제를 쉽게 넘어가지 말고 영주권 취득과정을 정확히 알고 결정하여야 한다. 고용주를 믿을 수 없거나 재정능력이 되지 않으면 취업영주권을 다시 생각해보는 것이 좋다. 특히 3순위 취업영주권의 경우 기다리는 시간을 고려하여야 한다.

## (나) 취업영주권(취업이민)금지 대상 업종

3순위 해당 업종 중 일부 업종을 제외하고 모두 노동허가를 받아야 한다. 스케줄 A업종으로 미국에 절대 인력이 필요한 간호사, 물리 치료사 등은 노동허가가 필요치 않다. 하지만 미국에 인력이 남아도는 업종에 대하여서는 영주권 심사를 받아주지 않는다.

4. 취업영주권(취업이민)

다음과 같은 직종들이다. 이들 업종을 가지고는 취업이민을 하려고 해도 할 수가 없다. 주유소, 주차장, 가정부, 경리사원, 엘리베이터승무원, 케쉬어, 청소부, 택시, 트럭 운전사, 타이피스트, 단순노무자, 점원, 조리사보조원, 웨이터, 선원, 세일즈맨, 경비원 등은 해당이 되지 않는다. 이들 업종 종사자들은 미국에도 많기 때문에 외국인 노동자들의 취업영주권을 허용하지 않는다. 간혹 이민 브로커들이 이들 업종을 가지고 취업영주권을 받을 수 있다고 유혹하는 경우가 있다. 주의를 요한다.

## 8) 취업영주권은 어떠한 절차가 필요하나?

### (가) 노동허가(L/C)승인

고용주(미국사업주)가 노동부에 신청하여 승인을 받아야 한다. 이것은 취업영주권의 첫 단계이다. 위에서 설명한 바와 같이 노동허가(L/C) 승인이 갈수록 어려워진다. 1순위와 2순위 중 NIW 를 제외하고 대부분이 노동허가 (L/C)를 얻어야 한다.

과거에는 노동허가의 모든 요건을 갖춘 경우에도 승인서가 떨어지기까지는 2년 정도의 시간이 소요되었으나, 2005년부터 PERM(Program Electronic Review Management)이라는 새로운 제도를 시행하고 있다. 빠르면 6개월 보통은 1년이 걸린다. 재수 없이 노동부의 감사과정을 거치게 되면 2년 이상이 걸리기도 한다. 최근에는 (2011년

8월) 약 7개월까지 단축되고 있다.

  노동허가는 고용주 명의로 고용주가 연방노동부에 신청한다. 신청 전에 신문광고 등을 거쳐야한다. 신청 전에 노동부로부터 미리 평균임금의 책정을 받아야 한다. 평균임금은 해당 외국인의 직업, 노동숙련도 등에 따라 직업별로 4단계 등급이 나누어진다. 이 과정은 모두 고용주(사업주)가 하여야한다.

### (나) 청원서(petition)승인 (I-140)

  제일 어려운 관문인 노동허가(L/C)가 떨어지면, 고용주(스폰서, 사업주)는 이것을 가지고 이민국 (USCIS)에 청원서를 제출한다. 지역에 따라 다르나 1년 이내에 승인이 떨어진다. 빠른 경우 3-4 개월 걸리는 경우도 있다. 종업원이 한국에 있는 경우 대사관을 통하여 통보를 받는다.

  이 과정에서는 주로 고용주의 재정 상태를 점검한다. 미국의 사업주가 외국의 종업원에게 임금을 지급할 수 있는 재정상태가 되는지 확인하는 작업이다. 보통 세금 신고 시 순이익, 유동자산의 규모 등을 고려하여 판단한다. 또 이때 종업원의 자격요건을 본격적으로 심사한다.

### (다) 신분조정(I-485)이란?

  노동허가와 청원서를 고용주(사업주, 스폰서)가 제출하고 승인을

4. 취업영주권(취업이민)

받으면 다음 단계는 마지막 영주권 심사단계에 들어간다. 종업원이 미국 내에 있을 경우 우선일자가 풀릴 때까지 기다려야 한다. 자기 순서가 오면 신분변경(I-485)을 신청하면서 일을 할 수 있도록(Work Permit) 신청하고 동시에 해외여행허가 신청을 한다. 취업승인(Work Permit)이 나면, 종업원은 이때부터 일을 할 수 있으며, 여행허가서를 받아서 한국에 출입을 할 수도 있다. 신분조정(I-485) 절차에서 종업원이 범죄기록이 있는지, 불법 체류한 사실이 있는지, 이민법 위반사항이 있는지를 심사한다. 종업원이 한국에 있는 경우 관련 서류를 서울에 있는 대사관으로 보내면 대사관에서 인터뷰를 한다. 대부분의 취업영주권의 경우 90% 이상이 미국에서 신분조정을 통하여 영주권을 신청한다.

우선일자가 풀리고 자기의 순번이 되어 심사가 완료되면 인터뷰를 하는 경우도 있고, 운이 좋으면 바로 영주권을 이민국에서 보내 주기도 한다. 최근에 취업영주권의 경우 인터뷰 없이 바로 영주권을 우편으로 보내주는 경우가 많다.

## 9) 기타사항

### (가) 고용주(스폰서)가 변경될 경우 어떻게 되나?
I-485 접수 후 180일이 지나면 유사업종으로 스폰서 변경이 가능

하나 180일 전에 스폰서가 변경되면 처음부터 다시 해야 한다. 청원 (I-140)이 이미 승인이 된 경우 처음에 노동허가 신청시 우선일자를 소급하여 사용할 수 있다. 노동허가 승인이 되고 I-140이 승인전이면 처음부터 노동허가를 다시 신청하여야 한다. 이때에는 우선일자가 소급되지 않는다.

### (나) 대체 case는 폐지되었다

몇 년 전만 해도 노동허가서를 대체할 수 있었으나 지금은 폐지되었다. 허위문서, 이민사기의 원인이 되어 최근에 폐지되었다. 노동허가도 승인된 후 그 효력이 6개월만 가진다.

### (다) perm이란 무엇인가?

노동허가 신청을 인터넷으로만 신청하게 한 제도이다. 과거 노동허가 승인에 시간이 너무 많이 소요되어 이를 단축하기 위한 방편으로 현재 시행되고 있다. 과거 개별 주정부 노동부에서 관장하던 사항 즉 미국 내에서 종업원(고용인)을 구할 수 없다는 증명을 연방노동부로 이관하고 주정부에서는 Prevailing Wage(해당직종의 최저임금)만 확인하도록 하였다. 최근에 다시 이마저도 연방노동부로 이관하였다. 노동허가 신청을 인터넷으로 할 수 있도록 하여 노동허가 기간을 단축 시키고 있으나 미국 내에서 노동자 부재증명에 필요한 구인 노력 등을 여전히 하여야 한다.

## 4. 취업영주권(취업이민)

### (라) I-140, I-485 동시접수가 가능한가?

노동허가승인, 청원서승인, 신분조정 단계로 영주권 수속이 진행된다. 여기에서 중요한 것은 우선일자가 비자개방일자 안에 있어야 한다는 것이다. 1, 2순위는 우선일자가 보통 개방되기 때문에 동시접수에 별 문제가 없으나 3순위는 I-485를 접수하려면 자기 순서가 올 때까지 기다려야 한다. I-485 접수는 신분상의 큰 변화가 있다. 우선 신분유지를 별도로 할 필요가 없다. 해외여행 및 취업을 할 수 있다. I-485 접수 여부가 엄청난 법적인 차이가 난다.

### (마) 취업허가(work permit)와 노동허가(LC)의 차이는?

신분조정(I-485)이 들어가면 취업허가(Work Permit)를 신청할 수 있고, 이민국의 승인이 나면 일을 할 수 있다. 보통 I-485 신청과 동시에 취업허가(Work Permit)를 신청한다. 많은 사람들이 노동허가(LC)와 취업허가를 많이 혼동한다. 노동허가(LC)는 취업영주권을 신청할 때 반드시 거쳐야하는 과정이나 취업허가는 영주권과 관계없다. 따라서 비이민비자에서도 취업허가(Work Permit)가 나온다.

### (바) 영주권 계류 중 한국방문 문제없나?

신분조정(I-485)이 들어가면 해외여행을 할 수 있다. 합법적인 신분유지를 안 해도 된다. 그러나 만약 영주권 신청이 어떤 이유에서든 기각 될 경우를 대비하여 신분유지를 하여두는 것도 바람직하다.

해외여행은 가급적 자제하는 것이 좋다. 입국할 때 입국거절 사유, 이민법 위반 등으로 제지 될 염려도 있다. 미국 내에서 방문비자 등 비이민비자를 가지고 입국한 후 신분을 변경한 경우는 더욱 조심 하여야 한다. 음주기록, 전과기록 있는 자는 한국방문을 영주권을 받을 때까지 자제하는 것이 좋다. 부득이하게 한국을 방문하여야 할 경우 사전에 여행허가를 받고 가야 한다. 가급적 변호사의 자문을 듣는 것이 좋다. 여행허가 없이 외국에 여행을 하는 것은 영주권 신청을 취소한 것으로 보아 영주권 신청이 취소될 수 있다.

통상적으로 신분조정을 신청할 때 여행허가서(Advance Parol)와 취업허가(Work Permit)를 동시에 신청한다. 2010년 12월부터 여행허가서와 취업허가서가 통합된 1장의 카드(콤보카드라고도 함)로 발급되고 있다. 취업허가 카드에 여행허가가 유효하다고 적혀 있다. 해외여행과 관련하여 병역을 미필한 남자는 사전 병역문제를 확인해야 한다. 최근에 한국에서는 국적법과 관련하여 병역제도가 많이 바뀌었다. 일이 잘못되면 한국공항에서 출국금지 될 수도 있다.

## (사) 취업영주권을 통하여 한국 사람은 몇 명이나 영주권을 받을까?

한국 사람은 2009년도에 취업영주권을 통하여 약 1만 4천 명이 영주권을 취득하였다. 이 중 1순위는 2천 3백 명, 2순위는 약 5천 명, 3순위는 4천 명 (전문직 3천5백, 비전문직 400명), 종교영주권

2천명 (성직자 1천2백 명, 비성직자 7백여 명), 투자영주권 9백여 명이다.

과거에는 취업 영주권 3순위가 2순위보다 많았는데 지금은 2순위가 더 많다. 이처럼 2순위가 많아지는 이유는 3순위의 적체현상 때문에, 2순위로 몰리는 것으로 보인다. 2순위는 석사학위이상 학력소유자가 신청할 수 있는 자격임을 감안할 때 많은 유학생들이 학교 졸업 후 2순위를 통하여 미국에 정착하고 있다는 것을 보여준다.

투자영주권의 수가 급증하고 있는 것도 눈여겨 보여진다. 1순위를 통하여 취득한 자가 2천 명이 넘는 것은 상사주재원들의 취득이 많은 이유이다.

## 10) 취업영주권 문·답

문) 노동허가 승인받는데 어느 정도 시간이 걸리나?
답) 노동부 평균임금 확정 1개월, 고용 사전준비(신문광고 및 주정부 사이트 등록 등) 2개월, PERM으로 연방정부 신청 및 승인 2 -3개월 모두 6-8개월 정도 걸린다. 감사에(Audit) 걸리면 2년 이 더 걸린다. 최근에는 그 시간이 많이 단축되었다. (2011년 8월 현재 약7개월 걸림)

문) 노동허가는 어떻게 받나?
답) 고용주가 노동부로부터 평균임금을 먼저 확인받고, 이를 근거로 전산으로 연방정부에 신청하면 연방노동부에서 승인 여부를 결정한다.

**문) 취업영주권 2순위 중 학사학위 소지자의 5년의 경력은 ?**
답) 학사학위 받은 후 5년간의 경력은 2순위가 인정된다. 학위 받기전의 경력 및 스폰서 직장에서의 경력은 포함되지 않는다. 석사학위 소지자는 경력이 없어도 2순위가 된다.

**문) NIW는 취업영주권 1순위처럼 어렵다는데 ?**
답) 그렇지 않다. 의사 및 특정업종(이공계, 의약계 등) 근무자들도 많이 나온다.

**문) 스폰서 없이 취업영주권이 가능한 순위는 ?**
답) 1순위 중 탁월한 능력을 보유한 자 (EB-1(1))와 2순위 중 NIW 뿐이다. 이들은 스폰서도 필요 없다. 노동허가도 필요 없다.

**문) 한국대기업 직원인데 미국 지사로 파견되었다. 영주권 취득이 가능한지?**
답) 가능하다. L-1A 비자를 받으면 대부분 1순위 자격요건에 맞는 경우가 많다. E-2비자 소지자도 다국적기업 간부에 해당되면 1순위가 될 수 있다.

**문) 스폰서 재정 상태를 파악할 수 있는 방법은?**
답) 순이익 및 유동자산이 종업원 급여를 지급할 수 있는 지급여력이 있어야 한다. 세금보고서와 회사의 손익계산서, 대차대조표

## 4. 취업영주권(취업이민)

등을 보면 알 수 있다.

**문)** 불법체류자인데 미국 내에서 취업영주권이 가능한가?
**답)** 상황에 따라 다르다. 245(k)조항이 해당되면 가능하다. 180일 이내의 불법체류는 벌금 $1,000만 내면 미국에서도 취업영주권을 신청할 수 있다. 245(i) 해당자도 할 수 있으나 너무 시간이 흘러 245(i) 해당자는 지금은 별로 없다.

**문)** I-485 수속 중 음주운전으로 벌금을 납부했다. 또 한국에서 범죄로 형사처벌을 받은 기록이 있는데 영주권 받는데 문제가 되나?
**답)** 단순 음주운전은 별 문제없으나 상습음주 운전은 영주권 받는데 문제될 수 있다. 한국에서의 어떠한 범죄행위로 처벌을 받았는지에 따라서 달라진다. 가중중범죄나 도덕적 범죄에 해당하는 경우 영주권을 받을 수 없고 추방될 수 있다.

**문)** 영주권 받은 후 스폰서업체에 얼마정도 일해야 하나?
**답)** 이민법에 규정이 없다. 6개월 정도는 근무하라고 변호사들이 조언 한다. 주인으로 부터 해고당했다면 문제없다.

**문)** I-485 진행 중이다. 합법신분을 유지해야 하나?
**답)** 신분조정(I-485)접수 자체가 합법신분이 된다. 따라서 하지 않아도 되나, 만약 거절될 것을 대비하여 신분을 유지하여 두는 것이 바람직하다.

문) 취업영주권 진행 중에 고용주가 바뀌면?
답) I-485 제출 후 180일이 지나면 유사 업종으로 스폰서를 구하여 옮길 수 있다(AC21).

문) 취업영주권 진행 중 영주권 주신청자가 사망했다. 나머지 동반가족의 영주권신청은 어떻게 되나?
답) 영주권을 받을 수 없다. 동반가족은 영주권 주신청자가 영주권을 받을 때만 동반하여 받을 수 있다.

문) 취업영주권 중 중요한 것은?
답) 다른 것도 중요하지만 고용주(스폰서)의 재정능력과 노동허가를 받는 것이다.

문) 한국에서 전과기록이 있다. 영주권 받는데 문제가 되나?
답) 어떤 범죄행위로 처벌 받았느냐 또 형량이 어떠한지 등에 따라 영주권에 영향을 주는지 결정된다.

# 5. 종교영주권등 특수이민 (EB-4)

1) 종교영주권(종교이민)이란?
2) 자격요건은?
3) 어떻게 받나? (절차)
4) 종교비자(R)와 다른 점은 무엇인가?
5) 기타사항
6) 종교 영주권 문·답

# 5. 종교영주권등 특수이민 (EB-4)

미국이민법에서 취업영주권의 한 부류로서(E-B4) 종교영주권과 폭행당하는 배우자, 한국, 베트남 등에서 미국인 아버지와 이들 나라의 어머니 사이에 태어난 혼혈인, 미국 정부기관에 장기적으로 근무한 자들에게 영주권을 부여하고 있다. 특수이민이라고 부르고 있으며 취업영주권과는 그 성격을 달리하고 있으나 취업영주권의 한 부류로서 규정하고 있다. 그중에서 제일 큰 비중을 차지하고 있는 것이 종교영주권이다. 한국 사람은 종교영주권을 통하여 2009년에 2천 명, 2008년에 천2백 명이 영주권을 받았다.

## 1) 종교영주권이란?

종교영주권은 뒤에서 설명할 비이민비자인 종교비자(R비자)와 자격조건이 유사하다. R비자를 받고 미국에 와서 종교영주권을 받는 것이 대부분이다. 종교영주권도 취업영주권과 같이 종교단체에서의 스폰서가 필요하다. 종교영주권 대상자는 안수 등을 받은 성직자 또는 성직자는 아니어도 종교직 근무자도 가능하다.

## 2) 자격요건은?

### (가) 스폰서(종교단체)

종교단체만(교회, 사찰 등)이 가능하고 충분한 재정능력을 보여 주어야 한다. 종교단체는 연방 국세청에 비과세법인으로 등록을 하여야한다. 같은 종교단체에서도 교파가 다르면 거절될 수가 있다.
재정능력이 매우 중요시되는데 교인의 수가 많은 대형교회의 경우 헌금액수가 많아서 재정 상태를 증명하는데 큰 어려움이 없으나 개척교회나 교인의 수가 적은 교회들의 경우 재정상태의 증명이 어려워 어려움이 많다.

과거에는 종교 영주권의 경우 노동허가가 필요 없는 관계로 빠른 시일 내에 영주권을 취득할 수가 있었으나, 최근에는 종교 영주권의 심사를 강화하고 있다. 직접 이민국에서 해당 종교단체에 대한 실지 방문을 하여 실사를 한 후에 영주권 부여 여부를 결정한다.
따라서 이민국에서 실사를 하지 않은 새로운 종교단체는 과거보다

5. 종교영주권등 특수이민 (EB-4)

더 많은 시간이 걸린다.

## (나) 누가 종교 영주권을 받을 수 있나?

**성직자:** 성직자는 안수 받은 목사, 서품을 받은 신부, 승적부에 등록된 스님 등을 말한다.

**비성직자:** 종교단체 근무자로서는 주일학교 교사, 성가대지휘자, 전도사, 반주자 등도 해당이 된다. 이들 모두 영주권을 신청하기 전에 2년 이상 같은 종교단체에서 근무를 해야만 한다.

## 3) 어떻게 받나? (절차)

스폰서인 종교단체는 이민국에 청원서를 제출하여야 한다. 청원서 제출시 초청하는 종교단체가 비영리 종교단체로서 등록되었다는 증거, 신청자가 2년 동안 그 종교단체에서 봉사하였다는 증명, 성직자의 자격이 있음을 증명하는 서류, 신청자가 받는 보수 금액 및 종교단체의 재정을 증명할 수 있는 서류 등을 함께 제출한다. 이민국에서 청원서가 승인되면 I-485를 제출하여 신분 변경을 한다.

## 4) 종교비자(R)와 다른 점은 무엇인가?

종교비자만으로는 영주권을 받을 수 없다. 종교비자는 비이민비자이다. 비자기간이 최장 5년이다. 5년 후 돌아가야 한다. 계속 미국에 머무르려면 종교영주권 수속을 별도로 진행해야 한다. 종교비자와 종교영주권의 자격요건이 큰 차이가 없다. 자격요건 등이 비슷하므로 종교비자로 온 자들은 대부분 종교영주권 자격이 있다(2년 유급사역). 종교비자나 종교영주권 모두 사전에 이민국 허가를 받아야 한다.

## 5) 기타사항

종교 영주권의 경우 허위서류, 무자격자들에 대한 서류 위조 등의 문제점이 많아서 최근에는 그 심사를 엄격히 하고 있다. 많은 경우가 심사를 통과하지 못하고 있다. 대부분이 후원종교 단체가 재정능력이 문제 되고 있다. 사역하고 있는 동안 세금보고 등을 정확히 하고 후원하는 종교단체가 재정능력이 있음을 보여주어야 한다. 종교영주권의 경우 자격요건이 종교비자와 유사하여 종교비자(R)를 가지고 와서 미국 내에서 신분변경을 통하여 영주권을 받는 경우가 대부분이다.

5.종교영주권등 특수이민 (EB-4)

## 6) 종교영주권 문·답

문) 종교영주권은 성직자만 해당되나?
답) 아니다. 성직자가 아니어도 된다. 미국 이민법에는 비성직자도 해당이 된다. 2009년에 약 700명의 비성직자도 받았다. 그러나 최근에는 비성직자의 경우 종교영주권을 주지 않는다.

문) 교회에서도 종교영주권외에 취업영주권 스폰서가 될 수 있나?
답) 가능하다. 취업영주권 해당 요건에 맞으면 가능하다. 성직자들의 경우 석사학위 이상을 가지고 있거나 경력이 있으면 2순위도 가능할 수 있다.

문) 종교비자와 종교영주권(종교이민)의 차이점은?
답) 종교비자(R)는 비이민비자이며 영주권을 받을 수 없다. 종교영주권은 영주권을 준다. 자격요건이 거의 비슷하나(2년 유급사역 여부차이) 영주권을 주느냐 주지 않느냐 차이이다.

문) 종교영주권 I-360과 I-485 동시접수가 폐지되었다는데?
답) 2010.11.8 일부터 동시접수가 안 된다. 사전에 청원서(I-360)가 승인된 경우에 한하여 I-485를 신청할 수 있다.

알기쉬운 미국이민법 • **영주권을 원하십니까?**

**문) 목사도 취업영주권 신청이 가능하나?**
**답)** 가능하다. 최근 종교영주권 심사가 까다로워 짐에 따라 취업영주권 2순위로 신청하는 경우가 늘고 있다.

**문) 스폰서 자격이 있는 종교단체는 ?**
**답)** 연방 국세청에 비영리 법인으로 등록된 종교단체이어야 한다.

**문) 종교영주권 받기가 어려워졌다는데?**
**답)** 가짜서류, 위조경력 등이 많아서 이다. 직접 이민국에서 실사 후 심사한다.

**문) 종교비자(R)는 이민국의 승인을 받아야 하나?**
**답)** 과거에는 대사관에서 발부했으나 허위서류가 많아 직접 이민국 승인이 있는 경우에만 대사관에서 발급한다.

# 6. 투자영주권 (EB-5)

1) 투자영주권(투자이민)이란?
2) 투자영주권(투자이민)에는 어떤 종류가 있나?
3) 투자조건은?
4) 어떠한 절차로 투자하나?
5) 투자영주권 장점은? E-2(소액투자비자)와 비교
6) 투자영주권 단점은?
7) 임시조건부 영주권을 준다.
8) Pilot Program이란?
9) 투자영주권(투자이민) 유의사항
10) 투자영주권(투자이민) 문 · 답

# 6. 투자영주권 (EB-5)

## 1) 투자영주권(투자이민)이란?

투자영주권은 외국인이 일정한 자금을 미국에 투자하여 고용을 증대시키는 경우 영주권을 부여하는 제도이다. 1990년 이민법을 개정할 때 반영되었다. 투자영주권은 취업영주권의 부류로 이민법에 규정되어 있지만 취업영주권과는 성격이 전혀 다르다.

스폰서가 필요 없고 취업이라는 것도 필요 없다. 연간 할당된 쿼터량은 1만 개다. 이중 3,000개는 이민국(USCIS)에서 지정하는 지역센터와 연관된 Pilot Program에 투자하는 투자자에게 배정된다.

투자영주권을 채택할 때 미국이 대내외적으로 많은 비난을 받았다. 미국이 돈 받고 영주권 장사를 시작한다는 비난이다.

그러나 그렇게 크게 비난할 일도 아니다. 기본적으로 미국이라는 나라가 무슨 자선 사업가도 아니고 자국의 국익을 위해서 미국에 돈을 가져와 투자하면 영주권을 준다는데 다른 나라에서 간섭할 일도 아닌 것 같다. 기본적으로 미국이민법에 흐르는 배경은 돈 있고 똑똑하여 미국에 도움이 되는 자에게만 문호를 개방하겠다는 것이다.

## 2) 투자영주권(투자이민)에는 어떤 종류가 있나?

투자 영주권은 세 가지 부류로 나누어 볼 수 있다.

첫째는, $100만를 미국에 투자하여 10명 이상을 신규 고용하는 것이고 두 번째는, 실업률이 높은 지역에 $50만 투자하고 10명이상 신규 고용하는 것이다.

실업률이 높은 지역의 지정은 주정부에서 한다.( 실업률이 미국 평균보다 1.5배 이상 도시지역이나 농촌지역) 세 번째는, Regional Center를 이용하여 투자하는 방식이다. 이것은 이민국(USCIS)에서 지정한 투자 프로그램에 $50만 투자할 경우 10명의 고용조건이 직접고용뿐만 아니라, 간접고용도 인정된다. 최근에 투자 이민자들이 많은 관심을 두고 있다.

## 3) 투자 조건은?

(1) 새로운 사업체여야 한다. 자영업이나, 법인, 파트너쉽도 가능하다. 기존업체를 인수하여 새로운 사업체를 만드는 것도 되고, 기존 사업체를 인수하여 종업원의 인원을 증가시키는 것도 가능하다.

(2) 투자금액은 $100만 이상, 실업률이 높은 지역은 $50만 이상이다. 현금, 기계장비, 유가증권 등 유형자산도 가능하다.

(3) 10명의 일자리 창출, 즉 10명 이상 종업원을 고용하여야 한다. 풀타임 종업원이어야 한다. 이들은 시민권자나 영주권자이어야 한다. 투자자의 가족은 여기에 포함되지 않는다.

## 4) 어떠한 절차로 투자하나?

이민국(USCIS)에 I-526(Immigration Petition by Alien Entrepreneur)을 제출하고 사업등록증, 투자금액을 증명할 수 있는 증명, 종업원 급여기록, 자금 출처 등을 함께 제출한다. 청원서가 승인이 되면 미국 내에서는 I-485를 신청하고 임시 영주권을 받는다. 한국에서 청원서를 제출 한 경우 이민국에서 승인이 나면 대사관을 통하여 서류가 송부되고 인터뷰를 거친 후에 비자를 받는다.

투자이민의 경우 2년 기한의 조건부영주권을 부여하는데 2년이 지나기 90일 전에 I-829(조건부 영주권 해제 신청서)를 접수 시켜야 한다. 이때 중요한 것은 세금관계와 종업원들에 대한 급여 관련 자료들이다.

## 5) 투자영주권 장점은? E-2(소액투자비자) 비교

투자영주권의 장점은 취업영주권과는 달리 스폰서가 필요 없다는 점이다. 취업영주권의 경우 스폰서에 의존하여야 하기 때문에 고용주와의 계약이 불평등하고 나쁜 고용주라도 만나면 큰 고통이 아닐 수 없다.

그러나 투자영주권에는 이러한 스폰서가 필요 없다. 또 학력이나 경력 등도 필요 없다. 투자할 돈만 있으면 영주권을 받을 수 있다. 취업영주권의 경우 2순위도 2년 이상 걸린다.

그러나 투자영주권의 경우 1년 이내에 임시영주권이 나온다. 물론 정식영주권이 나오기까지 2년 후에 또 하나의 큰 산을 넘어야 하지만 임시영주권은 바로 나온다. 빠른 경우 6개월 이내에도 가능하다. 조건부 영주권을 가지고 자유로이 출입국도 가능하다. 영주권자와 동일하다. 단지 기간의 제한이 있을 뿐이다.

투자영주권은 뒤에서 설명할 E-2비자(소액투자)와도 다르다. 많은 사람들이 E-2비자를 투자영주권으로 생각하는데 전혀 다르다.

## 6. 투자영주권 (EB-5)

근본적으로 다르다. 투자영주권은 영주권을 주는 것이고 E-2비자는 미국에 머물면서 사업을 할 수 있을 뿐이다. 비이민비자이다. 영주권과는 전혀 무관하다. 영주권을 받으려면 별도의 절차를 밟아야 한다.

투자영주권의 경우 동반가족도 영주권을 부여한다. 배우자는 당연하고, 자녀의 경우 21세 미만이고 미혼인 경우 자동으로 부모와 같이 영주권이 부여된다. 영주권은 받고 싶은데 학력도 없고, 기술도, 경력도 없으나 경제력이 있는 사람들에게 적합한 방법이다.

### 6) 투자영주권 단점은?

임시영주권은 쉽게 나온다. 사업계획서와 투자자금이 합법자금이라는 사실만 규명하면 별 문제없다. 그러나 2년 후 10명 고용조건을 충족시키는 것이 어렵다. 또한, 직접 투자는 위험하다. 사업 경험이 있다 해도 미국 내에서 사업이 성공하기란 쉬운 일이 아니다. 이에 대한 단점을 보완하기 위하여 리져널센타를 통한 간접투자방식이 많은 호응을 받고 있으나 이것 역시 2년 후 영주권을 보증하여 주지 않는다. 한국에서도 그러하지만 대규모 투자사업의 경우 투자기간이 길고 정부의 인허가 과정이 복잡한데 미국도 마찬가지다. 2년 안에 계획대로 투자 사업이 진행되고 고용을 창출해낸 것을 증명하기 어려운 경우가 많다. 심지어 2년 내에 공사조차 착공되지 못하는 경우도 있다고 한다. 이러한 경우 정식영주권을 받을 수 없다.

투자영주권을 추천하기 위하여서는 변호사가 그 사업에 대한 투자분석을 할 수 있는 경험이나 지식이 요구되는데 변호사가 사업전망까지 분석할 전문지식이 있는 것은 아니다. 투자전문가의 도움을 받아보는 것이 바람직하다.

투자영주권을 유치하는 한국내 일부 업체들에 대하여 투자자는 많은 주의가 요구된다. 필자가 우연히 이들 업체의 사이트를 방문할 기회가 있었다. 이 업체에서는 투자영주권을 승인받았다는 사례를 설명하면서 친절하게도 이민국 승인서류를 사이트에 올려놓았다.
자세히 살펴보니 이것은 정식영주권 승인이 아니고 임시영주권 처음 시작단계의 청원승인서였다. 내용을 모르는 많은 사람들은 잘못 오해할 수 있다.
청원서 승인 후 넘어야 할 산이 많은데 마치 영주권을 다 받은 것처럼 소개하는 우스운 상황을 연출한 것이다. 투자자들의 많은 주의가 요청된다.

## 7) 임시조건부 영주권을 준다

투자계획과 자금이 유입되어 청원서가 승인되면 조건부영주권을 발급받을 수 있다. 조건부 임시영주권 기간은 2년이나 정식영주권과

6. 투자영주권 (EB-5)

효력이 똑같다. 외국에 자유롭게 여행할 수도 있고 자녀들을 공립학교에 보낼 수 있다. 단지 기간이 한시적이라는 것만 차이가 난다. 2년 후 정식영주권을 신청하여야한다. 정식영주권이 기각되면 미국을 떠나야 된다. 많은 경우 항소를 하고 심지어 대부분의 경우 법원으로 소송절차까지 간다. 다행히 이러한 과정을 거쳐서 구제가 되면 별 문제가 없는데 구제되지 않는 경우 전 과정의 기간이 불법체류기간에 포함되기 때문에 미국에 들어오지 못하는 경우가 있게 된다.(입국금지 규정에 걸림)

## 8) Pilot Program이란?

### (가) 리저널센터란?

리저널센터는 투자운영업체와 비슷한 개념이다. 이민국(USCIS)에서 지정한 투자 프로그램이다. 투자자가 자금을 투자 하나 투자업체를 직접 운영하지 않고 투자운영업체(리저널센터)에 맡기는 간접투자 방식이다. 리저널센터에 투자할 경우 10명의 고용조건을 완화하였다. 직접고용 외에 투자에 따른 간접 고용 효과도 인정해 주는 것인데 이 부분에 대하여 아직도 법적으로 명확하지 않은 부분들이 많이 있다.

리저널센터는 투자자금을 관리하거나 또는 직접투자를 하는 업체라고 할 수 있다. 현재 약 170여 개가 이민국으로부터 허가를 받았다. 투자자금을 모집하려면 사전에 이민국으로부터 승인을 받아야한다. 리저널센터 운영주체는 공공기관도 있고 사설단체도 있다. 모집된 투자자금의 투자대상은 공공사업(도로건설, 공항건설 등)도 있고 민간사업도 있다.(야구장건립, 호텔건립)

투자자가 영주권도 확실히 받고 원리금도 보장받고 환수하려면 다음사항을 고려하여야한다.

1). 리저널센터가 직접 사업을 시행하는지, 제3자가 사업을 시행하는지, 2). 어느 사업에 투자를 하는지, 3). 이 센터를 운영하는 주체가 공공기관인지 민간업체인지, 4). 투자하는 사업의 자금구성, 모집된 투자금액이 어느 정도인지에 따라서 위험성 내지는 영주권의 확실한 취득보장이 결정된다고 할 수 있다.

## (나) 조건부영주권 해지는 언제부터 시작하나?

2년이 되기 전 90일부터 신청한다. 조건부 임시영주권을 받고 2년 이내에 10명 이상의 고용이 이루어졌다고 판단될 때 정식영주권을 준다. 고용이 이루어지지 않으면 정식영주권을 받을 수 없다. 임시영주권을 신청할 때는 사업계획서를 보고 조건부 임시영주권을 내준다. 조건부 임시영주권을 해제하고 정식영주권을 줄 때는 사업이 계획대로 진행이 되어 고용이 창출되었는지를 본다. 사업이 계획대로 진행이 되지 않거나 고용창출이 이루어지지 않은 경우 거절될 수 있다.

6. 투자영주권 (EB-5)

## 9) 투자영주권 유의사항

일단 투자한 금액이 일정금액이 되고 자금이 범죄 등에 의하여 조성되지 않은 출처가 명확하면 2년 조건부 영주권을 준다. 일단 돈이 미국 안으로 들어왔으니 임시영주권을 주기는 하나, 2년 동안에 10명을 고용했다는 증명을 해야만 정식영주권이 나온다.

10명의 고용이 없었으면 영주권이 나오지 않는다. 많은 투자자들이 여기에서 제동이 걸린다. $100만를 투자하여 2년 동안 미국인을 10명 고용한다는 것이 사실상 쉽지 않다. 정상적이라면 거의 불가능하다는 것이 사업을 하는 사람들의 의견이다. 미국생활을 하여 본 분들이라면 잘 아시겠지만 $100만로 사업체를 구입하여 풀타임 종업원 10명을 고용하기가 거의 불가능하다. 최저임금을 고려하고 고용주가 부담하는 사회보장 세금 등을 고려하면 종업원 1인당 못 잡아도 월 $2,500는 소요된다. 10명이면 월 인건비만 $2만 5,000이다. 지역에 따라 차이가 있으나 가족끼리 운영하는 소규모 델리샵도 $30-40만, 자동차 정비업소나, 미용실, 소규모 한국음식점도 이 정도가 들어간다. 대형음식점, 주유소 등도 고려해 볼 수 있으나 풀타임 종업원 10명을 고용하기에는 역부족이다.

2년 후 정식영주권을 심사할 때 이민국(USCIS)에서는 고용조건을 엄격히 심사하기 때문에 그동안 많은 투자자들이 정식영주권을 받지 못했다. 많은 사람들이 정식영주권을 받지 못하게 됨에 따라

소송을 제기하는 등 문제점이 제기되자 연방의회에서는 이에 대한 조사 등을 하고 법률을 제정하여 피해를 구제하려는 노력도 하고 있으나 여전히 10명의 고용창출 의무 때문에 투자영주권이 활성화되지 못하고 있다.

최근에는 리져널센터를 통하여 이민국(USCIS)에서 지정한 투자프로그램에 투자할 경우 10명의 고용조건을 완화하였다. 직접고용 외에 투자에 따른 간접고용 효과도 인정해 주는 것인데 이들 부분에 대하여 아직도 법적으로 명확하고 확실하지 않은 부분들이 많이 있다.

한국의 많은 투자영주권 알선업체들이 투자금 회수 및 영주권 취득을 장담하고 투자영주권 신청자들을 모집하고 있는데 주의가 요망된다. 조건부영주권은 바로 주고 있는데 2년 후에 이민국(USCIS)에서 투자조건을 만족시키지 못했다는 이유로 정식영주권을 안 줄 수도 있다는 점이다. 다시 말하면 투자한 금액에 대하여 위험성이 있다.

이민업무를 전담하는 많은 변호사들이 투자영주권을 기피하고 있다. 그 이유는 그동안 투자영주권을 추진했으나 그 성공률이 저조하고 변호사들은 사업에 대한 투자 및 사업에 대한 전문지식이 없는 관계로 추진했던 투자영주권이 2년 후에 문제가 생겨 정식영주권을 부여 받지 못할 경우, 고객으로부터 항의나 소송이 제기되면 여러 가지 복잡한 문제가 발생하기 때문이다.

또한 영주권 신청자는 법적 투자 비용 외에 변호사비용 및 기타 부대비용 등을 고려하고 영주권이 나올 때까지의 생활비 등을 고려해 볼 때 상당한 재력이 있다면 몰라도 전 재산을 투자영주권에 투자하려는 생각은 재고해 보는 것이 좋다.

100% 영주권 취득과 투자대금 회수를 장담하는 이민업체 등의 선전 및 광고는 주의해야 한다. 이민업무에는 이민국 담당자 등의 재량권이 많아서 같은 case라도 되는 경우가 있고 되지 않는 경우가 있다. 우리에게는 이해되지 않는 부분이 많이 있지만 현실이 그렇다. 이민업무에서 100% 성공은 없다.

## 10) 투자영주권 문 · 답

문) 지역센터를 통하여 $50만를 투자하여 임시영주권을 받았다. 2년 후 정식영주권과 투자금액을 환수할 수 있나?
답) 모두 보장할 수 없다. 정식영주권은 10명 이상 고용의 증명이 가능할 때 받을 수 있다. 투자에 실패했을 경우 투자이익은 고사하고 원금도 받을 수 없다. 투자를 대행할 지역센터를 잘 선정하여야 영주권도 나오고 원금도 확보할 수 있다.

문) 지역센터를 이용한 투자이민과 정규투자 이민비율은 어떠한가?

답) 최근에는 대부분이 지역센터를 이용하는 것이 많다. 거의 80-90% 가까이 된다. 그 이유는 투자금액이 $50만이고 투자자가 직접 투자하지 않고 경험이 있는 투자자가 투자를 하고 지역센터의 사업계획을 사전에 이민국에서 한번 스크린을 하기 때문에 위험성이 적다. 최근에는 2년 후 정식영주권을 받는 비율이 증가하고 있다. 또 투자이민의 증가율이 폭발적으로 증가하고 있다. 믿을 수 있는 지역센터를 선택하여야 한다.

문) 지역센타는 주로 어느 곳에 투자를 하나?
답) 주로 공공시설, 병원, 의료시설, 호텔, 부동산업, 제조업 등 다양한 업체에 투자한다.

문) 투자절차는?
답) 지역센타와 투자계약 후 자금을 송금하고 이민국에 영주권 신청을 한다.

# 7. 나는 영주권을 받을 수 있나? 방법은?

1) 유학생
2) 연수중인 공무원, 정부 투자기관 직원
3) 교환교수
4) 변호사, 회계사, 건축사등 전문직
5) 의사
6) 간호사
7) 약사
8) 한의사
9) 대기업, 은행 등 지사근무자나 현지법인 근무자
10) 교직원, 학원강사
11) 연구소 연구원
12) 종교인 (목사, 신부, 승려 등)
13) 태권사범등 운동선수
14) 연예인, 예술인
15) 기러기엄마
16) 조기유학생
17) 사업체를 운영하시는 분, 중소기업 경영인 또는 종업원
18) 자영업자 (꽃가게, 떡집, 악세서리등)
19) 기술이 있는 분 (카센터, 사이딩, 전기, 보일러공, 미용 등)
20) 자녀가 미국에서 태어난 경우 (원정출산)
21) 결혼예정자

# 7. 나는 영주권을 받을 수 있나? 방법은?

영주권은 이민비자를 받은 후 6개월 내에 미국에 입국하면 미국 내에서 받는다. 이게 정통적인 방법이다. 그러나 대부분의 사람이 비이민비자를 받고 미국에 온 후 미국 내에서 신분변경 절차를 거쳐서 영주권을 받고 있다. 물론 신분변경을 한 후 영주권을 받는 것도 이민법에서 규정하고 있는 합법적 절차이다. 당초 입국목적이 영주권이 아니었는데 도중에 영주권을 신청하게 된 경우이다. 소수의 예외적인 경우를 제외하고 비이민비자 소지자는 미국 내에서 신분변경 절차를 거쳐서 합법적으로 영주권을 받을 수 있다.

과거와는 달리 영주권 받기가 갈수록 어려워지고 시간도 많이 걸린다. 초조한 마음을 이용한 브로커들이 이것을 알고 접근한다. 때로는 위장결혼도 성행하고 심지어 어린아이들을 허위로 입양까지 한다. 한 가지 명심하여야 할 사항은 불법서류나 불법행위를 통한 영주권 취득은 하여서는 안 된다. 불법행위는 결국 드러날 수밖에 없다. 합법적인 절차와 방법을 통하여 받아야 한다.

　영주권을 받는 방법은 한 가지 방법이 아니라 여러 가지 방법이 있다. 각자 본인에게 적합한 방법이 무엇인지 판단하여야 한다. 각자의 상황이 다르기 때문에 어느 방법이 좋은지는 사람마다 다르다. 여기에서 설명할 부분은 앞에서 설명한 총괄적인 부분에 대한 구체적인 개개인의 상황을 고려한 각론 분야라고 할 수 있다. 독자들의 이해를 돕고자 반복하여 설명하였다. 영주권을 원하는 분들에게 다음과 같은 의견을 주고자 한다.

## 1) 유학생

　많은 유학생들이 졸업 후 미국 정착을 원한다. 그동안 미국 정착을 원하는 유학생의 경우 대부분 취업이민을 통하여 영주권을 받았다. 졸업 후 OPT 기간을 통하여 취업 자리를 알아보거나 H-1b (단기취업비자)를 얻어 취업과 동시에 영주권을 신청하였다.

　몇 년 전 만해도 취업영주권 2순위나 3순위의 경우 영주권 받는데 시간적인 차이가 별로 없었다. 따라서 유학생들도 적당한 고용주(스폰서)만 있으면 전공과 관계없는 3순위 취업영주권을 신청하곤 했다. 그러나 지금은 상황이 많이 바뀌었다. 3순위의 대기기간이 너무 길어졌다. 따라서 긴 세월을 기다리면서 3순위로 영주권을 받아야

7.나는 영주권을 받을 수 있나? 방법은?

할 실익이 있을지 고민하여 보아야 한다.

또 하나는 미국의 경제상황이 좋지 않은 관계로 실업자가 넘쳐나고 있다. 이러한 상황에서 사업주는 외국인을 종업원으로 채용하기를 꺼리고 있다. 설사 외국인을 채용하려 해도 미국노동부에서는 노동허가 심사를 강화하여 여간해서는 노동허가를 잘 주지 않는다. 이러한 관계로 유학생들이 취업을 하고 또 취업을 통한 영주권을 받고 싶어도 받지 못하고 귀국하고 있다.

우리 속담에 뜻이 있으면 길이 있다고 했다. 방법을 연구하면 길이 보인다.

먼저, 가족영주권을 고려한다. 초청해줄 친척이 없으면 이것은 불가능하다. 다음으로 투자영주권을 고려해본다. $100만 이상의 투자를 하여야 하나(리저널센터를 통할 경우 $50만) 유학생의 입장에서는 이것도 힘들다. 물론 부모의 재산이 많으면 이것은 하나의 방법이 될 수 있다.

다음으로 취업영주권을 생각해야 한다. 제 3순위는 추천하고 싶지 않다. 대기시간이 너무 많이 걸리기 때문이다. 가급적 2순위 자격요건을 갖추어서 2순위로 취업영주권 받기를 권한다. 2순위는 석사학위 이상이 요구되기 때문에 학사학위를 가진 유학생은 가급적 석사과정을 밟는 것도 좋은 방법이 될 수 있다. 석사과정을 졸업했다고 모두 2순위가 되는 것은 아니다. 취업하고자 하는 직종이 고학력이 요구되어야 하고 또 고용주(스폰서)가 있어야 한다. 석사과정을 마쳤다 해도 스폰서가 없으면 무용지물이다. 미국에서 취업이 잘되는 직종의 학위를 선택하여 졸업하는 것도 중요하다.

사회계열보다는 이공계열이 훨씬 유리하다. 이공계열의 석사과정은 장학금도 많고 취업기회도 많다. 경제학과 또는 비즈니스학과 등은 미국에서는 차고 넘친다. 아무래도 이공계보다는 취업이 어렵다. 취업이 어려우면 고용주가 스폰서를 서줄 수 없다는 이야기이다. 스폰서가 없으면 취업을 통한 영주권도 얻을 수 없다. 노동허가(LC) 및 고용주(스폰서)의 재정상태 이것은 취업이민의 제1조건이다. 취업영주권은 고용주(스폰서)가 외국인 종업원을 채용하겠다는 것을 전제로서 시작되는 것이다.

여기에 2순위이지만 아주 유용한 영주권 취득하는 방법이 있다. NIW인데 국가이익사면(면제)이다. "고학력자 단독이민"이라고도 한다. 이것은 취업이민 2순위나 LC나 스폰서가 필요 없다. 미국의 국익에 필요한 사람의 경우 LC나 스폰서를 면제해주는 것이다.
(자세한 내용은 NIW 참조)
과거에는 한국 사람들이 NIW를 별로 이용하지 않았으나 최근에는 국내에 있는 의사, 치과의사 등 많은 전문직들이 이것을 이용하여 영주권을 받고 있다. 엄격한 자격요건을 요한다. 이공계석사. 박사 등은 가능성이 많이 있다. 자기 연구 분야가 미국 사회의 국익에

7.나는 영주권을 받을 수 있나? 방법은?

도움이 된다는 사실을 증명하면 생각보다 그리 어렵지 않다.

의학, 약학, 생물학, 생명공학 등 이공계 분야의 석사. 박사과정 졸업자들에게 적극적으로 도전해 보라고 권하고 싶다. 예술분야도 가능성이 있다. 신청자가 미국의 발전에 이익이 된다는 소명자료와 업적 등을 잘 설명하고 증거 자료 등을 잘 구비하면 그리 어려운 것은 아니다.

또 다른 방법을 생각해보자. 많은 유학생들이 교포자녀들과 캠퍼스에서 사귀어 결혼 하는 경우도 있다. 시민권자와 결혼하면 영주권을 받을 수 있다. 영주권만을 얻기 위하여 결혼하는 것은 인륜에 반하는 행동이지만 좋아하는 사람이 시민권자라면 금상첨화이다. 시민권자와 결혼을 하면 불법 체류를 한 경우도 영주권을 받을 수 있다 (밀입국은 안됨). 가족영주권 0순위이다.

L비자를 통한 영주권 방법도 생각해 볼 수 있다. 한국의 기업에 입사한 후 3년 중 1년만 한국에서 근무하면 L비자로 영주권을 취득할 수 있다. 1년 이상 한국근무와 집행간부 및 매니저급 이상이라는 조건이 있지만 이 조건이 맞으면 취업영주권 1순위로서 영주권을 받을 수도 있다.

이공계의 경우 많은 취업 기회가 있고 대학 연구소 등에는 H-1b를 주고 쿼터 적용도 받지 않게 하고 우대하고 있다. 인문. 사회계열을 졸업한 학생들보다 유리하다. 미국은 이민법에서부터 과학자를 우대한다.

미국 내의 중요한 과학, 연구기관에 취업이나 인턴을 신청할 경우 이들 기관에서 시민권을 요구하는 경우가 많다.

영주권이나 시민권이 없으면 중요한 연구기관에서 연구할 기회를 잃어버릴 수 있다. 따라서 기회가 주어지면 영주권을 받는 것이 좋다. 또 한국에서는 이중국적을 인정하여 준다. 학문적 업적을 이룬 사람은 미국 시민권자라 하더라도 한국 국적을 다시 얻을 수 있는 기회가 있다.

마지막으로 E-1이나 E-2 등도 고려해 볼 수 있으나 이들은 영주권이 전제되지 않고 미국에서 100년을 살아도 영주권을 주지 않는다. 신분유지를 위하여 한시적으로 이용하는 것은 몰라도 바람직 하지 않다. 다만 이들 비자의 종업원은 영주권을 받을 수 있기는 하나 대개가 3순위일 경우가 많다.

여기에서 한 가지 고려하여야 할 사항은 남자는 병역과 관련하여 어려운 상황이 발생할 수 있다. 유학생은 학교를 마치고 병역을 마치지 않으면 미국에서 취업 하고 영주권을 받기가 어렵다. 한국정부는 유학생의 학업을 위한 병역연기는 하여 주지만 취업을 위한 병역연기를 하여 주지 않는다.

병역문제가 해결되지 않으면 여권발급을 하여주지 않는다. 취업비자를 신청할 때 여권이 제출되어야 한다. 여권이 없어 취업비자를

7.나는 영주권을 받을 수 있나? 방법은?

발급받지 못하여 취업을 할 수 없다면 취업영주권을 받을 수가 없다. 영주권을 받으면 병역 연기처분을 할 수 있고 37세가 되면 병역의무를 면제받을 수 있으나 유학생의 경우 영주권을 받는 시간과 병역연기 기간 간의 시간적 갭을 맞추기가 어렵다.

## 2) 연수중인 공무원, 정부 투자기관 직원

공무원들이 미국에 연수를 올 경우 이들은 대부분 J비자를 가지고 미국에 온다. J비자는 이들이 미국에 연수 올 때 받기가 가장 쉬운 비자이다. 그러나 비자변경이나 영주권신청이 가장 어려운 비자이기도 하다. 일부는 F비자를 가지고 오는 경우도 있다. F비자는 J비자에 비하여 신분변경이나 영주권 받기가 수월하다. 그러나 F비자는 학업에 참여하여야 하는 부담이 있다.

J비자는 대부분이 비자기간이 끝나면 본국에 귀국하여 2년을 의무적으로 거주하여야 하는 거주 의무조항에 해당되는 경우가 많다. 이들이 영주권을 받으려면 먼저 이 거주의무조항을 사면 받아야 한다. 사면을 받는 방법에는 여러 가지가 있는데 (J비자부분참조) 대부분이 한국정부에서 체류를 반대하지 않는다는 편지를 통하여 사면을 받고 있다.

그러나 공무원의 경우 2년 거주의무조항을 풀기가 어렵다. 왜냐하면 J비자의 거주의무조항을 풀기 위해서는 한국정부에서 해당 공무원의 미국체류를 반대하지 않는다는 편지를 외교부를 통하여 미국무부에 보내야 하는데 한국정부 해당기관에서 편지를 써 줄 리가 없다. 2년 거주의무 조항을 풀지 않으면 취업비자와 영주권 신청을 할 수 없다. 또 미국 내에서 신분변경도 안 된다. 이민법에서 명확히 규정하고 있다.

또 자녀들이 학생비자를 받으려면 한국에 가서 미국대사관을 통하여야 한다. 간혹 학생비자로 미국 내에서 신분변경을 하여준 경우가 있었다(이민국실수?).

그러나 영주권을 신청할 때 I-485 과정에서 신청자의 체류내역을 이 잡듯이 뒤진다. 설사 사면(웨이버) 없이 취업비자 등이 승인되었다 하더라도 영주권 신청과정에서 다 나타난다. 따라서 2년 거주의무 조항에 해당되는 J비자 소지자는 향후 영주권을 염두에 두면 이것을 먼저 풀어야한다.

J비자 소지자가 영주권을 신청하려면 거주의무조항을 사면받은 후 일반인과 같은 자격요건과 절차가 필요하다. 정부투자기관, 출연기관 직원이 J비자로 온 경우 영주권 받기는 공무원과 마찬가지로 무척 어렵다. J비자 2년 거주조항을 풀어야 하고, 일반인들과 마찬가지로 영주권의 절차를 거쳐야 한다.

이들에게는 스폰서가 필요 없는 NIW도 생각해볼 수 있지만 대부분 자격요건이 안 되는 경우가 많다. 공무원이나 정부투자기업 또는 출현기관 직원들의 경우 대부분 사회계열 졸업자가 많고 설사 이공계를 전공했다 해도 연구실적 등이 없거나 미국사회에 이익이 될 만한 증빙자료들이 없기 때문이다.

## 3) 교환교수

교수들은 안식년에 교환교수로 연수나 연구를 위하여 많이 온다. 교수들은 대부분 J비자로 온다. 심지어 J비자는 연수교수 비자라고도 한다. 그만큼 교수들이 J비자로 많이 왔다는 것을 말해 준다고 하겠다.

교수들은 대부분이 박사학위를 소지하고 최소한 석사학위 이상이기 때문에 취업영주권 2순위가 된다. 그러나 2순위가 되어도 영주권을 받으려면 노동허가 승인 및 고용주(스폰서)가 있어야 한다. 따라서 2순위임에도 노동허가 및 스폰서가 필요 없는 NIW를 이용하기를 권장한다. 본인의 학위논문이나 기타 학술지 등에 발표한 논문 등은 NIW 조건을 만족시키는데 아주 유용하다.

특히 교수들 중에 자녀를 미국에서 출생한 경우가 많다. 이들 자녀들은 미국시민권자이다. 이 경우는 자녀가 21세가 되면 부모를 초청할 수 있다. 0순위이다. 빠르면 4개월 늦어도 1년이면 영주권이 나온다. 이 방법을 이용하는 것도 하나의 방법이다. 가족영주권 0순위는 불법체류해도 영주권을 받을 수 있다.

이와 같은 방법이 어려울 때 교수의 배우자를 통하여 영주권을 받는 방법도 생각해볼 수 있다. 배우자가 영주권을 받아야 할 경우 교수와는 다르게 2순위 자격조건이 되는 경우가 많지 않다. 그렇다면 3순위로 시작하여야 하는데 과연 그럴 필요가 있는지와 영주권을 얻을 실익을 자세히 비교 검토해봐야 한다. 3순위는 기다리는 시간이 너무 길고 기다리는 사람의 입장에서는 너무 고통 스럽기 때문이다.

　교수들이 미국에 올 때 자녀들을 동반하여 오는데 자녀들은 체류기간만 합법적으로 공립학교에 다닐 수 있다. 부모가 귀국할 때 대부분의 자녀들은 미국에 남아서 공부를 계속하고자 한다. 이때 2가지 문제가 발생한다. 첫째는, J 비자 본국 2년 거주 의무조항이고 둘째는, 합법체류 신분을 얻는 것이다. 이 두 가지 문제를 잘 해결하지 않고서는 자녀가 남아서 학업을 계속하는데 지장을 줄 수가 있다. 후일에 영주권을 받는 데에도 이 부분을 매끄럽게 정리하지 않으면 문제가 될 수도 있다.(J 비자부분 참조바람)

## 4) 변호사, 회계사, 건축사 등 전문직 종사자

　변호사, 회계사, 건축사 등 전문직 종사자들은 2순위 자격이 해당되는 경우가 많다. 석사 학위 또는 학사학위에 5년 경력이면 2순위가 되기 때문이다. 이들이 영주권을 받는데 있어서 어려움은 첫째는, 고용주확보이고 두 번째는, 어떻게 노동허가를 받느냐이다. 노

7. 나는 영주권을 받을 수 있나? 방법은?

동허가를 받고 2순위 자격으로 신청하면 1년 반 또는 2년 안에 영주권을 받을 수 있다. 노동허가나 고용주의 스폰서가 필요 없는 NIW도 생각해 볼 수 있으나 이들에게는 다소 어렵다. NIW는 주로 이공계열이 유리하다. 건축사들의 경우 자기가 특별히 미국 국익에 필요한 업적을 증명할 수 있으면 가능성도 있다.

이러한 전문직들의 경우 영주권 취득이 어려우면 E-2비자도 생각해 볼 수 있다. 변호사, 회계사도 E-2가 나온다. E-2로 개인 사무실을 운영하면서 초청해 줄 친척이 있으면 가족영주권을 기다리거나 또는 부인을 통한 3순위 취업영주권도 고려해볼 수 있다.

## 5) 의사

의사들은 영주권을 취득할 기회가 많다. 당연히 취업영주권의 경우 2순위이고, 경우에 따라서 1순위도 도전해 볼 수 있다. 그러나 1순위는 특별한 재능이나 탁월하지 않으면 어렵다. 특히 제일 좋은 것은 NIW이다. 의사들에게 적극 추천한다. 최근 국내의 의사들이 NIW 에 많은 관심을 갖고 있다.

먼저 의사들의 경우 두 가지 방법으로 영주권을 받을 수 있다.
첫째는, 일반인과 같은 조건하에서 영주권을 취득할 수 있다. 가족영주권, 투자영주권, 취업영주권의 방법이다. 미국 의사자격이 없어도 의료관련 직장에서 2순위 취업영주권을 신청할 수 있다. 이 경우 의사로서 취업영주권이 아니라 단순히 일반인과 같은 조건으로 2순위 취업영주권을 받는 것이다. 마치 목사가 종교영주권을 하지 않고 취업 2순위로 영주권을 받는 것과 유사하다. 일단 영주권을 받고 미국 의사시험 합격 후 미국에서 개업 하는 사람도 있고, 다른 업종에 종사하는 사람도 있다. 또는 영주권만 받은 후 본인은 한국으로 돌아가 한국에서 의사로 생활하는 사람도 있다.

두 번째는, 미국 의사자격을 가지고 2순위 취업이민을 하는 것이다. 한국의사가 영주권 취득과 함께 미국에서 의사로서 일을 하려면 먼저 미국의사 시험에 합격해야 한다. 미국에서 의과대학을 졸업하지 않아도 미국의사가 될 수 있다. 현재 미국 의사 중 약 25% 정도가 외국에서 의과 대학을 졸업한 외국인이라고 한다. 미국의사 시험은 한국에서 보는 것과 미국에서 보아야 하는 것이 있다. 미국 의사 시험에 합격하면 레지던트 과정은 미국에서 밟아야 한다. 이 모든 과정을 마치고 나서 의사자격증을 받으면 미국병원의 스폰서를 받아 취업이민 2순위로 영주권을 신청한다.

한국의사들이 인턴과정이나 레지던트과정을 위하여 J비자로 오는데 이 경우 영주권을 취득하려면 한국으로 들어가서 2년이 지난 후에 미국에 다시 들어오거나, J비자 사면을 받아야 한다. 의사들의 J비자 사면받기는 다른 J비자보다 어렵다. 그동안 이와 같은 2가지 방법으로 의사들이 영주권을 받았다. 그러나 앞으로는 의사들이 영

7.나는 영주권을 받을 수 있나? 방법은?

주권을 받기에 유용한 NIW를 적극한다.

 의사들이 영주권을 받으려는 이유는 자녀들의 교육문제가 많은 것 같다. 특히 의사들은 자녀들이 의사로서 자기 자신의 가업을 이어나 가주기를 바라는 사람이 많다. 자녀들이 미국에서 의대를 졸업하고 미국 의사가 되기를 바란다. 그러나 미국에서는 의대 가기가 어렵고 의사 수도 많지 않다. 대부분 의과대학에서는 외국인은 잘 뽑지 않는다. 영주권자나 시민권자 이어야 한다. 유학생 중에는 의사 자녀들이 많고 또 이들은 미국의대에 진학하고 싶어 한다. 그러나 미국 의대에 입학할 충분한 실력을 갖추었음에도 영주권이 없어 한국에 있는 의대로 방향을 전환하는 경우도 적지 않다. 부모가 영주권을 받으면 21세미만 자녀는 동반하여 받을 수 있다. 따라서 부모인 의사가 영주권을 받을 수 있다면 받는 것이 좋다. 영주권을 받았다고 하여 반듯이 미국에 강제적으로 살아야 할 의무는 없다. 사정에 의하여 영주권을 포기할 수도 있다.

## 6) 간호사

 의사와 같이 2가지 방법을 생각할 수 있다. 첫째는, 일반인과 같이 영주권을 취득하는 방법이다. 두 번째는, 한국간호사 자격을 가지고 간호사로서 취업영주권을 받는 방법이다.
 미국에는 간호사가 부족하다. 인력이 필요한 이런 업종은 스케줄

알기쉬운 미국이민법 · **영주권을 원하십니까?**

A업종 이라고 하여 영주권 신청 시 노동허가를 받지 않아도 된다. 다른 취업영주권보다 절차 하나를 생략하니 시간이 절약되고 절차가 간소화되었다.

그러나 현재 간호사 문호는 닫혀 있다. 영주권을 받으려면 일반인과 같은 절차를 거쳐야 한다. 간호사는 취업영주권 3순위이다. 대학원을 졸업하거나 특별한 경우(Maneger나 특수 업무가 요구되는 간호사) 2순위도 가능하나 쉽지 않다. 대학졸업자들이 이용하는 전문직 단기취업비자인 H-1B는 일반간호사에게는 나오지 않는다.

한국간호사들이 간호사로서 영주권을 취득하는데 가장 큰 문제는 2가지이다.

첫째는, 미국간호사 시험에 합격해야 한다. 또 비자 스크린이라는 영어 시험에 합격해야 한다. 미국간호사 시험은 한국에서도 볼 수 있고 큰 어려움이 없으나 영어시험에서 많은 한국간호사들이 좌절한다. 영주권을 신청할 때 영어시험 합격서류를 제출하여야 한다. 미국에서 간호대학을 졸업한 경우 이 시험은 면제된다.

둘째는, 간호사는 3순위이기 때문에 대기시간이 많이 걸린다는 사실이다. 현재 스케줄 A업종은 문호가 닫혀있다. I-485 접수할 때까지는 합법신분을 유지하여야 한다. 이 과정이 너무 고통스럽다. 과거에는 간호사의 경우 특별히 쿼터를 인정했으나 지금은 문호가 닫혀있다.

최근 의회에서 간호사 등 의료종사자들에게 특별한 쿼터를 인정해

7.나는 영주권을 받을 수 있나? 방법은?

주려는 법안 제출 움직임이 있다. 만약 간호사들에게 특별한 쿼터를 인정한다면 지금처럼 장기간 대기시간이 없이 쉽게 영주권을 받을 수 있다.

## 7) 약사

한국의 약사도 의사나 간호사와 같이 약사자격으로 취업영주권을 받는 방법과 일반인과 같이 영주권을 받는 방법이 있다. 약사로서 취업영주권을 신청하려면 먼저 미국 약사자격증을 취득하여야 한다. 일단 한국의 약대를 졸업한 약사가 미국의 약사자격증을 취득한 경우, 석사자격이 있으면 영주권은 2순위이고( 학사일 경우 5년 경력 필요) 스폰서를 구하여 영주권을 취득할 수 있다. 2순위가 되면 대기시간 없이 1.5내지 2년 안에 영주권을 받을 수 있다.

미국은 약사가 부족하다. 약사의 급여수준은 타 업종에 비해 높고 유망한 직업으로 각광받고 있다. 그러나 외국인은 미국의 약사자격증 받기가 어렵다. 일부에서는 의사보다 어렵다고 한다. 왜냐면 약사시험 응시자격부터가 까다롭기 때문이다. 미국 약사의 자격증 취득요건은 각 주별로 다르다. 일부 주에서는 외국인에게 취득요건을 제한하기도 한다. 대체적으로 약사자격증을 취득하려면 대학원 과정인 미국의 약대를 졸업하여야한다. 미국의 약대는 대학원 과정이다. 한국에서 약대를 졸업한 경우 미국 약사시험을 응시하기가 어렵다.

미국이 약학전문 대학원으로 개편되었기 때문에 한국의 4년 약대졸업생에게 시험기회를 주지 않는다. 다만 2002년도 이전에 졸업한 학사들의 경우 일정한 절차를 거쳐 약사시험을 응시하는 기회를 부여하는 주도 있다고 한다. 각 주별로 자격요건이 다르므로 개별 주의 약사 자격시험 요건을 잘 보아야 한다. 한국에서는 미국의 약사 시험을 준비하는 전문학원이 여러 곳이 있다. 미국 약사 시험 및 약사자격에 관한 정보는 이곳에서 더 자세하고 정확히 구할 수 있다. 이곳을 통하여 약사시험에 관한 문의를 하길 바란다.

## 8) 한의사

한의사의 경우 영주권 2순위에 해당 될 수도 있다. 미국의 한의사는 한국의 한의사와는 달리 자격 취득이 쉬운 것으로 알려지고 있다. 한국의 한의과 대학은 그 경쟁률이 심하고 일반 의과대학과 비슷한 수준의 우수한 두뇌들이 모이고 있다. 미국의 한의사는 한국의 한의사와는 다르다. 미국에서는 한의사는 침구사로 불리워지고 있다. 메디컬닥터가 아니다. 미국의 일반대학에는 한의과 대학이 없고 대부분 개별적으로 소규모 형태로 운영된다. 석사학위를 부여하는 경우도 있다. 입학자격 요건 등은 각 대학마다 다르다. 별도의 한의사 시험도 있다. 미국의 한의과대학을 졸업 후 한의사 시험에 합격하고 개업한 사람은 5% 정도뿐 이라고 알려지고 있다. 미국의 한의과 대학의 시설 및 수준은 우리나라의 한의과대학 수준이라고 생각

7. 나는 영주권을 받을 수 있나? 방법은?

하면 큰 착각이다. 미국은 대학설립이 한국처럼 엄격한 요건이 필요하지 않고 학원 수준의 대학도 부지기 수 이다. 심지어 이런 곳도 대학 허가가 나는지 의심스러울 정도이다. 한의사 자격을 소지하면 개업 중인 한의사를 스폰서로 하여 영주권을 취득할 수 있다. 석사학위가 있으면 2순위가 가능하다. 실제로 2순위로 영주권을 신청하고 있으나 스폰서를 구하지 못해서 한의사 자격이 있어도 영주권을 취득하지 못하는 경우가 많다.

## 9) 대기업, 은행 등 지사 근무자나 현지법인 근무자

대기업 또는 은행 등 금융기관의 미국 자회사나 지점, 지사 등에 근무하는 간부직원들은 L비자가 나오고 쉽게 영주권을 취득할 수 있다. L-1A 비자의 경우 취업영주권 1순위에 해당한다. 2009년에 2천 4백 명이 취업영주권 1순위 받았다. 대부분 L비자로 온 대기업 상사주재원이다. L-1A 비자로 입국 후 미국에서 1순위 취업이민을 통하여 영주권을 신청하는 경우가 대부분이다.

3년 중 1년 이상 본국에서 근무한 집행간부, 매니저급 간부는 L-1A비자를 받을 수 있다. 대기업의 경우 L비자 신청자들을 집단으로 처리해주는 제도도 있다. 일부 한국 대기업들이 미국에 직원들을 파견할 때 직원들이 영주권을 취득하지 못하게 이들로부터 각서 등을 받고 있는 경우도 있다고 한다. 그러나 별 큰 효과가 없다. 이들에게는 영주권 취득절차가 간편하다. 간혹 정부투자기관 또는 출연기관이 현지에 법인을 설립한 경우가 있다. 이들도 L비자로 올 수가 있는 데 자격요건만 갖추면 취업영주권 1순위로 될 수도 있다.

## 10) 교직원, 학원강사

교직경험이 있는 자들은 영어를 잘 할 수 있으면 사립학교 취업이 가능하다. 공립학교는 어렵다. 사립학교에서 스폰서를 서주면 영주권취득이 가능하다. 컴퓨터, 음악, 미술, 무용 등에 교직 경험이 있으면 유리하다. 최근에 미국내 한인들 밀집지역에 한국형 학원이 번창한다. 또 SAT학원, 수학, 물리학원 등 한국으로 대학을 가기위한 한국형 입시학원들도 있다. 한국학원에서 수요가 많은 수학, 국어, 물리 등 학원 강사의 경우 학원에서 스폰서를 서주면 영주권을 신청할 수 있다.

간혹 교포단체에서 운영하는 한글학교를 통하여 영주권을 신청하는 경우도 있다. 하지만 대부분 한글학교들이 재정상태가 영세하여 고용주로서 스폰서를 하기에는 부족한 경우가 많다. 한국에 있는 학습지 업체들이 미국에도 많이 진출해있다.

이들이 지사 또는 지점 형태로 참여하여 L비자 등을 고려해 볼 수도 있다. 학습지 업체는 투자비자(E-2)도 받을 수 있다. E-2 종업원 비자를 통한 영주권 신청도 고려해 볼 수 있으나 2순위는 어렵다. 3순위는 가능성이 있다고 보여 진다. 가급적 L비자를 통한 1순위를 시도해 보는 것도 방법이다.

7. 나는 영주권을 받을 수 있나? 방법은?

## 11) 연구소 연구원

정부기관 연구소나 민간기업의 연구소에 근무하는 연구원들은 대부분 고학력자들이 많다. 이들에게는 취업영주권 2순위나 1순위 자격요건이 해당되는 경우가 많다. 이들이 영주권을 받으려면 이들을 고용하여줄 고용주가 필요하다. 그러나 고용주가 필요 없는 경우가 있다. 위에서 수없이 설명한 2순위에 해당하는 NIW이다. NIW는 노동허가도, 고용주도 필요 없다.

이공계열 연구소에 근무하는 연구원들은 NIW를 통한 영주권 받기가 유리하다. 항공, 전기, 전자, 통신, 방위산업, 원자력, 농업, 생명공학, 의약, 의료, 환경, IT산업 등에 종사하는 이공계열의 석사, 박사학위 소지자들은 적극적으로 NIW에 도전하길 권한다. NIW는 고용주가 필요 없기 때문에 1순위보다도 더 편하다. NIW를 전문적으로 취급하는 변호사와의 상담을 권한다. 법학, 경제, 경영, 노동, 언론 등 사회계열 연구소에 근무하시는 분은 다소 어렵다.
충분한 자료를 가지고 이민국을 설득해야 하는데 미국 국가 이익에 도움이 된다고 설득하기가 어렵다.

그러나 이공계열 박사학위를 가지고 있는 연구원들은 해당 연구소에 근무하면서 여러 논문을 발표하거나 언론 등에 소개된 기사 등이 있으면 미국의 국익에 도움이 된다고 증명할 수 있는 자료가 될 수 있다. 특히 유력한 학술지에 게재한 논문이 있으면 금상첨화이다.

여러 증빙자료를 갖추어서 문을 두드려 보면 승산이 있다. 생각보다 어렵지 않다. 박사 학위가 없어도 가능하다.

## 12) 종교인 (목사, 신부, 승려)

그동안 목사, 승려, 신부 등 종교인들의 영주권 취득이 쉬웠다. 종교 후원업체의 재정상태만 든든하면 별 문제 없이 영주권이 나왔다. 최근에는 종교영주권의 상황이 많이 달라졌다. 이민국에서 종교영주권의 실태를 파악하여 본 결과 50% 이상이 가짜서류, 위조된 서류임이 밝혀져서 충격을 주었다. 그 이후 종교 비자 및 종교영주권의 심사를 강화하고 제도를 바꿨다.

종교비자도 이민국의 사전승인을 받아야 대사관에서 발부할 수 있도록 하고 종교영주권을 심사할 때 해당 종교 단체를 직접 방문하여 실사를 한 후에 영주권 부여 여부를 결정하도록 했다. 과거보다 엄격하게 심사를 한다. 일부 성직자들은 종교영주권 심사가 까다로워지고 시간이 많이 소요됨에 따라 종교영주권이 아닌 취업 영주권 2순위로 신청하기도 한다.

과거에는 비종교인도 승인이되었으나 지금은 성직자들만 나온다. 종교단체는 미연방 국세청에 비영리법인으로 등록되어야 한다. 성직자들은 취업영주권 2순위도 가능하다. 성직자들은 대부분 2순위 자격요건인 석사학위를 가지고 있거나 5년 이상 경험이 있다. 통상적으로 종교영주권을 받는 과정은 종교비자로 입국 후 일정 기간 사역 후 해당 종교단체에서 스폰서를 서주는 경우가 있고 또 일부는 종교비자 없이 바로 종교영주권을 신청하는 경우도 있다. 종교영주권의 자격요건은 까다롭지 않다.(종교영주권, 종교비자 참조) 따라서 종교영주권을 신청할 때 신청인의 자격요건이 문제되는 경우는 드물다. 스폰서를 서주는 종교단체의 자격요건이 가장 중요시된다.

대형교회는 재정이 별문제가 없으나 교인의 수가 적은 개척 교회는 재정상태가 어렵기 때문에 스폰서의 자격요건에 미달되는 경우가 많다. 대형교회도 많은 사람에게 스폰서를 서는 경우 문제가 된다.

## 13) 태권도사범 등 운동선수

체육이나 운동으로 미국에 가장 많이 진출 되어 있는 종목은 태권도이다. 미국 어느 지역을 가도 태권도 도장이 있다. 미국의 상류가정에서도 태권도에 대한 인기는 무척 높다. 태권도 사범들은 단기전문직 취업비자( H-1B)를 받고 또 이것으로 영주권을 신청하는 경우가 많다. 한국의 대학에는 태권도 학과가 있고, 태권도를 단순한 운동으로만 보지 않고 이를 학문적, 이론적으로 접근하고 있으며, 올림픽 종목으로 채택된 관계로 미국 내에서도 인지도가 높다. 석사학위 이상자와 학사학위 및 5년 이상의 경력이 있는 태권도 사범의 경우 2순위 취업영주권이 가능하다.

올림픽메달 수상자나 세계적대회의 메달 수상은 못했어도 능력 있는 자는 취업영주권 1순위도 가능하다. 1순위 자격요건 10개 사항 중 3가지 요건만 충족시키면 된다. 1순위 경우 중 특별한 능력자는 노동허가, 스폰서가 필요 없다. 1(B)-(1)

많은 한국인들이 야구, 골프 등에 프로운동 선수로 활동하고 있는데, 방문비자로는 경기에 참여하고 활동할 수는 없다. 단, 아마추어 선수들은 방문비자로 참여가 가능하다. 운동선수들이 O비자 P비자를 받아서 오는 경우도 많다. 이들은 비이민비자로 영주권과 무관하다. O비자는 취업영주권 1순위와 자격요건이 유사하다. O비자를 받을 수 있는 사람은 1순위 자격요건과 비슷하므로 1순위로 도전해 보는 것도 방법이다.

## 14) 연예인, 예술인

가수, 텔런트, 영화배우, 연극인, 무용인 등 연예인의 경우와 미술가, 조각가, 음악인 등 예술인들은 O비자나 P비자 등을 이용하여 취업비자를 받을 수 있다. 실제로 연예인, 예술인들이 이들 비자로 미국에 많이 온다. 다른 비자들은 적당치 않다. O비자와 P비자는 기본적으로 비이민비자이며 영주권과 관계가 없다.

그러나 이들 비자를 취득할 수 있는 자격이 된다면 영주권을 신청할 수 있는 자격요건을 갖춘 경우가 많다. O비자를 취득한 경우 취

7.나는 영주권을 받을 수 있나? 방법은?

업이민 1순위의 가능성이 크다. 연예인이나 예술인은 일반인들보다 쉽게 영주권을 받을 수 있다. 최근에는 연예인이나 예술가들이 NIW를 통한 영주권 취득을 많이 하고 있다.

도자기를 굽는 예술인도 받은 경우도 있다. 국제영화제나 콩쿠르에서 입상한 경력이 있거나 언론매체에 출연한 작품이나 활동 등이 많이 보도된 경우 적극적으로 1순위나 NIW에 도전해보라고 권하고 싶다.

## 15) 기러기엄마

기러기 엄마는 2개 부류로 나누어볼 수 있다. 무작정 방문비자로 입국 후 학생비자나 다른 비자(취업비자나 투자비자)로 머무는 경우와, 남편의 미국 근무나 학업 또는 연수 때문에 동반가족으로 왔다가 남편은 귀국하고 부인이 자녀의 남은 교육 때문에(10-11학년 중 부모귀국) 일시적으로 남아있는 경우이다.

전자는 영주권 취득이 주목적이고 후자는 자녀의 학업을 마치는 동안만 일시적으로 머무르려는 경우가 많다. 이들에게 제일 먼저 급하게 제기되는 문제가 합법적인 체류신분을 얻는 것이다. 체류신분을 얻지 못하면 불법 체류가 되고 자녀들도 불법 체류가 되어 잘못하면 이 아이들의 장래에 나쁜 영향을 미칠 수가 있다.

이 경우 가장 쉬운 방법으로 어학원이나 유학원 등을 통하여 F비자로 신분변경을 한다.

전자의 경우 취업영주권을 신청하는 경우가 있는데 3순위가 대부분이다. 3순위로 취업영주권을 신청하고 너무 힘들게 기다리는 사람을 주위에서 많이 볼 수 있다. 이미 시작했으면 몰라도 이러한 방법으로 새로이 3순위로 시작하는 것은 가급적 말리고 싶다.

이들의 경우 급한 일이 있어서 한국에 온 후 다시 미국에 입국하려면 대사관을 통하여 비자를 받아야 하는데 대사관에서는 왜 당초 방문비자로 입국했는데 취업영주권을 신청했느냐 질문 할 수 있고 방문비자를 허위로 신청했다고 문제를 제기하고 비자발급을 거부 할 수 있다. 실제로 이러한 일이 발생하고 있다. 다행히 영주권 최종단계인 I-485 신청 후 여행허가서를 가지고 있을 때는 사정이 다르겠지만 청원서만 승인이되고 비자 개방날짜를 기다리는 입장에서는 여간 낭패가 아닐 수 없다. 이러한 상황을 고려하여야 한다. 무작정 보따리만 들고 오면 해결되는 것이 아니다.

이들이 신분변경을 투자비자(E-2)나 취업비자(H-1B)로 한 경우 미국대사관에서 비자를 받는데 덜 까다롭지만 학생비자(F)인 경우 엄청 까다롭다. 특히 어학원이나 유학원이 과거 이민국으로부터 조사를 받았으면 거의 비자가 안 나온다. 가급적 정규대학의 과정이나 컴뮤니티 칼리지 등 공신력 있는 정규과정을 다니면 참작이 될 수 있다. 이민국이나 대사관에서 단순히 신분유지 목적으로 학업과 관계없이 체류하고 있다는 것을 이미 다 알고 있다.

## 7. 나는 영주권을 받을 수 있나? 방법은?

후자는 대게 자녀들의 교육 때문에 적게는 1년 많게는 2년인 경우가 있다. 이 경우 엄마는 F비자로 신분변경을 해도 큰 무리는 없다고 본다. 1년 또는 2년이 되면 엄마는 귀국하고 아이는 별도로 학생비자로 대학에 진학하기 때문이다. 급한 일이 예상되어 한국에 올 일이 있으면 이 방법 또한 제고해야 한다. 이 경우 대사관을 통하여 정식으로 F비자를 받는 것이 안전하다.

기러기 엄마들이 방문비자로 온 경우 신분변경은 가급적 H-1B 나 L비자로의 신분변경이 좋은데 L비자는 한국에서 1년 이상 근무자격이 필요하고 자격요건이 엄격하다.

또한 H-1B도 자격요건이 엄격하고 최근에는 그 심사를 강화하고 있다. 부득이 손쉬운 F(학생비자)로 신분변경을 하는데 이 경우 한국에 오도가도 못할 수 있다.

그밖에 E-2나 E-2종업원 비자로 신분변경도 고려해 볼 수 있다. F비자처럼 엄격히 심사 하지 아니하나 이것 역시 비자를 발급받을 때 대사관에서 제동을 걸 가능성이 있다. 따라서 영주권(I- 485)신청이 들어갈 때까지 꼼짝없이 오도가도 못 할 수 있다. 주위 사람의 이야기만 듣지 말고 변호사와 상의하라고 권하고 싶다. 어떤 경우 변호사마다 의견이 다를 수 있다. 2-3명의 이민변호사에게 자문을 구하는 것도 방법이다. 이민변호사가 모르거나 틀려서가 아니라 처방이 다를 수 있다.

간혹 상사주재원이나 공무원의 경우 임기를 마치고 부모는 한국으로 돌아가고 자녀만 남아서 다니던 공립학교에 다니는 경우가 있다. 이 경우 불법체류가 되어 아이들의 장래에 치명적인 영향을 줄 수가 있다. 아이들이 5년 동안 미국에 들어오지 못한다. 아이들은 부모와 같이 귀국하거나 또는 엄마가 합법체류 신분을 가지거나 (보통F비자), 학생이 별도로 F비자를 받아 사립학교로 전학하여야 한다. 1년 동안만 수업료를 지불하고 공립학교에 다닐 수 있다.

## 16) 조기유학생

중·고교 학생들이 부모와 떨어져서 사립학교에 다니는 경우를 많이 볼 수 있다. 심지어 초등학생도 있다. 대게 기숙사가 딸려있는 학교에 다니거나 또는 홈스테이라고 불리는 한국의 하숙생활과 비슷한 생활을 한다. 조기유학생은 모두 사립학교를 다녀야한다. 공립학교에 다닐 수 없다. 대부분 부모들은 자녀들에게 영주권 받게 하여 주려고 고민을 한다. 조기유학생의 경우 영주권을 받는 방법은 부모가 영주권을 받거나 부모가 영주권을 받을 수 없으면 입양을 하는 방법뿐이 없다.

입양에 의하여 영주권을 받으려면 16세 이전에 모든 절차가 끝나야 된다. 많은 사람들이 삼촌, 고모 등 가까운 친인척에 입양하고 있다. 입양의 경우도 허위입양이 많았던 관계로 최근에는 단순한 서류

7.나는 영주권을 받을 수 있나? 방법은?

상의 입양인지 여부를 가리기 위하여 심사를 강화하고 있다. 생부, 생모가 입양가정의 근처에서 생활 하는 경우에는 진정한 입양관계의 성립을 증명하기에 어려움이 있다. 입양된 아이는 생부, 생모를 가족영주권으로 초청할 수 없다.

## 17) 사업체를 운영 하시는 분, 중소기업 경영인 또는 종업원

한국 프랜차이즈운영자 (음식점, 치킨집) 또는 무역업이나 조그마한 공장을 운영하시는 사업주는 미국에 지사나 체인점을 개설할 경우 적극적으로 L비자를 이용하라고 권하고 싶다. L비자는 대기업만 나오는 것이 아니다. 규모가 작은 소규모 사업에도 조건만 갖추면 해당이 된다. L비자를 받고 오면 여러 가지 면에서 영주권 받기가 쉽다. L바자 중 L-1A는 취업영주권 1순위 다국적기업 간부들에게 주는 자격요건과 유사하다.

L비자가 안될 경우나 자격이 미달될 경우 E-2나 E-1비자를 고려해볼 수도 있다. 소규모 사업체를 운영하시는 분들은 최소 $50만이상 필요한 투자 영주권을 고려하는 것보다 현재의 사업체로 바람직한 비자를 이용하여 영주권을 받으려고 노력하는 것이 훨씬 유리할 수 있다. 특히 E-2(소액투자)종업원비자는 영주권 신청이 가능하므로 이것도 고려해 볼 수 있다.

## 18) 자영업자 (꽃가게, 떡집, 악세서리 등)

　자영업 경험이 있는 분이 영주권을 취득할 수 있는 방법은 취업영주권 2순위보다는 3순위가 많을 것으로 보인다. 왜냐하면 2순위는 석사학위 이상이나 학사학위 후 5년의 경험이 있는 자가 전문직에 취업할 경우 해당되기 때문에 2순위는 자격요건을 맞추기에 다소 무리가 있어 보인다. 3순위의 경우 숙련직이나 비숙련직을 고려해 볼 수 있다. 자영업을 하는 사람은 L비자를 받기는 어려워 보인다.

　자영업 경험이 있으면 E-2(소액투자)를 고려해보는 것도 괜찮다. 빵집, 꽃가게, 악세서리, 인터넷쇼핑, 미용실, 음식점, 떡집 등 거의 전 업종에서 E-2가 나온다. 심지어 변호사, 회계사도 E-2가 나온다. E-2는 자체로는 영주권이 나오지 않는다. 영주권과 관계없는 비이민비자이다. 많은 사람들이 E-2로 와서 본인은 사업을 하고 배우자는 취업허가를 받아 다른 업소에서 3순위 취업이민을 하여 영주권을 얻는다. 3순위 영주권이 수속기간이 짧았던 몇 년 전에는 이 방법으로 영주권을 받은 사람이 많았다. 물론 이민법상 합법적인 방법이다.

　한국에서의 자영업도 그러하듯이 미국에서의 사업은 성공보다는 실패할 확률이 높다. 당장 사업체를 인수하거나 신규로 설립하여 운영하여 나가기에는 어려움이 많다. 사전에 충분한 조사가 선행되어야 한다. 말도 통하지 않은 곳에서 사업을 한다는 것이 그리 쉽지 만

7.나는 영주권을 받을 수 있나? 방법은?

은 않을 것이다. 또 E-2(소액투자)를 할 경우 대부분 한인들이 하던 업종을 인수하는 경우가 많은 데 한국에서도 그러하지만 경험이 없으면 수업료를 엄청 치러야 한다. 2년마다 비자를 갱신하여야 하는데 비용이 만만치 않고 이 또한 여간 신경 쓰이는 게 아니다.

또 자영업자가 고려해볼 수 있는 것은 최근 한국에서 유행하고 있는 치킨집, 보쌈집, 빵집 등이다. 이들 프랜차이즈 점포들이 미국에도 많이 진출하고 있다. 경험이 있다면 미국에 지사, 지점형태로 진출하여 L-1A비자로 취업영주권 1순위를 고려해 보는 것도 생각해 볼 수 있다. 과거의 경험자들로부터 경험담을 들어보는 것도 유익한 방법이다. 최근에 일부 프랜차이즈 업주들이 비자발급, 점포개설 등과 관련하여 횡포가 심하다는 일부 가맹 점포주들의 이야기도 들린다. 업주들의 이야기만 듣지 말고 변호사 등 여러 사람들 의 경험과 조언을 듣는 것도 실패를 예방하는 방법이다.

## 19) 기술이 있는 분 (카센터, 사이딩, 전기, 보일러공, 미용 등)

영주권 취득이 금지되는 업종 외에는 취업영주권이 모두 가능하다. 이러한 기술을 가지거나 경험이 있는 사람은 3순위 취업영주권이 가능하다. 2순위나 1순위는 어려워 보인다. 위에서 설명한 자영업자와 마찬가지로 본인이 직접 E-2비자를 받아 소액투자 사업을 운영하면서 배우자는 취업허가 (Work permit)를 받아 영주권을 진행하는 사람들도 많이 있다. 그러나 대부분 3순위이다. 시간이 많이 소요된다. 이 점을 감안하여야 한다. 소액투자 할 자본이 없으면 이들 업종의 E-2종업원 비자로 영주권을 고려할 수 있다. 이 또한 3순위가 대부분이라 시간이 오래 걸리고 또 노동허가 등 모든 취업영주권 절차는 마쳐야 한다.

가족영주권 연고가 있으면 E-2비자로 소규모 투자를 하면서 자녀들 학교 문제 및 신분문제를 해결하고 가족영주권을 느긋하게 기다리는 것도 방법이다. 가족영주권이나 취업영주권 순위에 따라서 대기시간이 천차만별이지만 기다리는 시간이 비슷하다면 가족영주권을 하여줄 친척이 있는 경우 취업영주권을 할 필요가 없다. 그러나 이 경우 시간이 오래 소요되다 보니 자녀는 21세가 넘어서 영주권을 받지 못할 염려도 있다.

## 20) 자녀가 미국에서 태어난 경우 (원정출산)

자녀가 미국에서 태어났으면 이 아이는 미국 시민권자이다. 부모가 유학중에 또는 상사주재원으로 또는 공무원으로 파견 근무 중에 자녀들이 미국에서 태어나는 경우가 대부분이다. 또한 부모가 불법체류 중에 아이가 태어난 경우도 있고 원정출산의 경우도 있다. 이 유야 어떠하든 간에 미국에서 태어나면 미국 시민권자이다.

7.나는 영주권을 받을 수 있나? 방법은?

시민권자는 21세가 되면 직계부모를 초청할 수가 있다. 심지어 시민권자의 직계친족은 불법체류를 해도 영주권을 부여한다. 원정출산도 마찬가지다. 한국국적법에서는 원정출산 자에게 2중국적을 주지 않는다. 한국국적이냐 미국국적이냐 양자 중 선택해야 한다. 그러나 이것은 한국법의 문제이다. 한국법이 어떠하건 미국시민권자가 시민권을 스스로 포기하지 않으면 미국시민권자이다. 따라서 원정출산으로 태어난 자가 시민권을 포기하지 않는한 그는 미국시민권자이다.

미국에서 태어난 자녀를 둔 부모가 영주권을 원할 경우 자녀가 21세가 될 때까지 기다리면 된다. 그러나 가급적 합법신분을 유지하여야 한다. 왜냐하면 불법신분인 경우도 영주권 신청이 가능하나 만약 불법신분 중에 추방명령을 받게 되어 추방되면 미국입국 금지규정에 따라 미국에 들어올 수 없기 때문이다. 최근 공화당을 중심으로 미국 내에서 출생한 자에 대하여 시민권을 부여하는 것에 제약 움직임이 있으나 그 실현 가능성이 없어 보인다. 미국헌법을 바꿔야 한다. 미국헌법을 개정하기가 그리 쉬운 일이 아니다.

## 21) 결혼예정자

결혼예정자는 약혼자비자(k-1)를 받고 입국할 수 있다. 21세미만 미혼자녀도 같이 입국할 수 있다. 약혼자비자는 시간이 많이 걸리지 않는다. 만약 배우자가 이미 미국에 있는 경우 미국 내에서 신분조정을 거쳐 영주권 신청을 할 수 있다. 이 경우 배우자가 불법체류 신분인 경우에도 영주권을 받을 수 있다. 결혼 한 후에 배우자를 초청할 경우는 1년 정도의 시간이 걸린다. 이때는 k-3 비자로 입국하거나 또는 배우자초청 이민비자를 발급받아 입국할 수도 있다. 약혼자 비자를 가지고 합법적으로 입국 후 혼인신고를 하는 방법이 배우자와 더 빨리 상봉할 수 있다. 최근에는 시간이 비슷하다. 이미 결혼을 했다면 약혼자비자를 이용할 수 없다. 미국시민권자와 결혼할 경우 의붓 자식도 영주권을 받을 수 있다. 이 경우 부부의 결혼이 자녀가 18세 되기 이전에 이루어 져야한다.

# 8. 비이민비자 (NonImmigration Visa), 영주권과 관계없다.

1) 비이민비자란 무엇인가?
2) 비이민비자(Non-Immigration Visa)에는 어떤 종류가 있나?
3) 비자발급, 체류기간, 신분변경
4) 무비자 여행이 가능 하다는데? 비자 면제 협정이란? (VWP)
5) 방문. 상용비자(B1/B2)
6) 수출입업자(무역업자)비자(E1), 소액투자비자(E2)
7) 유학생비자(F)
8) 단기전문직 취업비자(H-1B)
9) 교환 연수비자(J)
10) 약혼자비자(k)
11) 주재원비자(L)
12) 특별 기능보유자 비자(O)
13) 연예인, 체육인비자(P) 및 문화교류비자(Q)
14) 종교비자(R)

# 8. 비이민비자(Non-Immigration Visa), 영주권과 관계없다.

### 1) 비이민비자란 무엇인가?

　비자에는 영주권을 받을 수 있는 이민 비자와 영주권 목적이 아닌 사업, 관광, 학업, 취업 등을 목적으로 하는 사람들에게 일정 기간 미국에 방문하여 체류할 수 있도록 발급해 주는 비이민비자가 있다.

　비이민비자는 비자 목적과 기간이 개별 비자마다 다르며 비자 기간 내에 입국하여 체류하고, 비자 목적에 따라서만 활동할 수 있다. 미국 비이민 비자 (Non-Immigration Visa)는 알파벳 순으로 A에서 V까지 큰 가지로 22개가 있으며 작은 부류까지 합하면 50여 개가 넘는다.

　또 최근에 비이민비자(Non-Immigration Visa)를 발급하는데 큰 변화가 있었다. 2010년 4월 1일부터 비이민비자를 발급하는데 온라인 신청으로 하도록 하고 그 제출하는 서류도 DS-160으로 서류양식을 통일하였다. 제출서류는 과거와 큰 차이가 없다.

3년 전만 해도 미국과 무비자 협정이 없어서 단 하루만 머무르려해도 비자를 받아야 했는데 지금은 비자 없이 90일간의 단기 체류가 가능하다.

한국 사람들이 주로 사용하는 비자에 대하여서만 살펴보도록 하겠다.

## 2) 비이민비자(Non-Immigration Visa)에는 어떤 종류가 있나?

한국사람들이 사용하는 주요한 비이민 비자에는 다음과 같은 것이 있다.

A (외교관비자), B (방문비자), E-1(수출입업자 비자), E-2(소액투자비자), F(학생비자), H (단기취업비자), H-1B(전문직 단기취업비자), J (연수비자), K (약혼자비자), L (상사주재원비자), R (종교비자) 등이다.

자세한 내용은 해당비자부분에서 설명한다.

8. 비이민비자(Non-Immigration Visa), 영주권과 관계없다.

## 3) 비자발급, 체류기간, 신분변경

### 가) 비자발급

　미국비자 발급은 국무부소관 업무이며 서울에 있는 미국대사관에서 발급하는 것이 통상적이다. 실질적으로 비자발급에서 이 업무를 담당하는 영사의 재량권이 막대하다. 비자발급 여부를 규정한 이민법 자체가 포괄적이고 추상적이어서 영사의 주관적 판단이 크게 좌우한다.

　이민비자 발급은 사전에 이민국의 승인이 있어야 한다. 비이민비자중에서도 취업비자 부류에 속하는 비자는 사전에 이민국의 승인이 있어야 대사관에서 발급 할 수 있다. H비자, L비자, O비자, P비자, Q비자, R비자는 사전에 이민국승인이 있어야 한다. k비자도 사전승인이 있어야 한다. 이에 반하여 A비자, B비자, E비자, F비자, I비자, J비자들은 이민국의 사전승인이 필요 없다.

　비이민비자 신청자가 이민의도가 있다고 판단되면 영사는 비자발급을 거부할 수 있다. 미국이민법에서 규정한 "이민의도" 개념이 너무 추상적이다. 비자신청자가 미국에 눌러앉을 염려가 있으면 이민의도 이민목적이 있다고 판단한다. 영사가 비자발급을 거절할 경우 주로 이민법 214조 및 이민법 221조 규정을 근거로 하고 발급 불허 사유를 비자신청자에게 통지해준다. 왜 비자를 안 내주는지 이유를 보고 거기에 맞는 조치를 해야 한다.

## 나) 체류기간이란?

비자를 가지고 미국공항에 도착하면 이민국 심사관으로부터 입국심사를 받는다. 우리나라의 법무부 출입국관리국과 비슷한 기관이다. 비자를 보고 심사관이 입국신고서(I-94)에 체류기간을 준다. 이 체류기간을 넘기면 안 된다. 보통 방문비자의 경우 복수 비자로 10년을 부여받는 데 10년을 체류할 수 있는 것이 아니다. 입국심사를 할 때 체류기간을 부여하는데 통상 방문비자의 경우 6개월을 부여하고 경우에 따라서 1개월, 3개월을 부여하기도 한다. 불법체류의 가능성이 있다고 의심이가면 바로 추방조치를 시키기도 한다.

F 비자는 대부분 5년의 비자기간을 준다. 그러나 학업을 마칠 때까지 체류기간을 부여한다. 통상 D/S라고 체류허가서에 기입해준다. 체류허가서(I-94)를 잘 확인해야 한다. 이것을 분실하면 여러 가지 어려움이 발생한다. 체류기간 연장이나, 신분변경, 영주권을 신청할 때에는 이 체류허가서를 필수적으로 제출해야 한다. 불법체류 등의 여부확인에 꼭 필요하다. 체류기간을 넘어서 체류할 필요성이 있을 때 체류기간 만료 전에 이민국에 체류연장 신청을 하여야한다. 체류기간 만료 전에 신청하면 설사 체류기간 중에 허가가 나지 않아도 그 기간은 불법체류로 계산되지 않는다. 체류기간이 불허될 경우 바로 출국하지 않으면 원래 체류기간이 만료한 날부터 불법

8. 비이민비자(Non-Immigration Visa), 영주권과 관계없다.

체류기간이 계산된다.

## 다) 신분변경(Change of Statue)과 비자(visa)는 어떻게 다른가?

비자의 발급은 미국대사관에서 발급하는 것이 통상적이지만 미국 내 국토안보부(Department of Homeland Security Service)소속 이민국(USCIS)에서 비자발급과 유사한 업무를 한다. 즉, 체류기간 연장, 신분변경등의 업무를 하고 있다.

미국에 입국한 자가 당초 비자체류 목적을 변경시키는 것이 신분변경이다. 예를 들면 방문비자(B)를 가지고 입국한 자가 공부를 하고자 할 때 유학생비자(F)로 바꾸는 것이다.
이 경우 비자 소지자에게 자국으로 돌아가서 유학생 비자를 다시 받아 오라고 하는 것은 가혹한 처사이므로 미국 내에서 이민국(USCIS)을 통하여 유학생 신분으로 바꿔 주는데 이것이 신분변경이다. (방문자 신분에서 유학생신분으로 변경됨)

## 라) 신분변경은 만사형통인가?

비자를 발급받아 미국에 입국한 경우 비자의 목적에 맞는 행동만 할 수 있다. 미국의 비자종류가 수십 개이고 각 비자마다 할 수 있는 미국 내에서의 행동범위가 다르다. 방문비자를 가지고 학교에 다닐 수 없고, 학생비자를 가지고 취업할 수 없다. 이처럼 비자마다 행위 유형을 규정하고 있으나 불가피하게 비자 신분변경을 하여야 할 필요가 있을 수 있다.

신분변경을 할 경우 조심해야 한다. 예를 들면 방문비자로 들어와 학생비자로 신분변경을 한 후 급한 사정으로 한국에 들어온 경우 다시 미국에 들어가려면 학생비자를 대사관에서 다시 받아야 한다. 학생비자를 다시 못 받을 경우 방문비자가 살아 있으면 방문비자로 들어올 수는 있다. 그러나 공항에서 입국을 거절하거나 심지어 방문비자를 취소할 수도 있다. 방문목적이 아니라 학업을 할 목적으로 방문의 순수성이 의심받기 때문이다.

## 4) 무비자 미국여행이 가능하다는데? 비자 면제 협정이란?(VWP)

### 가) 무비자 여행은?

한국은 2008년 11월 17일부터 미국비자 면제프로그램에 가입하였다. 비자면제 프로그램에 가입된 국가의 국민이 미국을 방문할 경우 비자 없이 90일 동안 미국을 방문할 수 있다. 이 프로그램은 1986년에 도입되었으나 그동안 비자 거부율이 높았던 관계로 한국의 경우 해당이 되지 않았으나 늦게나마 이 프로그램의 혜택을 보게

8. 비이민비자(Non-Immigration Visa), 영주권과 관계없다.

되었다. 무비자로 90일간의 여행을 할 수 있지만, 비자 신청을 원하는 경우에 방문비자를 신청할 수도 있다. 이 비자면제 프로그램을 이용하고자 하는 사람은 사전에 전자 여행허가(Esta)를 받아야 한다.

## 나) 비자 없이 미국에 가려면?

무비자 방문을 하려는 사람은 다음과 같은 조건을 갖추어야 한다.
- 전자여권을 소지한 자.
- 단기 출장이나 관광 목적인 자.
- 등록된 항공이나 선박을 이용하고 왕복항공권을 소지한 자.
- 최대 90일까지 체류할 자.
- 사전에 전자여행허가(Esta)를 받은 자. 전자여행허가를 승인 받지 못한 자는 방문비자 신청을 해야 한다.

## 다) 무비자 여행을 할 수 없는 자는 어떤 사람인가?

비자면제 프로그램을 이용할 수 없는 자는 다음과 같으며 미국대사관을 통하여 정식 비자를 받아야 한다.

- 미국 내에서 90일을 초과하여 체류하거나 미국 입국 후 신분을 변경할 계획이 있는 자.

- 체포된 적이 있는 자.
- 범죄기록이 있는 자.
- 미국에서 추방된 적이 있는 자.
- 전염병이 있는 자.
- 미국 내에서 체류기간을 초과한 적이 있는 자.

## 라) 방문비자 받기가 어려워 졌다

비자 면제프로그램의 실시 이후 90일간의 무비자 방문이 가능해졌다. 그러나 프로그램 실시 이후 방문비자 발급이 더욱 까다로워지고 어려워졌다. 대사관에서 비자를 발급하는 영사들이 웬만한 일들은 90일내에 끝낼 수 있다고 생각하고, 90일을 넘겨서 체류할 목적이 있는 경우에는 그 특별목적의 소명을 요구하고 있다. 90일을 초과하여 체류할 필요성이 있을 때에는 이에 필요한 서류들을 사전에 잘 준비하여야 한다.

비자를 발급하는 영사가 합리적으로 판단하여 90일 이상이 필요하다고 느끼고 충분한 근거 자료가 있을 때에만 방문비자를 발급해 준다. 과거에는 방문비자로 미국에 입국하여 신분변경을 통하여 취업비자를 통한영주권 신청이 많았으나 앞으로는 어렵다.

왜냐하면 무비자로 입국한 경우에 미국 내에서 신분변경이 일체 되지 않기 때문이다(시민권자의 직계가족인 경우 예외 있음). 체류기간 연장도 안 된다.

8. 비이민비자(Non-Immigration Visa), 영주권과 관계없다.

그러나, 무비자 시행 전에 이미 방문비자를 받은 사람은 방문비자로 입국하여 신분변경을 할 수 있다.

## 마) 무비자. 비자 거부 관련 문·답

**문)** 무비자로 입국 후 학생비자나 방문비자로 신분변경을 할 수 있나?
**답)** 무비자로 입국한 경우 신분변경, 체류기간 연장 등이 일체 안 된다.

**문)** 한국에서 전과기록이 있다. 무비자 입국이 가능하나?
**답)** 전과기록이 있으면 무비자 방문이 안 된다. 방문비자를 받아야 한다. 범죄유형에 따라서는 비자발급이 거절될 수 있다. 사면을 받아야한다.

**문)** 무비자로 방문 후 결혼한 경우에 영주권을 신청할 수 있나?
**답)** 90일 내에 결혼하면 가능하다. 90일 이후에 결혼하는 경우 CASE마다 법원판결이 다르다. 최근에는 인정해주는 방향으로 가고 있다.

**문)** 밀입국 후 시민권자와 결혼하면 영주권을 받을 수 있나?
**답)** 안 된다. 불법 체류한 기록이 있어도 미국 내에서는 시민권자와 결혼하면 영주권을 받을 수 있다. 그러나 밀입국한 경우에는 시민권자의 배우자라도 영주권을 받을 수 없다. 단, 245(i) 조항에 해당되면 밀입국도 가능하다.

**문)** 가족영주권을 신청했다. 대기기간이 많이 남아있다. 사업차 미국을 방문할 일이 있다. 방문비자 발급이 안 된다는데?
**답)** 꼭 그렇지 않다. 불법체류를 하지 않고 귀국할 수 있다는 증거서류 등을 잘 갖추고 있으면 비자가 나온다.

**문)** 비자가 거절되었다. 몇 년 내에 다시 신청할 수 없다는데?
**답)** 그렇지 않다. 추가서류를 보완한 후 다시 제출하여 비자를 발급 받을 수 있다.

**문)** 미국 내에서 신분변경을 할 경우 재입국을 못한다는데?
**답)** 반드시 그런 것은 아니고 비자종류에 따라서 약간씩 다르다. 신분변경 후 재입국하려면 대사관을 통하여 비자를 발급 받아야 한다.

## 5) 방문 · 상용비자 (B1/B2)

### 가) 방문 · 상용비자란?

## 8. 비이민비자(Non-Immigration Visa), 영주권과 관계없다.

방문비자는 상용비자와 관광비자로 나누어진다. 과거에는 제일 받기 쉬운 비자로 여겨졌다. 그러나 지금은 아니다. 방문비자를 받기가 어려워졌다. 미국과 비자 면제 프로그램으로 90일 이내의 미국방문에는 비자가 필요 없다.

따라서 방문비자를 받으려면 90일 이상 체류해야 할 구체적인 증빙서를 제출해야 한다. 웬만한 일이면 무비자기간 90일 내에 미국방문 목적을 마칠 수 있기 때문에 방문비자를 발급하지 않는다. 병원치료나 사업계약 협상 등에 90일 이상이 소요 된다는 것을 증명할 수 있거나, 무비자 방문에 해당되지 않는 사람들(범죄기록 등이 있는 자)의 경우에만 발급한다.

과거에는 방문비자를 받아 입국한 후 미국 내에서 신분변경을 하여 유학생비자 등으로 미국에 체류하거나 영주권을 신청하였으나 무비자 방문으로는 그러한 방법을 사용할 수 없다.

과거에 방문비자를 받은 경우 보통 5년 또는 10년 기간의 방문비자를 주었는데 그 비자가 현재 살아 있다면 사용할 수 있다. 과거처럼 신분변경을 통하여 방문비자를 유학생비자, 단기 취업비자 등으로 변경할 수 있으나 일단 미국에서 벗어난 후 미국으로 재입국을 하려면 반드시 비자를 다시 받아야 한다.

문제는 미국 내에서 신분변경을 하면 미국대사관에서 비자를 받기가 힘들다. 그 이유는 미국 입국시 정당한 비자를 받고 가지 않은 것은 방문목적에 위반된다고 보기 때문이다.

## 나) 누가 받을 수 있나? 절차는?

최근 비이민 비자(Non-Immigration Visa) 신청절차가 바뀌었다. 2010년 4월 1일부터 DS-160를 작성하여야 하며 온라인으로만 신청을 받는다. 컴퓨터에 익숙하지 않은 사람은 작성하기가 까다롭다. 온라인으로 접수 후 인터뷰 신청을 한다. 인터뷰 날짜에 필요한 서류를 함께 가지고 가서 인터뷰를 마치고 나면 2-3일내에 택배로 비자를 보내준다.

## 다) 준비서류는?

여권(유효기간이 6개월 이상남아 있어야 된다), DS-160, 기타 증빙서류가 필요하다. 개인마다 방문목적이 다르기 때문에 방문목적에 맞는 서류를 준비 하여야 한다. 직접 초대받은 초청장, 재직증명서, 재산증명서, 사업계약서, 방문목적이나 관광일정 등 관련 서류이다. 방문비자 받기가 어려워진 만큼 비자 수속업무를 대행하여주는 대행업자들이 많이 있어 이들을 이용하면 편리한 점도 있다. 주의할 점은 비자 대행수수료가 비싸고 일부 업체에서는 지나치게 높은 수수료를 요구하고 있다. 큰 문제가 없는 비자대행은 보통 50만-100만원 정도 대행 수수료를 받는다. 일부 업체 중에는 범죄기록 등이 있고 비자 받기가 어려운 경우 2,000만 원이상 요구하는 것을 보았다. 이런 업체들의 경우 자기들이 특별히 영사들과 친분이 있다고 과장하여 설명하고 있는데 주의를 요한다.

8. 비이민비자(Non-Immigration Visa), 영주권과 관계없다.

이민업무나 비자 발급업무에서 영사가 판단할 수 있는 재량권은 많이 있다. 비자 신청자가 미국에 불법 체류할 가능성이 있거나 미국의 입국목적이 불분명한 경우 비자발급을 거절하거나, 추가서류의 제출 등을 요구할 수 있으나 영사는 안 되는 사항을 법규를 위반하면서 비자를 발급할 수 있는 권한은 없다. 비자를 발급하는 영사들은 이민법상 할 수 없는 사항을 법을 어겨가면서 업무 처리를 하지는 않는다.

## 라) 유의사항

비자 받기가 어려워졌다. 과거에는 방문비자를 가지고 입국하여 미국 내에서 신분변경을 하고 취업비자나 학생비자로 변경했으나 지금은 방문비자 받기가 어려워졌고, 미국에서 신분변경을 하면 재입국이 어렵다. 비자를 다시 받아야 한다. 특히 학생 비자로 변경한 경우 재입국이 어렵다. 과거에 일부 어학원들이 유학생비자 I-20을 남발하고 유학 목적보다 불법 취업을 한 사례가 많았던 관계로 이들에 대한 심사가 강화되고 있다.

특히 일부 불법행위로 단속을 받았던 어학원은 이들에 대한 정보를 대사관에서 가지고 있기 때문에 조사받은 어학원들의 경우 비자 발급이 거의 거부 된다고 봐도 무방하다.

다시 말하면 미국 내에서 어떠한 신분변경을 한 경우 미국의 체류는 합법적이지만, 일단 미국을 벗어나서 다시 미국에 들어가려면 신분변경의 효력은 없어지고 반드시 새로운 비자를 받아야 된다. 비자를 새로 신청할 경우 이를 문제 삼아서 비자를 거절하는 경우가 많이 있다.

### 마) 방문비자 문·답

문) 방문비자로 입국하여 미국에서 학생비자로 바꾸고 싶은데?
답) 방문비자를 학생비자로 신분을 변경시킬 수 있으나 90일이 경과한 후 바꾸는 것이 좋다.

문) 방문비자(10년)로 입국하여 미국에서 학생신분으로 변경했다. 급한 일로 한국에 나왔다. 다시 미국에 입국하려는데 가능한가?
답) 학생비자를 다시 받아야 한다. 학생비자를 받지 못할 경우 방문비자가 살아 있으면 방문비자로 방문할 수 있으나 공항에서 까다롭게 질문할 것이다.

문) 불법체류 기록 때문에 무비자 방문이 안 된다. 어떻게 하여야 하나?
답) 방문비자를 신청해보고 입국 금지사유로 비자발급이 안 되면 사면을 신청하여 허락받아야 한다. 그 절차는 이민법 212(d) 조에 규정되어 있다.

문) 방문비자 6개월 체류허가를 받았다. 연장하려는데?

8. 비이민비자(Non-Immigration Visa), 영주권과 관계없다.

답) 체류기간 내에 신청하여야 한다. 심사하는 동안은 체류기간이 경과해도 불법체류가 되지 않는다. 단, 터무니없는 연장신청은 불법체류가 된다. 체류기간이 경과하여 신청하면 허락이 나오지 않는다.

문) 시민권자인 딸이 가족초청을 했다. 불법체류기록이 있는데 방문비자로 입국하여 영주권을 받을 수 있나?
답) 3년, 10년 입국금지 규정에 해당되면 방문비자가 안 나온다. 사면을 받을 수 있으면 입국이 가능하다. 직계가족은 미국내에 있으면 불법체류자라도 영주권 신청이 가능하다. 합법적으로 미국에 들어 오기만 하면 가능하다. 밀입국은 안 된다.

문) 고등학생이었던 당시 불법체류 기록이 있다. 현재 한국에 있다. 미국 유학하려는데?
답) 입국할 때 18세 이하의 불법체류는 문제가 되지 않는다. 다만, 학생비자를 발급할 때 대사관 영사에게 과거 불법체류 기록 때문에 나쁜 인상을 줄 수가 있다. 영주권을 신청할 때에는 불법체류가 문제된다.

문) 방문비자로 학교 다닐 수 있나?
답) 다닐 수 없다. 학생신분으로 변경하기 전에 학교에 다니면 이민법 위반으로 추방될 수 있다.

문) 방문비자의 체류기간이 넘었다. 다른 비자로 바꾸거나 연장 가능한지?

답) 체류기간을 넘기면 불법체류가 된다. 불법체류자는 다른 비자로 신분변경이 안 된다. 체류기간 연장도 할 수 없다.

문) 여권, 비자, 체류허가증(I-94) 분실했다.

답) 여권은 한국대사관이나 영사관에서 임시로 받을 수 있다. 비자는 미국대사관에서 재발급받을 수 있다. 체류허가증도 재발급 받을 수 있으나 시간이 걸린다. 체류허가증(I-94)은 체류기간 연장, 신분변경, 영주권 신청에 꼭 필요하다.

문) 불법체류를 했다. 현재 한국에서 직장 다니고 있는데 미국 출장 가야 한다. 관광 비자를 받을 수 있나?

답) 3년, 10년 금지조항에 해당되면 받을 수 없다. 사면을 받아야 한다. 간혹 방문을 허가하는 경우도 있다.

## 6) 수출입업자(무역)비자(E1), 소액투자비자 (E2)

E비자는 미국과 통상협정을 맺고 있는 국가의 국민 중에 수출입업자, 상사주재원이나 미국에 소액 투자를 하고자 하는 소액투자자에

8. 비이민비자(Non-Immigration Visa), 영주권과 관계없다.

게 주는 비자이다. E비자에는 E-1과 E-2가 있다. 미국과 통상조약을 맺은 국가의 국민에게 발급한다는 점에서 E-1과 E-2(소액투자비자)는 비슷하나 그 성격이 전혀 다르다.

E-1비자를 얻기 위해서는 미국과 실질적인 무역 업무를 하여야한다. 무역인 비자라고도 한다. 이에 반하여 E-2비자는 소액투자비자이다. 미국에 투자하는 사람에게 주는 비자이다. 투자 규모는 미국에 상당량의(소액규모) 투자를 하는 자 이어야한다. E-1, E-2(소액투자) 비자는 비이민비자 (Non-Immigration Visa)이다. 영주권이 나오지 않는다. 많은 사람들이 E-1 또는 E-2(소액투자) 비자로 영주권을 받을 수 있다고 잘못 생각하고 있는데 전혀 사실과 다르다. 영주권을 받으려면 별도의 취업영주권 절차를 거쳐야한다.

## E-1(수출입업자비자)

### 가) 누가 받을 수 있나? 자격대상은?

미국과 상당량의 무역을 하는 수출·입업자들에게 부여한다. 영세한 소규모 사업자들도 미국에 지사나 지점을 개설할 때 이용할 수 있다. E-1비자에는 사업주 자신을 위한 것과 종업원을 위한 것으로 구분된다. 수출입을 하는 사업체에서 이 업체의 지휘감독을 하는 간부급이나 전문지식을 갖춘 기술자도 미국의 지사로 파견될 때 이 비자를 통하여 입국할 수 있다. 다음과 같은 자격요건이 요구된다.
- 미국과 통상조약이 체결되어야 한다.
- 상당한 양의 무역이 미국과 이루어져야 한다.

상당량의 액수는 명시되어 있지 않으나 거래의 빈도나 지속성이 요구된다. 무역량이 적거나 1년에 한두 번의 거래는 상당한 무역량이라고 할 수 없다.
- 무역거래량의 50% 이상은 미국과의 거래이어야 한다.
- 미국 내에 설립하는 회사 (지점. 지사 등)는 50% 이상의 지분을 같은 국적의 국민이 소유해야 한다.

## 나) 어떻게 받나? (절차)

H-1B등 단기 취업비자와는 달리 이민국(USCIS)에 청원이 필요 없다. E-1 비자는 다른 비자와는 달리 빨리 비자를 받을 수 있다. 미국 대사관에 신청하고 인터뷰 후에 바로 비자가 나온다.(택배를 통하여 배달됨)

## 다) E-1비자의 장점
- H-1B와 같이 학력이 필요 없다.
- E-1 종업원비자는 L-1(주재원비자)처럼 한국 본사에서 3년 중 1년을 근무해야 하는 조건이 없다.
- E-1은 2년씩 체류신분이 나오고 체류기간의 제한이 없다. H-1B는 최고 6년의 제한이 있다.

8. 비이민비자(Non-Immigration Visa), 영주권과 관계없다.

- E-1은 이민국(USCIS)의 허가 없이 대사관의 인터뷰만으로 가능하다.
- 소액투자(E-2)처럼 실제적인 $20-30만 가량의 투자가 필요 없다.
- 자녀들을 공립학교에 보낼 수 있다.

### 라) 준비서류

DS-160, 여권, 가족관계 증명서, 사업자 등록증 등 기타 자세한 제출서류는 미국대사관 홈페이지에서 확인할 수 있다.

### 마) 기타사항

- 관광비자 등으로 입국한 경우 미국 내에서 이민국(USCIS )에 E-1으로 신분변경을 할 수 있다.
- E-1 비자에서 다른 비이민 비자로 신분변경도 가능하다.
- 배우자도 취업허가를 얻어 합법적으로 취업할 수 있다.
- 신분변경을 통해 영주권도 신청할 수 있다.
- 자녀는 공립학교에 다닐 수 있다.
- 동반자녀도 올 수 있으나 21세가 넘으면 안 된다. 별도 신분을 유지하여야 한다.
- 비자기간 5년이 만료되어도 신분이 유지되는 한 계속 체류가 가능하다.

## E-2(소액투자 비자)

### 가) 소액투자 비자란?

E-2는 미국에 소액의 자금을 투자해 왔거나, 활동적인 투자를 하는 소액 투자자에게 주는 비자이다. 소액투자자에게 주는 것과 종업원에게 주는 2종류가 있다. 이 비자는 이민 비자가 아니다. 영주권이 나오지 않는다. 한국의 대기업의 지·상사 직원은 E-2비자로 오는 경우가 있다. 대부분이 L비자로 오지만 L비자 요건에 해당되지 않는 경우 E-2 종업원비자로 오는 경우도 있고 E-1비자로 오는 경우도 있다.

많은 사람들이 이 비자도 영주권이 나오는 줄 알고 있다. 잘못 알고 있는 것이다. 비자 발급시 이민국(USCIS)의 승인이 필요 없다. 노동부의 노동허가도 필요 없다. 기본적으로 비이민 비자 (Non-Immigration Visa) 발급업무이기 때문에 이민국(USCIS)과는 거리가 있다. 그러나 미국 내에서 신분변경을 할 경우 이민국 승인이 필요하다.

### 나) 누가 받을 수 있나?(자격요건)

학력이나 경력을 요구하지 않는다.
1) 투자액이 충분하고 상당한 액수이어야 하고,

8. 비이민비자(Non-Immigration Visa), 영주권과 관계없다.

2) 최소한의 투자액 (Maginal Investment)은 넘어야 하고,
3) 적극적인 투자이어야 한다.

구체적인 투자액은 이민법에 명시되어 있지 않기 때문에 지역이나 업종 등에 따라서 달라질 수 있다. 미국대사관에서 비자를 발급받을 경우 미국내 현지에서 신분변경을 할 때 보다 전반적으로 투자금액을 많이 요구한다. 일반적으로 $20-30만정도의 투자 규모이면 비자가 나온다. 업종이나 지역, 사업계획서, 소액 투자자의 국내재산 규모 등도 고려 대상이기 때문에 일률적으로 투자 금액이 얼마라고 확정하기에는 어려움이 있다.

## 다) 어떻게 받나?(절차)

대사관을 통하여 비자를 받는 방법과 미국 내에서 신분변경을 통하여 받는 방법이 있다. 대사관에서는 투자액을 더욱 많이 요구하고 인터뷰를 하는 등 절차가 까다롭다. 또한 미국 내에서 준비하여야 할 서류도 적지 아니한데 준비한 서류를 한국에 보내서 진행하여야 하는 번거로움이 있다. 미국 내에서 신분변경을 통하여 신청하면 서류로만 심사하고 인터뷰 등의 절차가 필요치 않다. 시간도 단축되고 투자요구액도 대사관보다 적으나 미국 내에서 신분변경을 할 경우 I-129(외국인노동허가서)를 요구한다. 대사관에서 인터뷰를 통하여 수속할 경우 이 서류는 필요 없다.

E-2 (소액투자) 비자도 발급할 권한은 대사관에 있지만 편의상 이

민국에서도 신분변경을 통하여 E-2 (소액투자) 비자와 동일한 효력을 부여한다. 이민국에서 신분변경을 하면 시간이 덜 들고 인터뷰가 없어서 대사관에서 비자를 받는 것보다 수월하다. 그래서 많은 한국 사람들의 경우 대사관을 통하는 것보다 미국 현지에서 신분변경을 선호한다. 대부분 80-90%는 현지 미국에서 신분변경을하여 E-2 신분을 취득한다. 그러나 사정상 한국에 왔다가 다시 입국하려는 경우 문제가 발생한다. 대사관에서 비자를 발급받아야 하기 때문에 엄격한 심사를 받아야 한다. 이점을 고려하여야 한다.

### 라) 준비서류는?

서울에서 준비하는 것과 미국 내에서 준비하는 서류는 개인이나 사업체에 관련되는 서류는 별반 큰 차이가 없다. 다음과 같은 서류들을 준비하여야 한다. 여권, 가족관계증명서, 출입국기록, 은행잔고 증명서, 부동산등기부등본, 재산세 납세증명서, 회사를 설립하여 신청할 경우 정관, 주식보유관계, 재무제표, 사업자등록증, 임대차 계약서 등이다. 전반적인 필요 서류는 대사관 홈페이지에 자세히 나와 있다. 준비하여야 할 서류가 많고 복잡하다. 본인이 준비하기에는 역부족이다. 변호사에게 위임하는 것이 좋다.

### 마) E-2 (소액투자) 비자의 장. 단점은 무엇이 있을까?

E-2 비자는(소액투자) 여러 가지 장·단점이 있다. 장점은 가족영

8. 비이민비자(Non-Immigration Visa), 영주권과 관계없다.

주권, 투자영주권, 취업영주권을 받기 어려운 사람들이 미국에 조그마한 사업체를 운영하면서 자녀를 공립학교에 보낼 수 있다. 일본사람들이 많이 이용한다. 일본사람들은 영주권 취득을 위하여 우리나라 사람들처럼 목매고 있지 않다. 이민자 수도 많지 않다 .

단점은 E-2(소액투자) 비자로는 영주권 취득이 안 된다. 21세가 되면 자녀는 별도의 독립된 비자를 받아야 한다. 영주권 취득에 큰 관심이 없고 단지 미국에서 조그만 투자로 자녀를 21세까지 교육시키고자 하는 사람에게 적합하다.

본인이 영주권을 취득하고자 하면 별도의 취업영주권을 추진하던지 투자영주권을 추진하여야 하는데 설명한 바와 같이 취업영주권이나 투자영주권이 어려운 사람들은 이 비자를 선호한다. 또 취업영주권을 고려하는 사람들이 취업영주권의 전 단계로서 이용하기도 한다. 취업비자보다 비자 받기가 쉽고 비자 연장도 쉽게 이루어지나 이 비자만으로는 영주권을 받지 못한다는 것이 단점이다.

## 바) E-2(소액투자) 종업원비자는 영주권을 받을 수 있다

E-2비자는 소액투자자에게 부여하는 경우와 종업원에게 부여하는 종업원 비자가 있다고 설명하였다. 예를 들면 한국의 소액투자자가 $30만을 투자하여 한국음식점이나 떡집을 운영한다고 가정하면 소액 투자자인 떡집 주인은 자기 사업체에서 스폰서가 되어 자기의

영주권을 신청 수 없다. 그런데 떡집 종업원은 주인이 스폰서가 되어 준다면 취업영주권을 신청할 수 있다. 대게가 3순위인데 3순위 취업영주권 요건이 맞으면 가능하다. 이때 취업영주권에서 요구되는 모든 절차와 조건이 맞아야 한다.

실제로 종업원 비자를 통하여 영주권을 취득하는 사람들도 많이 있다. 대기업 직원들은 L비자를 가지고 오는데 L비자 요건에 해당되지 않을 때 E-2비자를 받고 오는 경우가 있다. 이 경우에도 대기업 간부 직원은 1순위에 해당되는 경우가 많다. 이 때 노동허가 없이 1순위로 영주권 신청을 할 수 있다.

## 사) E-2(소액투자)와 영주권은 관계없다

E-2 (소액투자)비자는 비이민비자 (Non-Immigration Visa)이다. 영주권과 관계없다. 하지만 영주권 취득을 위한 전 단계로서 이용되기도 한다. E-2는 비이민을 전제로 발급된다. 소위 말하는 이중의도가 인정되지 않는다. 단기취업비자(H-1B)나 주재원비자(L), O, P, R비자는 이민비자를 취득할 수도 있다는 전제가 있다. 상황에 따라서 영주권 취득도 가능하다는 것이다.

그러나 학생비자, 방문비자, 소액투자비자 등은 영주권을 전제하지 않는다는 조건하에 비자 발급을 하는 것이다. 이중의도가 전제되지 않는다. 다시 말하면 이들 비자는 일이 끝나면 미국을 떠나겠

8. 비이민비자(Non-Immigration Visa), 영주권과 관계없다.

다는 약속이 전제되고 발급된다는 것이다. 그런데 E-2로 신분 변경 후 영주권 신청을 한다면 애초 비자 취득과 위배되는 것이다. 그러나 이민국에서는 이 때에도 조건이 맞으면 영주권을 부여한다.

국토안보부 소속 이민국과 국무부 산하 대사관과 손발이 맞지 않는 느낌이다. 이민국에서 신분변경을 해 주었는데도 대사관에서 비자 발급을 안 해주거나, 이중의도가 없어야 발급되는 비자에 대하여 이민국에서는 신분을 변경하여 주면서 또 영주권을 주기도 한다.( B, E-2, F )

현실적으로 E-2 (소액투자) 비자를 소지한 소액사업자끼리 상호 스폰서가 되어 영주권을 받고 있다. 소액투자자는 자기사업을 하면서 배우자가 취업허가를 받아 다른 소액투자자의 종업원으로 일을 하면서 서로 스폰서가 되어주는 것이다. 이런 경우에도 취업영주권에서 요구되는 모든 절차를 마쳐야 한다.

## 아) E비자 관련 문 · 답

문) E-2 비자기간이 만료되었는데 깜박 잊고 연장을 못했다. 비자를 연장하려는데?
답) 이미 불법체류가 되었다. 미국 내에서는 연장 못 하고 한국에 가서 해야 한다.

문) E-2 비자를 2년짜리 받았다. 2년이 다 되어간다. 연장하려는데?
답) 출국 후 비자만료 전 입국하면 2년 체류허가서를 받을 수 있다. 미국 내에서 기간연장을 할 수도 있다.

문) E-2 받으려면 어느 정도 투자하여야 하나?
답) 정답이 없다. 지역, 업종, 사업계획서 등에 따라서 대사관 영사나 이민국 심사관이 합리적이라고 판단되는 수준이다. $10만로 받는 사람도 있고 $20만로 받지 못하는 사람이 있다.

문) E-2 배우자이다. 취업허가를 받았는데 다른 고용주를 통하여 영주권 신청이 가능한가?
답) E-2 비자를 소지한 자는 자기업소에서 일을 하여야 하며 다른 업소에서 일 하면서 스폰서를 받을 수 없으나, E-2 배우자의 경우는 다른 업소에서 일 하고 영주권을 신청해도 문제가 없다.

문) E-2 비자를 받았는데 기간을 5년 받고 왔다. 사업이 부진하여 중단했는데 비자기간은 살아있다. 불법체류자가 되나?
답) 사업을 중단하면 E-2 비자는 그때부터 비자의 효력이 없고 불법체류 신분이 된다.

문) E-2 배우자가 영주권 (I-485)신청했다. 사업이 안 되어 사업을 중단하고자 하는데 문제 되나?

8. 비이민비자(Non-Immigration Visa), 영주권과 관계없다.

답) 배우자가 I-485를 접수하면 그때부터는 합법신분을 유지하지 않아도 된다. 다만, I-485가 어떤 이유에서든지 거절되면 그때부터 불법체류 신분이 되므로 가급적 영주권을 받을 때까지는 신분을 유지하는 것이 좋다.

문) E-2 비자연장이 불허되었다. 항소 중인데 언제부터 불법체류가 되나?
답) 기간 내에 연장신청을 하면 거절된 때부터 불법체류가 기산되는 것이 원칙이다. 연장사유가 터무니없는 이유이면 기간 만료일부터 계산한다. 항소가 받아지면 기간 모두가 합법체류가 되고 기각되면 소급해서 기간이 만료된 날부터 계산한다.

문) E-2로 사업 중 연장이 안 되어 현재 불법체류 중이다. 영주권을 받을 수 있는 구제 방법이 있나? 시민권자인 아들이 현재 15세 이다.
답) 불법체류자는 미국 내에서 영주권 신청을 못 한다. 본국으로 돌아가서 대사관을 통하여야 한다. 다만, 미국 내에서 할 수 있는 방법은 가족영주권은 직계친족(배우자, 부모, 21세 미만자녀), 취업영주권은 180일 이내인 경우, 또는 245(i)조항의 경우만 가능하다. 한국으로 돌아가면 입국 금지규정에 따라 3년 또는 10년간 미국에 들어오지 못할 수 있다. 미국 내에서 6년 있으면 아들을 통하여 영주권을 받을 수 있으나 추방명령을 받거나 추방되면 미국 내에서 받을 수 없다.

문) 학생비자로 있다. E-2로 신분변경이 가능하나?
답) 자격이 되면 미국 내에서도 가능하다. 한국방문 후 다시 오려면 대사관을 통하여 비자를 받아야 한다.

문) 5년 비자 받았는데 공항에서 체류허가 2년 스탬프를 찍었다. 체류연장은 어떻게 하나?
답) 한국이나 제3국을 나갔다가 들어오는 방법과 미국 내에서 연장할 수 있다.

문) E-2 사업주이다. 종업원을 스폰서 할 수 있나? 주인인 나를 스폰서 가능하나?
답) 종업원을 스폰서 할 수 있으나 자기 자신을 스폰서 할 수는 없다.

## 7) 유학생비자(F)

### 가) 유학생비자(F) 란?

미국의 공립·사립학교에 영어연수나 학위 등을 목적으로 공부하고자 할 경우 유학생비자를 받아야 한다. 유학생비자는 초등학교부터 대학원의 박사과정까지 폭넓게 나온다. 비이민비자이다. F비자는 직업학교에 입학하는 학생에 부여하는 M비자와 다르고, 또 교환연수 비자인 J비자와도 구별된다. 공부를 마치면 60일 내에 미국을

8. 비이민비자(Non-Immigration Visa), 영주권과 관계없다.

떠나야 한다.

9.11사태가 테러범들이 유학생비자를 이용하여 미국에 잠입한 관계로 유학생비자가 강화되었다. 유학생감시 프로그램인 Sevis에 미국 유학생의 신상정보와 입학부터 졸업 시까지 모든 학사 일정이 보고되고 감시된다. 미국 Sevis에 등록된 학교나 어학원 등 인정받은 기관만이 I-20을 발급할 수 있다. 그동안 무자격 어학원들이 I-20을 남발하고 본래 목적인 학업보다는 체류의 목적으로 이용하는 것을 방지하기 위한 것이다.

미 이민세관국이 발표한 통계에 의하면 2010년 2분기 유학생 중 한국이 10만 1천 명으로 중국(11만 8천명) 다음으로 많다. 인도(10만), 일본(2만9천명)보다도 많다.

## 나) 누가 받을 수 있나? (자격요건)

입학하고자 하는 해당 학교로부터 입학허가서를 받은 자여야 한다. 풀타임 학생이어야 한다. 풀타임의 최소 등록학점은 대학의 경우 12학점, 대학원은 9학점을 매학기 이수 하여야 한다. 어학원의 경우 주 최소 18시간 이상의 수업에 참여해야 한다.

다른 학교로 편입을 하거나 전학을 갈 경우 현재 다니는 학교 측에 전학의사를 전하고 전학 갈 학교에서 신규 입학허가서를 받은 후, 새 학교에 신고해야 한다. 새 학교에서는 Sevis에 학생에 관한 정보를 신고하여야 한다.

## 다) 어떻게 받나? (절차)

유학생비자를 받으려면 사전에 유학하고자 하는 학교로부터 입학허가를 받고 학교에서 I-20를 받는다. 학생은 이것을 근거로 대사관에 DS-160 비이민비자(Non-Immigration Visa) 발급신청을 하여야 한다. 2010년 4월 1일부터 모든 신청 절차가 바뀌었다. DS-160은 온라인 신청으로 하여야 한다. DS-160은 기존의 서류양식인 DS-156, DS-157, DS-159를 통합한 것으로 새로운 이 양식에 따라야 한다.

유학생은 필히 인터뷰를 하여야하며 동반가족도 인터뷰를 하여야 한다. 동반 가족 중 13세 이하 80세 이상이면 인터뷰가 면제되나, 그 외의 동반가족은 모두 인터뷰를 하여야 한다. 절차가 과거에 비해 많이 복잡해졌다. 동반가족은 F-2 비자를 받게 되는데, 이때에도 I-20가 필요하다. 자세한 필요 서류는 대사관 홈페이지에 가면 알 수 있다. F비자를 받게 되면 미국에 입국할 수 있는데 학기시작 30일 전에만 가능하다.

비이민비자로 입국 후 미국 내에서 학생신분으로 변경할 수도 있다. 대개는 방문비자로 입국한 후 변경한다. 여기에 주의가 요구된다. 바로 학생비자를 신청하면 안 된다. 3개월이 지난 후 신청하는 것이 바람직하다. 입국할 때 입국목적이나 비자발급을 허위로 하였다고 의심받을 수 있다. 또 신분변경을 허락받기 전에 학교를 다녀서는 안 된다. 무비자로 입국한 경우는 체류연장, 비자변경을 할 수 없다. 체류기간도 넘기면 안 된다.

8. 비이민비자(Non-Immigration Visa), 영주권과 관계없다.

상사주재원이나, 공무원, 대학교수 등 비이민비자 소지자들이 귀국할 때 자녀교육 때문에 부인들이 남아있고 신분을 유지하기 위하여 F비자로 신분을 변경한다. 1-2년 단기간은 큰 문제점이 없으나 장기적으로 있을 예정이면 대사관을 통하여 학생비자를 받아서 체류하는 것이 바람직하다.

## 라) SEVIS란 무엇인가?

Sevis에 등록된 모든 기관은 학생의 입학, 전학, 졸업, 등록여부, 출입국 등 학생의 신상에 관한 모든 사항을 보고하게 되어 있다. 2010년 현재 Sevis에 등록된 교육기관은 1만 200여 개에 달한다. 이민국에 심사를 받아 등록 하여야만 입학 허가서 I-20을 발급할 수 있다. 모든 학생이 새로 학교에 등록하면 30일 이내에 학생의 신상에 관한 모든 정보를 보고 해야 한다. 학교에서는 학생의 학사일정, 변경, 학업중단, 졸업, 범법행위 등을 이민국에 신고하여야 한다. 모든 것이 전산으로 처리되기 때문에 이민국에서는 즉시 확인할 수 있다. 이 모든 자료가 각 대사관에도 전산망을 통하여 통보되기 때문에 비자를 발급할 때 이러한 정보가 활용된다.

## 마) OPT란 무엇인가?

유학생 실무연수다. 유학생은 학업을 마치면 60일 내에 돌아가야 한다. 그러나 학사학위 이상 졸업자에게 1년 동안 머물면서 직업연

수 기회를 부여한다. 학교에서 추천서를 받아서 이민국에 제출하여 허락을 받아야 한다.

　OPT는 졸업 전에 신청하는 것이 좋다. 이민국에서 심사하는 기간을 고려해야 한다. 대개 학교의 추천이 전제되기 때문에 거절되는 경우는 별로 없으나 거절된 경우 승인될 것이라 당연히 믿고 하다가 잘못하면 60일이 경과하여 불체자가 될 수 있다.

　OPT 신청은 전공과목과 유사 하여야 한다. 대학 졸업 후 1년간의 OPT를 사용한 후에 대학원에 진학한 경우 대학원에서도 1년간의 OPT를 사용할 수 있다. 최근에(2008년부터) OPT규정이 바뀌었다. 과거에는 OPT 기간 1년 중에 풀타임 취업과 관계없이 미국 체류가 가능했으나 지금은 졸업 후 3개월 이내에 취업을 하여야 OPT 기간 1년이 보장된다.

　사실상 OPT 기간이 3개월로 단축된 셈이다. 그동안 많은 한인 학생들이 유학생활을 마치고 OPT 기간을 이용하여 취업을 하고 취업이민을 통하여 영주권을 받은 경우가 많았는데 이 기간이 단축됨에 따라 미국에서 취업을 하고 영주권을 받기가 더욱 어려워졌다. 미국의 경제상황이 좋지 않고 OPT 기간도 사실상 단축되어 유학생활을 마치고 미국에 정착하려는 계획을 포기하고 한국으로 귀국하고 있다.

　최근에 이공계 학생을 위하여 12개월 기간을 마치면 17개월을 더 연장할 수 있도록 하였다.

8. 비이민비자(Non-Immigration Visa), 영주권과 관계없다.

## 바) 출입국 등

유학생은 학업 시작 30일 전에 입국할 수 없다. 학업을 마치면 60일 이내에 미국에서 출국해야 한다. 더 이상 머무르면 불법체류가 된다. 따라서 유학생은 학업을 마치고 60일 이상 미국에 머무르려면 비자를 변경하거나, OPT를 신청하여야 한다. 초중고 학생들에게는 OPT가 인정되지 않는다.

따라서 조기유학을 온 학생들은 상급학교에 진학 하지 아니 하거나 비자변경을 하지 아니하면 60일 이내에 출국해야 한다.

## 아) F비자 관련 문·답

문) 자녀가 F-2동반가족으로 왔다. 대학을 가야하는데?
답) 자녀가 21살이 넘거나 대학에 갈 때 독립적으로 F-1받아야한다.

문) 학생비자 5년 받았다. 체류허가서는 D/S인데 학교에서 I-20을 종료했다. 비자기간은 남아 있는데? 다른 학교로 유학할 수 있나?
답) 방법은 출국 후 다시 비자를 받거나 Reinstate시키는 방법이 있다. 학생비자는 기간이 만료해도 I-20가 유효하면 된다. 그러나 이 경우는 I-20가 종료되었다.

알기쉬운 미국이민법 · **영주권을 원하십니까?**

**문) 학생인데 취업하면 어떻게 되나?**
답) 학생신분은 취업이나 노동을 할 수 없다. 학교 내에서 일을 하거나 극심한 경제사정으로 이민국에서 허락받은 예외적인 상황에서만 일을 할 수 있다. 허락 없이 일을 하면 추방될 수 있다. 또 후에 영주권이나 시민권을 신청할 때 또는 미국 입국 할 때 불이익을 받을 수 있다.

**문) 학업을 포기하고 귀국 후 1년 되었다. 다른 학교로 편입하려는데 새 학교에서 I-20 받았다. 입국가능한지? 유학비자는 5년이고 기간이 남았다.**
답) 비자를 다시 받아야 한다.

**문) 학교 졸업 후 1년이 지났다. OPT를 사용할 수 있나?**
답) 안 된다.

**문) 학생신분이다. 영주권 신청이 가능한지?**
답) 영주권을 신청할 수 있는 자격요건이 되면 제약이 없다. 다만 학생비자로 입국 후 바로 신청하면 입국 의도를 의심받아 거절될 수도 있다. 입국 후 3개월이 지난 후 신청하는 것이 좋다.

**문) 학생인데 노동허가 받을 수 있나?**
답) 안 된다. 심각한 경제곤란 사유인 경우 이민국의 승인이 있어야 한다.

8. 비이민비자(Non-Immigration Visa), 영주권과 관계없다.

**문)** 방문비자로 미국에 입국 후 학생신분으로 변경했다. 급한 일로 한국을 방문해야 하는데 가능한가 ?

**답)** 미국 내에서의 학생신분은 미국을 떠나는 순간 종료된다. 새로 입국할 때 미국대사관에서 학생비자를 받아야 한다. 이 경우 대사관에서 비자를 잘 내주지 않는다. 비자 받기가 무척 어렵다.

**문)** 영주권(I-485)을 접수했다. 학생신분을 유지해야 하나?

**답)** 영주권 최종단계인 신분조정 단계를 접수하면 별도로 합법신분을 유지할 필요가 없다.

**문)** OPT를 허락받았다. 직장을 구하지 못했다.

**답)** 90일 내에 취업을 하지 않으면 취소된다.

**문)** 개정된 OPT 내용은?

**답)** 이공계 출신은 기존 1년의 OPT 끝나면 추가로 17개월 연장이 가능하다. STEM OPT 라고 불리 운다. 과학, 기술, 기계 공학, 수학(Science, Engineering, Mathemathics, Technology)을 전공한 학생들이다. OPT는 졸업 90일 전이나 졸업 후 60일 이내에 신청해야 한다. OPT를 허락받고 90일 이상 취업이 안 되면 OPT는 취소된다.

## 8) 단기 전문직 취업비자 (H-1B)

### 가) 단기전문직 취업비자란?

 단기전문직 취업비자인 H-1B는 단기적(6년)으로 전문직에 취업을 하고자하는 사람들에게 발급되는 비이민비자 (Non-Immigration Visa)이다. H-1B는 매년 쿼터량이 정해져있다. 그동안 단기간에 마감 되었으나 2009년도 이후 3년 동안 미국의 경제 악화로 쿼터량의 소진이 부진하였다. 매년 회계연도 개시일인 10월 1일부터 이듬해 9월 30일안에 신청자가 할당된 범위를 넘으면 다음 연도까지 기다려야 한다.

 H-1B는 비이민비자이다. 따라서 이것으로는 영주권을 받을 수 없다. 영주권을 받으려면 별도의 취업이민 절차를 밟아야 한다. 이 비자의 기간은 처음에 3년을 주고 3년을 연장할 수 있다. 최장 6년이다. 6년을 초과한 경우에는 한국에 1년 이상 있어야 한다. 예외적으로 1년 이상 거주 의무가 면제되는 경우도 있다. 영주권을 받으려면 기간 만료 전에 취업이민 절차를 밟아야 한다. 영주권을 신청한 경우에 영주권을 받을 때까지 1년씩 기간을 연장할 수가 있다.
 참고로 영주권과 관계없는 취업비자는 다음과 같은 종류가 있는데 H-1B(전문직)외에는 우리 한국 사람들에게는 큰 의미가 없다.

 H-1C : 간호사들에게 부여하는 단기취업비자.

8. 비이민비자(Non-Immigration Visa), 영주권과 관계없다.

H-2A : 임시직 농업 근로자.
H-2B : 임시직 비농업근로자
H-3 : 산업연수생
H-4 : H-1, H-2, H-3 배우자 또는 21세 미만의 자녀

## 나) 누가 받을 수 있나? (자격요건)

H-1B는 영주권을 취득하기 위한 전 단계의 준비로서 대학 이상 졸업자들이 주로 이용하였다. 이 비자는 이중의도가 인정된다. 이 비자는 비이민비자이지만 영주권 취득도 가능하다는 전제하에 발급되는 비자이다. 이 비자를 소유하고 있는 동안 고용주가 스폰서가 되어 준다면 아무런 문제없이 취업영주권을 신청할 수 있다. B(방문비자), J(교환교수비자)등의 경우 영주권 받을 의도가 없다는 전제하에 비자를 주는데, 신분변경 등을 통하여 영주권 신청을 하면 처음 비자 발급 시 거짓말을 했다고 의심을 받을 수 있으나 이 비자는 그렇지 않다.

이 비자의 자격요건은 전문 직종에 해당하는 곳에 취업하여야 한다. 세탁소, 식당, 주유소, 빵집 등은 전문 직종이라고 볼 수 없다. 적어도 그 직종이 학사학위 이상이 필요한 경우이다. 의사, 변호사, 약사, 회계사, 컴퓨터엔지니어, 목회자, 호텔 매니저 등이다. 학위가 없으나 그 분야에서 종사한 경험이 있으면 3년의 경험이 대학의 1년 과정으로 인정된다. 따라서 고등학교를 졸업하였고 그 분야에서 12

년의 경험과 지식이 있다면 인정될 수 있다. 이에 대한 증거 서류를 본인이 제출하여 증명 하여야 한다.

## 다) 어떻게 받나? (절차)

고용주가 먼저 노동부에 노동환경평가서(LCA)의 승인을 받아야 한다. 이 승인서와 함께 이민국에 H-1B 비자 승인 신청(I-129)을 한다.

이 비자의 발급을 위해서는 이민국의 취업허락이 먼저 있어야 대사관에서 비자를 발급할 수 있다. 서울에서 진행할 경우 이민국의 승인 서류와 함께 DS-160을 제출하여야 한다.

비이민 취업 비자인 관계로 서울에서는 이민국의 승인이 없으면 비자를 내줄 수 없고,

미국 내에서 신분변경을 하면 재입국 시 대사관에서 비자발급을 거부할 가능성도 있다. 우리한국 사람의 입장에서는 이해가 안 되는 부분도 있으나 우리로서는 어쩔 수 없다.

비자업무는 국무부 소관이고, 취업허락 및 이민업무는 이민국의 소관사항이어서 그렇다고는 하지만 이해가 되지 않는 부분이 많이 있다.

가장 좋은 방법은 이민국에서 취업승인을 받은 후에 이 서류를 가지고 서울에 와서 대사관에서 비자를 받는 것이 가장 바람직하나, 미국에서 수속을 원하는 사람이나 한국에서 수속을 원하는 사람 모

8. 비이민비자(Non-Immigration Visa), 영주권과 관계없다.

두 불편하다. (이민국 서류를 한국에 송부하여 대사관의 허락을 받아야 하기 때문임)

## 라) 구비서류

한국에서 수속 할 경우 ; DS-160, 이민국승인서 I-797, 여권사본 등이다. 자세한 내용은 대사관 홈페이지에 있다.

## 마) 유의사항

그동안 이 비자를 통하여 미국에 유학중인 많은 한인들이 영주권을 받았다. 우선 이 비자를 취득하고 해당 업체에 근무하면서 노동허가를 받고 취업이민 조건을 갖추어서 취업영주권을 신청하여 영주권을 받았다. 그러나 앞으로는 어려워질 것으로 보인다. 왜냐하면 이 비자의 기간은 3년인데 1번 연장하여 6년까지 가능하나, 취업이민의 적체가 심하고 최근 노동허가서를 받기가 무척 힘들어졌기 때문이다. 미국인 노동자 부재증명을 입증하기가 어려워졌다. 갈수록 어려워질 전망이다.

많은 한국유학생들이 미국 유학 후 미국에 정착을 원하여도 영주권을 받을 수가 없어서 귀국하는 경우가 많다. 몇 년 전만 해도 취업비자는 오픈되는 당일에 모두 마감되었으나 지금은 연중 열려있다. 미국경기가 좋지 않은 관계로 H-1B비자의 취득이 어려워졌고 또 이것을 얻는다 해도 다음 단계인 영주권 취득이 어려워졌기 때문에 포기하는 것으로 보여진다.

## 바) H-1B 관련 문·답

**문)** 방문비자로 미국에 입국 후 H-1B로 신분변경을 할 수 있나?
**답)** 할 수 있다. 방문비자로 입국 후 신분 변경한 경우가 약 20% 정도로 파악되고 있다. 방문 후 바로 시작하는 것보다 3개월 후에 시작하는 것이 바람직하다. 무비자 방문은 H-1B로 신분변경을 할 수 없다.

**문)** H-1B로 미국에서 일하다 한국에 왔다. 비자 기간은 남아 있는데 다시 입국이 가능한지?
**답)** 고용계약이 종료되면 안 된다. 입국해도 체류신분에 문제가 된다. 비자를 다시 받거나 다른 비자로 미국에 입국할 수 있다.

**문)** 컴퓨터엔지니어 석사 학위가 있다. 회계사 사무실에 H-1B 비자를 받을 수 있나?
**답)** 어렵다. 학사 이상의 학위가 있어서 자격요건은 되나, 취업하고자 하는 직종이 취업자의 전공과 연계성이 있어야 하고, 취업자리가 학사학위 가진 정도의 전문화 된 것이어야 한다. 컴퓨터 회사의 취업은 가능하다고 볼 수 있다.

8. 비이민비자(Non-Immigration Visa), 영주권과 관계없다.

**문)** 비자를 연장해 6년이 다가온다. 더 있을 수 없나?
**답)** 한국에 1년 이상 나가 있어야 한다. 이에 대한 예외사항으로 취업 영주권을 신청한 지 1년이 경과한 경우는 1년씩 연장이 가능하다. L비자로 바꾸거나 고용주를 변경해도 6년 이상 안 된다.

**문)** OPT 기간이 5월 1일 만료된다. 금년도 H-1B를 4월에 신청 하였다. 일을 시작할 수 있는 10월 1일까지 체류 신분유지를 위 하여 한국에 가 있어야 하나?
**답)** 그럴 필요 없다. 2008년 4월 18일 부터 H-1B 신청을 하면 취업을 할 수 있는 10월 1일 까지 체류기간이 연장된다. 미국에서 기다리면 된다. 이 기간에 한국에 가면 한국에서 승인을 기다려야 한다. 기각되면 합법 체류 신분이 끝난다. 60일 이내에 출국해야 한다.

**문)** 2011년도 새로이 변경된 H-1B의 내용은 무엇인가?
**답)** 2011년에 수수료가 인상되었고, 신청서류 (I-129) 내용이 약간 바뀌었다. 파트 6항이 추가되었다. (수출 통제 규정 관련사항) 사업주가 미국정부의 공적자금을 받은 경우 접수 90일 전부터 접수 후 90일까지 종업원을 해고 안 했다는 입증을 해야 한다. 50명 이상 종업원을 고용한 업주가 50% 이상을 H 비자로 고용할 경우 $2,000씩 추가료를 납부하여야 한다. 전반적으로 고용주에게 부담을 주는 내용이다.

문) H-1B 비자 신청이 저조한 이유는?

답) 경기침체, 취업비자 심사강화, 비자신청 수수료 인상 등으로 고용주가 스폰서를 기피하기 때문이다. 3년 전만 해도 4월 1일 신청 당일 마감되었고 추첨까지 하였으나 금년도는 4월 말까지 9000건이 겨우 접수되었고(14%), 석사 6,600건으로 (33%)가 접수되었다.

## 9) 교환연수비자(J)

### 가) 교환연수비자란?

교환연수비자는 한국정부나 미국정부 또는 기업체나 대학교로부터 후원을 받거나 재정적인 지원을 받아 미국을 방문하는 학자, 과학자, 학생, 사업가 또는 공무원 등을 위한 비자이다. 문화교류비자라고도 한다. J비자는 그동안 대학교수들이 많이 이용하여 교환교수비자라고도 한다.

J비자는 다른 비이민비자 (Non-Immigration Visa) 와는 달리 2년간 본국 거주의무가 있다. 2년 본국거주의무란 미국 이민법 212(e)규정에 해당되는 경우이다. 2년 거주의무에 해당되는 자는 기간이 끝난 후 H, L, K와 같은 비이민비자 또는 영주권을 받으려면 먼저 본인의 나라로 귀국하여 2년을 체류 하여야한다.

8. 비이민비자(Non-Immigration Visa), 영주권과 관계없다.

2년 거주의무기간에 해당되는지 여부는 여러 가지 조건에 의하여 결정된다. 정부로부터 재정지원이나 연구 활동을 한 분야에 따라 결정된다.

본국거주의무를 두는 이유는 미국에 체류하는 동안 경험한 지식을 자기의 나라에 돌아가서 다른 사람들과 공유하여야 한다는 것이다. 교환연수비자 본국거주 의무가 있는 비자 소지자가 미국에서 신분변경을 하거나 취업 또는 이민을 하려면 사전에 본국 거주의무에 대한 면제신청을 하여야한다.

## 나) 누가 받을 수 있나? (자격요건)

교수, 연구원, 학생 등이 주로 받는다.

## 다) 체류기간은?

각 프로그램별 체류기간은 다음과 같다.

- 외국인 의사 ; 7년, 연장신청이 가능함
- 정부 간 교류방문자 ; 18개월
- 국제 간 교류방문자, 1년. 교수: 5년
- 연구학자; 5년
- 단기학자; 6개월, 전문가; 1년
- 고등학생; 최소 한학기, 최대 1년

- 학생 (학위프로그램) ; 학위를 마칠 때까지 걸리는 기간
- 학생 (비학위 프로그램); 24개월
- 교사; 3년
- 훈련참가자; 18개월, 단 비행훈련 참가자는 24개월

## 라) 어떻게 받나? (절차)

교류연수를 하는 미국의 기관 즉, 대학이나 연구소 등의 기관이 먼저 국무부로부터 승인을 받아야 한다. 승인을 받은 기관은 비자 신청자에게 DS-2019 발급해준다. 신청자는 미대사관에 비자 신청을 한다.

## 마) WAIVER 조항이란? 어떻게 해제하나?

교환 연수기간이 끝난 후 H, L, K와 같은 비자를 받거나 영주권을 취득하기 위해서는 2년 거주 의무조항 면제 신청을 하여야 한다. J비자라고 해서 모두 2년 거주의무조항을 적용받는 것은 아니다. 다음과 같은 경우에 적용된다.

미국정부나 한국정부로부터 자금지원을 받는 경우, 미 국무성에 특정연수목록(Skilled List)에 포함된 연수, 의대대학원에서 교환연수 프로그램으로 온 경우 등이다.

### 면제방법 (WAIVER)

본국 면제조항을 사면받으려면 미국 국무부의 추천이 있어야 하고

8. 비이민비자(Non-Immigration Visa), 영주권과 관계없다.

이민국에서 결정한다. 다음과 같은 4가지 방법으로 면제 신청하는 방법이 있다.

- **미국 정부기관의 요청** ; 미국 정부기관이 필요에 의하여 요청하는 경우이다.
- **한국 정부에서 반대하지 않는다는 서신(No Objection Letter)** ;
  한국정부에서 체류를 반대하지 않는다는 서신이 있으면 가능하다
- **박해·처벌(PERSECUTION)** ; 인종, 종교, 정치적 이유로 귀국하면 본국에서 처벌받을 경우
- **심각한 어려움(Exceptional Hardship)** ; 시민권자(영주권자) 배우자나 자녀가 심각한 어려움을 일으 킬 경우 면제 신청을 할 수 있다.

본국거주의무 면제를 받으면 동반가족도 면제된다. 면제 후 다른 비이민비자(Non-Immigration Visa)로 변경하거나 이민비자(Non-Immigration Vis) 등을 통하여 영주권 취득을 할 수 있다.

## 바) 유의사항

- J비자 소지자는 연수 시작 30일 전에 입국하지 못한다. 본국거주의무 조항 여부는 DS-2019에 보면 알 수 있다. 비자에 2년 거주 의무조항이 기록되어서 비자가 나온다.
- 사립대학 교수들은 2년 조항을 적용받지 않는 경우가 많다. 국립

대 교수들은 정부자금으로 지원되기 때문에 의무조항에 해당된다.
- 공무원은 2년 조항의 적용을 받으며 한국정부기관에서 No Objection Letter를 써 줄 리가 없기 때문에 면제받기가 어렵다. 재주 좋은 공무원들은 서신을 받아 오기도 한다.
- 체류기간의 연장도 가능하나 개별 프로그램의 최장기간을 초과하지 못한다.
- 면제를 신청하려면 충분한 여유를 가지고 비자기간 만료 전에 하여야 한다.
- 면제되었다고 미국 체류가 허용되는 것은 아니다. 별도의 합법적 신분변경을 하거나 체류비자를 받아야한다.
- J비자 소지자들이 자녀들의 교육문제 때문에 미국에 체류하는 경우가 많다. 통상적으로 비자 웨이브를 받고 미국 내에서 신분변경을 하는데 이 경우 한국을 출입할 경우 대사관을 통하여 비자를 받아야 한다. 1-2년의 단기간이라면 몰라도 장기적으로 체류하기 위해서라면 대사관을 통하여 정상적인 비자를 받는 것이 좋다.

## 사) J비자 관련 문·답

**문)** J비자 소지자이다. 미국에서 신분변경으로 다른 비자로 바꾸려는데?

**답)** J비자는 2년 거주 조항이 있는 경우 면제받지 못하면 미국내 에서 다른 비자로 신분변경을 못 하고, 또 H, L 비자나 영주권 신청을 못 한다. 이민법에 규정되어있다.

8. 비이민비자(Non-Immigration Visa), 영주권과 관계없다.

문) 본인은 J-1비자이고 배우자 및 자녀들은 J-2로 있었다. 본인은 한국으로 귀국하여 2년 거주 조항을 이행했다. 아이들과 엄마는 한국에서 F비자를 받고 미국에 있는데, 미국에서 모든 가족이 영주권을 신청할 수 있나?

답) 자녀들과 부인은 2년 거주 조항을 지키거나, 면제(사면)를 받아야 한다.

문) 사립대학 교수이다. 법학계열 교수인데 미국 연수준비 중이다. J비자 거주조항 해당되나?

답) 안 된다. 사립 대학교 교수는 정부로부터 자금 지원을 받아서 연수비용을 충당한 것이 아니다. 국무부 기술지원 목록에도 없다. 정부로부터 자금지원을 받으면 해당된다.

문) 2년 거주조항 면제절차는?

답) 여러 가지 방법이 있으나, 귀국을 반대하지 않는다는 서신을 통한 면제 방법을 많이 사용하고 있다.

## 10) 약혼자비자(k)

### 가) 약혼자비자란?

약혼비자는 시민권자의 약혼자가 결혼을 위하여 미국에 들어올 수 있도록 발급하는 비자이다. 미국 시민권자는 약혼자를 위하여 먼저 이민국에 청원서를 제출하고 허락을 받아야 한다. 약혼자가 미국밖에 거주하는 경우 대사관을 통하여 k-1비자를 받는다.

약혼자는 입국 후 90일 이내에 결혼 하여야 한다. 90일 이내에 결혼이 이루어지지 않으면 미국에 머무를 수 없다. 출국해야 한다. 연장 신청도 되지 않는다. 한번 미국을 떠나 다시 오려면 다시 비자를 받아야한다.

### 나) 누가 받을 수 있나? (자격요건)

미국 시민권자와 혼인을 약속한 약혼자가 받을 수 있다. 이미 결혼하였으면 배우자 초청으로 들어와야 한다. 배우자 초청의 경우 1년 정도의 시간이 소요되나, 약혼자는 6개월 정도 기다리면 비자가 나와 미국에 빨리 입국할 수 있다. 지역에 따라 차이가 있어서 실질적으로 기간의 차이가 없는 경우도 있다.

시민권자가 청원서를 제출해야 한다. 영주권자는 안 된다. 초청자인 시민권자나 초청대상자 모두 미혼 이어야 한다. 이미 일방이 결혼한 경험이 있으면 결혼관계가 해소 되어야 한다.

### 다) 어떻게 받나? (절차)

8. 비이민비자(Non-Immigration Visa), 영주권과 관계없다.

약혼자가 미국 밖에 있을 때 미국에 입국하기 위하여 발급되므로 미국 대사관의 인터뷰가 필요하다. 약혼자가 미국 내에 있다면 혼인 후 신분변경을 통하여 영주권을 신청할 수 있다.

미국에 입국한 후 90일 내에 결혼을 하면 이민국에 영주권을 신청할 수 있다. 배우자가 된 후 영주권 취득을 원치 않으면 90일 이내에 미국을 떠나야 한다. 결혼을 한 경우 배우자에게는 2년 기간의 임시영주권을 부여한다.

### 라) 약혼자비자 관련 문·답

문) 약혼자의 21세 미만자녀는 동반하여 비자를 받을 수 있나?
답) k-2비자를 같이 받을 수 있다.

문) 약혼비자로 온 후 다른 자와 미국에서 결혼하면?
답) 다른 시민권자와 결혼할 수 없다. 미국 내에서 취업영주권도 안 된다.

## 11) 주재원비자(L)

### 가) 주재원 비자란?

주재원 비자는 한국기업이 미국 내에 지사를 설치한 경우, 직원을 미국내 지사에 파견하여 근무 하도록 할 때 주는 비자이다. 미국에 신규로 지사를 설립하고자 할 때도 이 비자를 이용할 수 있다. 이 비자는 일정한 자격요건이 갖추어지면 취업이민 1순위로 영주권을 신청할 수가 있다. 주재원비자의 경우 노동허가나 쿼터의 제한이 없다. 미국에 이익이 되는데 쿼터를 둘 필요가 없고 미국의 고용을 빼앗기보다는 고용을 오히려 증대시키기 때문에 노동허가도 필요 없다. 관리인(Manager)이나 중역(Executive)급의 고위관리자들은 기간이 최장 7년이고 전문지식을 소유한 자는 5년이다. 이 비자는 비이민비자 (Non-immigration visa) 이나 이중 목적이 인정된다. 영주권 신청이 가능하다. 실제로 한국의 많은 기업의 지사 근무자들이 이 비자를 통하여 영주권을 받고 있다. 취업이민 1순위 중 3부류 (다국적기업의 간부) 자격요건에 해당되면 노동허가가 없이 바로 영주권을 신청할 수 있다.

## 나) 누가 받을 수 있나? (자격 요건)

### 회사

한국회사의 자본금 규모나 수출 등 무역규모는 중요하지 않다. 중소기업 규모도 가능하다. 현지법인이나 미국지사도 해당된다. 한국회사에서 설립한 현지 자회사도 해당된다.(지분 50% 이상 소유)

### 주재원

중역 또는 지배인이나(L-1A), 당해 회사 운영에 전문지식을 가지

8. 비이민비자(Non-Immigration Visa), 영주권과 관계없다.

고 있는 자가 1년 이상 한국의 본사나 본사와 연결된 계열회사에서 풀타임으로 지속적으로 근무하여야 한다.

### 다) 어떻게 받나?(절차)

서울 미대사관에서도 진행할 수 있고, 미국 내에서도 진행할 수도 있다. 이 비자는 사전에 이민국의 승인을 받아야 한다(I-129). 서울에서 진행할 경우 이민국의 승인 서류를 서울에 송부하여 DS-160과 같이 대사관에 제출하여야 한다.

### 라) 장. 단점

L-1A에 해당되는 간부급은 취업이민 1순위로 영주권 신청을 할 수 있다. 노동허가(LC)가 필요 없다. 현대나 삼성 등 대기업 직원은 비자 취득이 용이하다. 쉽게 나온다. 2중의도가 인정되는 비자이다. 또 일괄 신청할 수 있다.

영주권 취득과 관련하여서는 가장 좋은 비자이다. 단점이라면 비자기간이 최장 L-1A는 7년이며, L-1B는 5년이다. 새로 설립된 지사가 1년이 안 된 경우 1년짜리 비자를 받고, 1년 후에 연장하여 준다. 한국기업이나 공기업, 은행, 기타 비영리 법인들의 미국지사나 현지법인들은 L비자를 신청할 수 있다. 취업 1순위 조건만 맞으면 언제든지 영주권이 나온다. 매년 상사 주재원들이 약 800-1,000명

정도 L비자를 통하여 영주권을 취득하고 있는 것으로 추정된다.

## 마) 기타사항

배우자는 취업허가(Work permit)를 받을 수 있고 노동할 수 있다. 자녀를 공립학교에 보낼 수 있다. 영주권을 취득하려면 이보다 더 좋은 비자가 없다. 한국의 대기업뿐만 아니라 중소기업도 관계없이 이 비자가 나온다. 미국에 상사 주재원으로 근무할 때 영주권을 얻을 좋은 기회가 된다. 비이민비자 중에서 최고로 혜택을 주는 비자이다.

## 바) 주재원비자 문·답

**문) 대기업 주재원만이 L비자를 받을 수 있나?**
답) 중소기업, 소규모기업도 가능하다. 한국의 본사와 미국의 지사 관계를 확립하고 한국 본사에서 50% 이상 지배하고, 주재원은 3년 이상 근무경력 중 한국에서 1년 이상 근무하면 된다.

**문) 대기업 지사로 발령 났는데 한국에서 1년 근무조건을 채우지 못했다. 방법은?**
답) E-1비자나 E-2 종업원 비자를 고려해 볼 수 있다.

8. 비이민비자(Non-Immigration Visa), 영주권과 관계없다.

문) L비자는 영주권 취득이 쉽다는데?
답) L-1A의 경우 지사의 간부급인데 1순위 자격 요건과 비슷하다. 자격이 맞으면 어려운 노동허가가 생략되므로 6개월-1년 사이에 영주권을 받을 수 있다.

문) L비자의 심사가 강화되었다는데?
답) 몇 년 전부터 L-1A 비자심사를 강화하고 있다. 간부급(Executive Manager)의 개념이 다소 애매하다. 과거에는 지사 근무자가 1인인 경우도 비자를 내준 경우도 있었으나 최근에는 지휘 감독할 직원의 수 와 간부급 직원의 업무 재량범위 등을 고려한다.

문) 한국기업의 미국 현지 법인인데 가능한지?
답) 주식 보유를 본사에서 50% 이상 가지고 있으면 된다. 현지 법인의 주식을 미국인이나 영주권자가 50% 이상 보유하면 안 된다.

문) 방문비자로 입국 후 미국 현지에서 L비자로 신분변경을 할 수 있나?
답) 가능하다. 그러나 미국에서 출국한 후 재입국하려면 미국 대사관(서울)에서 다시 비자를 받아야 된다.

## 12) 특별 기능보유자비자(O)

### 가) O비자란?

O 비자는 과학, 예술, 교육, 사업, 운동 분야에서 특별한 재능을 가진 외국인이 그 분야에서 일하기 위하여 미국에 입국하는 경우 부여하는 비자이다. 비이민비자이고 취업비자와 같이 스폰서가 있어야 한다. 비이민 취업비자이다. 따라서 미국 이민국의 승인을 받아야한다(I-129).

여기에는 과학, 교육, 사업, 운동의 비상한 능력자에게 주는 O-1A와 예술인, TV, 영화 관련 종사자에게 주는 O-1B가 있다. 이 비자는 프로운동선수, 연예인, 예술인, 태권도사범 등이 많이 이용한다.

### 나) 자격요건

O-1A (과학, 교육, 사업, 운동 분야의 특수 재능보유자)

국제적으로 널리 알려진 상을 받았거나 다음 중 최소 3가지 요건이 충족되면 해당될 수 있다.

• 국내 또는 국외에서 인정받는 상을 받은 경우,

8. 비이민비자(Non-Immigration Visa), 영주권과 관계없다.

- 국제적으로 인정받은 협회의 회원인 경우,
- 신문, 잡지 등에서 업적에 대한 기사등이 있는 경우,
- 논문 등이 관련 전문지나 언론에서 보도된 사실이 있는 경우,
- 다른 사람보다 해당 분야에서 급여를 높이 받는 경우,
- 패널이나 심사관으로 참여한 사실이 있는 경우,
- 권위 있는 기관에서 근무한 사실이 있는 경우,
- 기타 중요한 업적이 있는 증거자료,

O-1B (예술, TV, 영화분야에서 특별재능 소지자)
Academy, Grammy, Emmy등 국제적 명성이 있는 상을 수상했거나, 다음 중 3가지 사항이 충족되면 해당될 수 있다.

- 주요 작품에서 주연이나 주요한 역할을 한 경우,
- 신문, 잡지 등을 통하여 국내외적으로 인정받은 경우,
- 방송 등에서 작품의 성과에 관한 기록 즉, 박스오피스, 영화나 TV 시청률 등에 관한 자료, 단체, 정부기관이나 권위 있는 전문가로부터 능력을 인정받은 증거가 있는 경우
- 다른 사람보다 높은 급여나 보수를 받는 경우들이다.

## 다) 절차

이민국에 스폰서가 청원서를 제출하고 승인을 받아야 한다. 노동조합 등의 의견서를 첨부하여야 한다. 노동조합이 없으면 면제된다.

청원서 승인 후 대사관에서 비자를 발급받는다. 수행원은 O-2비자, 가족은 O-3비자를 받는다.

### 라) 유의사항

O비자는 근무 시작 10일 전에 입국이 가능하다. 종료 후 10일 내에 출국해야 한다. 기간은 3년이고 매년 1년 단위로 갱신할 수 있다.
비자쿼터가 없다. 이민의도가 있는 비자이다. 따라서 입국 직후 바로 취업영주권을 신청할 수 있다. 취업영주권 1순위 자격에 해당되면 노동허가가 필요 없다.

## 13) 연예인. 체육인비자(P) 및 문화교류비자(Q)

### 가) 개념

P비자는 운동선수나 연예인이지만 O비자처럼 특수재능 요건에 해당 되지 않는 체육인이나 연예인이 받을 수 있는 비자이다. 쿼터가 없고 LCA도 필요 없다. 최장 5년 복수비자가 발급된다. P비자는 P-1(국제수준급 체육인, 연예인), P-2(교환공연비자) P-3(문화 공연비자) P-4(배우자, 자녀)가 있다.
Q비자는 국제 문화교류비자이다. 문화교류 프로그램을 운영하는 미국 고용주에게 최장 15개월까지 취업하여 미국 문화를 배우거나 미국 대중을 상대로 한국문화를 공유하기 위한 비자이다. 미국의 스

8. 비이민비자(Non-Immigration Visa), 영주권과 관계없다.

폰서가 필요하고 이민국의 승인을 받아야 한다.

### 나) 절차

모두 스폰서가 필요하고 사전 이민국 승인 얻어야한다.

### 다) 유의사항

연예인이나 운동선수들이 미국에 입국할 때 입국 목적에 맞는 비자를 선택 하여야 한다. 연예인을 미국으로 공연하고자 입국 하려 할 때 중요한 기준은 연예인이 프로 또는 아마추어 여부 그 다음으로 재능 여부에 따라 O비자 또는 P비자인지 결정한 후 어떤 비자가 합당한지 결정하여야 한다.

아마추어나 직업연예인이 출연료를 받지 않고 친목이나 자선행사의 경우 B 비자로도 가능하다고 할 수 있다. 직업연예인은 몇 가지 예외적인 경우를 제외하고 방문비자로 공연을 할 수 없다. 사전에 이민국의 승인을 받은 후 합당한 비자를 얻어야 한다.

## 14) 종교비자(R)

### 가) 종교비자란?

종교비자는 종교 관계 종사자들에게 주는 비자이다. 이 비자는 미국에 종교업무를 수행하기 위해 오는 성직자, 전문 종교업무 종사자, 비전문 종사자에게 자격이 주어진다. 과거에는 종교 활동에 있어서 그 분야를 폭넓게 인정하였으나, 지금은 성직자외 전문종사자, 비전문종사자에게 엄격한 자격을 요구하고 있다. 과거에는 종교비자의 경우 미 이민국의 청원서 제출을 하지 않고 바로 대사관에서 비자 신청이 가능했는데 2008년 12월부터 비자 발급 전에 이민국으로부터 청원의 승인을 받도록 하였다. 그 이유는 그동안 종교 비자나 종교이민의 경우 허위 서류 등의 제출이 많아서 이 비자의 심사를 강화하기위한 조치로 보인다.

## 나) 누가 받을 수 있나? (자격요건)

종교비자의 신청자는 미국의 종교단체(스폰서)와 같은 종파의 구성원이어야 한다.

**성직자 ;**
모든 종교의 성직자에게는 자격이 부여된다. 목사, 신부, 스님 등 해당 종교의 종교의식을 거행하는 사람으로 해당 종교 단체로부터 자격이 부여 된 사람이다.

**전문종사자:**
학사 이상의 학위를 부여받고 종교 관련 업무를 담당하는 자이다. 지휘자, 반주자, 전도사 등이 해당될 수 있다.

8. 비이민비자(Non-Immigration Visa), 영주권과 관계없다.

## 다) 어떤 절차로 받나?

한국에서 신청할 경우 먼저 이민국에서 승인을 받아야 한다. 이민국의 승인서와 DS-160을 제출한다. 미국 대사관 인터뷰를 거쳐야 한다. 미국 내에서도 신분변경을 통하여 신청할 수 있다.

## 라) 체류기간은?

최고 5년이다. 처음에 3년을 주고 2년을 더 연장할 수 있다.

## 마) 종교영주권(종교이민) 및 종교비자와의 관계는?

종교비자는 취업비자와 성격이 유사한 비이민비자이다. 종교영주권과 자격요건 등이 비슷하다. 그래서 그동안 종교비자는 종교 영주권을 받기 위한 전 단계로 많이 이용했다.

과거에는 종교비자를 받을 경우 이민국의 승인이 필요 없었다. 대사관 영사의 판단으로 부여하였다. 지금은 이민국의 사전 승인을 받아야 하므로 종교비자 받기가 어려워졌다. 사전에 이민국의 승인을 받고 또 대사관의 비자 인터뷰를 받아야 하기 때문에 시간도 더 걸리고 경비도 더 들게 되었다. 다른 비자에서 종교비자로 신분변경도 과거보다 심사를 까다롭게 하고 있다.

지금은 심사가 강화되었다. 종교영주권은 서류위조 등 사기성 이민 신청이 많았던 관계로 지금은 절차를 강화하고 심사를 까다롭게 한다. 그러나 신청자의 자격요건이 확실하고 스폰서인 종교단체의 자격요건만 맞으면 쉽게 1년 안에 영주권을 받을 수 있다. 많은 경우 영주권신청자의 자격보다는 후원 스폰서 (종교단체)의 자격 때문에 종교비자나 종교영주권 취득이 어렵다. 제일 큰 문제는 스폰서(교회)의 재정 상태이다. 재정상태가 튼튼하여 봉급을 제대로 줄 수 있는지, 이 부분이 제일 큰 관건이다.

### 바) 기타사항

체류 기간은 5년 이상을 초과하지 못한다. 종교비자 5년 후에 다시 종교비자를 신청하려면 1년 동안 미국 밖에서 거주해야 한다. 더 미국에 체류하려면 종교영주권을 신청하여야 한다.

종교영주권과는 달리 종교비자는 2년간 실제의 목회 경력이 필요 없다. 2년 동안만 해당 종교의 같은 종파의 구성원이었으면 가능하다. 따라서 안수를 받은 목사는 실제로 2년간 목회활동을 하였다는 경력이 필요 없다. 동반가족인 배우자와 21세 미만 미혼자녀는 R-2를 받을 수 있다. 동반자녀는 공립학교 입학은 가능하다. 배우자는 취업을 할 수 없다.

### 사) 종교비자 관련 문·답

문) 종교비자(R비자)와 종교영주권의 관계는 ?
답) 종교비자는 영주권이 부여되지 않는다. 종교비자와 종교영주권

8. 비이민비자(Non-Immigration Visa), 영주권과 관계없다.

자격요건이 비슷하다. 대부분의 경우 종교비자를 받고 후원 종교단체에서 2년간 유급으로 목회활동 후 종교영주권을 받는다.

문) 종교비자와 종교영주권 차이는?
답) 종교비자는 취업비자와 유사하다. 종교비자는 5년 동안 유료로 사역할 수 있는 비이민비자이다. 종교영주권은 2년 이상 유급사역을 할 경우 노동허가 없이 영주권을 주는 취업영주권의 한 부류이다.

문) 종교영주권과 종교비자 받기가 쉽다는데?
답) 그렇지 않다. 과거에 종교비자는 이민국의 승인 없이 대사관에서 부여하였고 또 종교영주권은 노동허가가 필요 없는 관계로 영주권을 받기가 쉬웠으나 지금은 그렇지 않다. 종교비자와 종교영주권 신청서류 중 50% 정도가 허위서류 등으로 판명되어 이민국에서 심사를 강화하고 있다. 종교비자도 지금은 이민국의 사전 승인을 받아야 비자가 나온다. 종교영주권도 영주권을 주기 전에 종교단체에 직접 실사를 한 후에 준다. 따라서 그 기간이 오래 걸린다.

문) 종교영주권의 경우 청원서(I-360) 및 영주권(I-485) 동시 신청이 폐지되었다는데?
답) 2010년 11월 8일부터 동시 신청이 폐지되고 청원서가 이민국에서 승인되어야 영주권 신청이 들어갈 수 있다. 이와 같은 조치는 종교영주권에 허위서류 등이 많았기 때문이다. 따라서 청원서를 접수하면 이민국에서 직접실사를 나가서 청원 여부를 결정한다.

문) 종교영주권의 경우 성직자 이외에 종교관련 종사자(전도사, 성가대 지휘자 등)도 포함되나?
답) 이민법에 의하면 이들도 해당이 된다. 최근에는 이들에게 잘 주지 않는다. 그 이유는 종교 관련 종사자들이 40시간 이상 근무하고 급여를 정상적으로 받고 있지 않다고 이민국에서 보고 있다.

문) 종교영주권이 최근에 어렵고 시간이 오래 걸린다는데 성직자가 교회를 통하여 취업이민을 할 수도 있나?
답) 가능하다. 취업영주권의 조건만 맞으면 된다. 최근에 성직자들이 종교영주권이 어려워짐에 따라서 취업영주권으로 많이 전환하고 있다.

# 9. 시민권 취득

1) 미국 시민권자(미국국민)가 되는 방법은?
2) 시민권자와 영주권과의 차이는?
3) 영주권자의 시민권 취득 어떻게 하나?
4) 시민권 관련사항 문·답

# 9. 시민권 취득

## 1) 미국 시민권자(미국국민) 되는 방법은?

미국 시민권 취득은 속지주의를 원칙으로 한다. 미국에서 태어난 사람은 시민권이 있다. 미국 연방헌법에서 규정하고 있다. 그 외에 미국 이민법에서 규정하고 있는 시민권 취득은 부모가 미국 시민인 경우와 귀화할 경우에도 시민권을 취득할 수 있다.

### 가) 출생

미국 시민권은 미국에서 출생하거나 출생에 의하지 않고 후천적으로 귀화한 경우에 얻을 수 있다. 부모가 미국 시민권자인 경우 미국 밖에서 태어나도 시민권이 부여된다. (속지주의와 속인주의를 병행한다) 미국 내에서 태어나기만 하면 시민권자이다. 부모가 불법체류여도 관계없다. 모가 원정출산을 하는 경우에도 시민권이 부여된다. 미국에서 태어난 아이들은 미국헌법에 따라 당연히 시민권이 부여된다. 이민법에서 제한할 수 없다. 최근 원정출산이 미국사회에서 문제가 되고 또 이를 제한하여야 한다는 미국 내 여론도 많이 있지만 미국 헌법을 바꾸지 않는 한 원정출산이건 불법체류자의 출산이건 미국에서 태어나면 시민권자이다.

### 나) 귀화

부모가 미국 시민권자가 아니어도, 미국 내에서 태어나지 않았어도 귀화의 방법으로 시민권을 얻을 수 있다. 이민비자에 의하여 영주권을 받은 후 5년이 경과하면 시민권 신청을 할 수 있다. 시민권 시험에 통과되면 시민권을 부여받는다.

## 2) 시민권자와 영주권자의 차이는?

시민권자라는 의미는 법적으로 미국 국민이라는 것이다. 미국의 법과 정부에 의하여 보호받는 미국의 국민이다. 영주권자는 미국의 국민이 아니다. 다른 나라의 사람이지만 미국에 영구히 거주할 수 있도록 보장해 주는 것뿐이다.

영주권자도 미국의 법에 따라 제한적인 보호를 받지만 시민권자와는 차원이 다르다. 시민권자는 선거권이 있다. 공직선거에 나갈 수 있다. 공무원 등 채용에 있어서 영주권자는 제한을 받지만 시민권자는 제한이 없다. 범죄행위나 음주운전 등의 경우 영주권자는 추방될 수 있다. 시민권자는 추방이 있을 수 없다. 이밖에 사회보장에서도 차이가 있다. 정부기관이나 주요한 과학 연구단체 등에서 본인뿐 아니라 부모의 시민권을 요구하는 경우도 있다.

## 3) 영주권자의 시민권 취득 어떻게 하나?

이민법에서 규정하고 있는 시민권 취득요건은 다음과 같다.

1) 18세 이상이어야 한다. 영주권 받은 후 5년 이상이 경과하여야 한다. (결혼은 3년)
2) 30개월 이상 실제로 체류하여야 한다. 외국에 1년 이상 장기체류가 없어야 한다. 6개월 이상 외국에 체류하면 5년 연속거주 요건이 중단된다.
3) 3개월 이상 신청하는 주에 거주하여야 한다.
4) 시민권 시험에 합격해야 한다. 영어쓰기, 읽기, 말하기와 미국 역사와 정부형태에 대하여 질문한다.
5) 신청 전 5년간 도덕적으로 좋은 성품을 가져야한다.

이민법제 316조에 시민권을 받을 수 있는 자격이 규정되어 있다. 가장 큰 문제는 5년간 좋은 도덕적 성품을 가져야 한다는 사항이다.

도덕적으로 좋은 성품이 아닌 사항은 이민법101(f)에 자세히 규정되어 있다. 마약이나 범죄행위자, 상습음주자 등이 도덕적으로 좋은 성품이 될 수 없는 가장 대표적인 것이 될 수 있다.

**마약법위반, 180일이상 교도소 복역, 도박관련범죄, 매춘, 위증, 상습음주자, 가중중범죄자, 윤리적 범죄자 등이다.** 더 중요한 것은 이민법에서 시민권을 신청할 수 있는 자격요건을 이민법101(f)에서 5년간의 도덕적으로 좋은 성품을 가져야한다고 규정하고 있으나, 이민법316(e)에서는 5년 전의 사실도 참작할 수 있도록 하였다. 따라서 5년 내의 범죄행위뿐만 아니라 5년 전의 범죄행위도 시민권 심사에 영향을 줄 수 있다. 심지어 20년 30년 전의 범죄행위까지도 시민권 신청에 영향을 준다.

최근에 시민권 신청 중에 과거의 범죄행위로 인하여 시민권은 고사하고 추방 위기에까지 가는 경우가 있다. 과거의 범죄기록이 있는 영주권자가 시민권을 신청할 때 과거의 범죄기록이 추방대상 범죄인지 여부와 추방대상 범죄이더라도 사면이 가능한지 여부를 사전에 변호사와 상의하고 추진하는 것이 바람직스럽다. 이민법 237조에서 추방대상 범죄를 자세히 규정하고 있다. 대상 범죄와 행위 유형이 너무 많아 짧은 지면으로 다 설명할 수가 없다.

## 가) 신청절차

신청자격이 되는 자는 시민권 신청서(N-400)을 이민국에 제출하면 인터뷰 날짜를 지정받게 된다. 인터뷰 날짜는 각 지역마다 다르나 1년 내에 할 수 있으며 빠른 경우 6개월 내에 인터뷰 날짜가 잡히는 곳도 있다. 인터뷰는 영어로 하며 미국의 역사와 정부형태 등에 대하여 질문한다. 일정한 경우 영어 인터뷰가 한국어로 진행될 수 있다. 인터뷰를 마치고 선서식을 한 후 시민권증서를 발부한다.

## 4) 시민권 관련사항 문답

문) 영주권자가 1년 이상 외국에 거주하면 시민권 못 받나?
답) 사정에 따라 다르다. 영주권자가 1년 이상 외국에 거주하면 영주권을 포기한 것으로 간주한다. 이를 방지하기 위하여 재입국 허가를 받아야 한다. 재입국 허가서를 받더라도 5년 거주 연속성은 자동 단절된다. (예외규정 있다)

문) 시민권자도 추방되나?
답) 시민권자는 범죄행위를 하더라도 추방되지 않는다. 현실적으로 영주권자와 가장 큰 차이점이다.

문) 4년 미국에 있다 사정상 6개월 이상을 한국에 있었다. 5년 거주요건은 어떻게 되나?
답) 5년 거주요건이 다시 시작된다. 6개월이 지나면 거주요건이 단절된다. 이를 방지하려면 체류 보전신청(N-470)대상이 되면 보전신청을 하는 경우 거주요건이 단절되지 않는다.

**문) 시민권 시험에 고령자는 영어시험이 면제된다는데?**
답) 50세 이상이고 미국에 20년 이상 거주하거나, 55세 이상이고 15년 이상 미국에 거주한 경우 한국어로 시험을 볼 수 있다. 시험 준비하여야 할 사항은 같다.

**문) 음주운전으로 집행유예 기간 중이다. 시민권 신청이 가능한가?**
답) 할 수 없다. 집행유예 기간 중에는 시민권신청이 안 된다. 집행유예 기간이 끝나야 한다.

**문) 살인, 강간, 강도 등 범죄 전과자도 시민권 신청이 가능한가?**
답) 시민권 신청을 할 수 없다. 영주권 신청도, 입국도 안 된다. 중범죄자들에게는 사면도 없다.

**문) 사기죄로 1년 복역했다. 시민권을 받을 수 있나?**
답) 안 된다. 도덕적 범죄로 1년 이상 유죄판결을 받으면 이민법 101(a)(43) 조에서 가중 중범죄자로 규정되어 있다. 가중중범죄자는 시민권을 신청할 수 없고 추방대상이다. 사면대상도 아니다. 범죄로 인한 추방에 해당되는 경우 사면을 받으면 추방을 면제받을 수 있으나 가중중범죄는 사면대상에서 제외된다. 가중중범죄 대상인지 여부는 이민법에 자세히 규정되어 있다.

# 10. 비자거부, 입국거절, 불법체류, 추방

1) 비자거부
2) 입국거절
3) 불법체류란?
4) 추방

# 10. 비자거부, 입국거절, 불법체류, 추방

## 1) 비자거부

비자 발급 여부는 대사관의 영사가 판단한다. 비자를 발급할 때 그 적격성 여부를 개별적으로 관련서류와 함께 인터뷰를 통하여 판단한다. 영사는 이민법에 근거하여 비자 발급 여부를 결정한다.

그러나 이민법의 규정이 포괄적이고 영사에게 주관적 판단과 재량권을 너무 많이 부여하고 있다. 개별 영사들의 성향이나 선입관 등이 많이 좌우될 수 있다. 비자거부 사유는 미이민법 (INA) 214(b)와 221(g)조항에 규정하고 있다. 이민법 해당 조항을 읽어보면 참 재미있다. 영사에게 무한한 재량권을 주고 있다. 관계법 조항은 소위 말해서 귀에 걸면 귀걸이요 코에 걸면 코걸이식이다. 내용이 명확하지가 않다.

214조(b)조항을 보면 이렇다. 모든 비이민비자 신청자는 이민자로 추정을 하고 있다.(presumed to be a immigrant) 따라서 비자를 신청할 때 비자 신청자는 이민자가 아니라는 것을 증명하라는 것이다. 다시 말하면 모든 비자 신청자는 미국에 이민을 가서 이민자로서 주저앉을 것으로 추정되니 비자 신청자가 미국에 주저앉지 않는다는 것을 증명해야 비자를 주고 미국 입국을 허락하겠다는 것이다. 참으로 웃기는 법 규정이다.

신청자가 여러 가지 증빙자료를 제출해도 영사가 못 믿겠다거나 만족스럽지 않으면 비자를 거절할 수 있다. 또 대사관에서 비자 거부 사유로 드는 것은 미 이민법 (INA)221(g)조항인데 이 조항의 규정은 입국이 거절될 것으로(212조에 의하여)보이는 경우에 비자를 거부할 수 있도록 하고 있다. 이민법 (INA) 212조에 입국거절 사유를 나열하고 있는데 이 조항을 해석하는데 있어서도 영사에게 많은 재량권을 부여하고 있다. 어떤 영사는 비자를 내주고, 어떤 영사는 내주지 않는다. 참 불합리하다. 방법이 없다. 영사가 납득할 만한 증빙자료를 준비하여야 한다. 실무적으로 비자발급을 거부할 때 214(b)조항에 근거를 둘 경우 주황색으로 거절사유서를 받게 된다. 214(b)거절사유는 미국에 주저앉아 오지 않을 가능성이 있으므로 비자를 내주지 못하겠다는 것이므로 재신청 시 미국에 주저앉지 않는다는 소명자료가 필요하다.

221(g)에 근거하여 거부할 때는 초록색 거부 통지서가 온다. 이는 입국거부 사유에 해당될 가능성이 있으므로 비자를 못 주겠다는 뜻

인데 추가서류 등이나 추가증명서 등에 의하여 소명될 경우가 많다. 주황색 거절 사례는 비자신청자가 미국에 주저앉을 것이라 판단되어 거절 한 경우인데 초록색 거절보다는 재신청하여 비자받기가 어렵다.

미국국무부 비자 발급 통계에 의하면 2009년도 비자 거부율은 종교비자는 절반이상, 학생비자, 소액투자비자도 3건당 1건, H-1B는 5건당 1건이 거부된 것으로 나타났다. 특히 종교비자의 경우 절반이상이 거부되고 있는데 그동안 종교비자에서 많은 서류 등 위조가 많았던 관계이기도 하다. 종교비자는 이민국의 사전승인을 받도록 제도를 강화한 후 종교비자 신청자가 3분의 1로 줄었다. (1만 7천 건에서 6천 2백 건)

## 2) 입국거절

입국거절사유는 이민법 (INA) 212조에 상세히 규정하고 있다. 정상적인 비자를 가지고 미국 공항에 입국하면 입국심사를 받는다. 유효한 비자가 있어도 이민법(INA) 212조에 해당되면 입국을 하지 못하고 공항에서 즉시 추방된다(Expedited Removal). 위조된 여권을 소지하였거나, 방문 목적과 다른 목적으로 입국하면 공항에서 즉시 추방된다. 이민국 심사관이 비자를 취소하고 향후 5년간 미국입국을 금지할 수 있다. 이민법(INA) 위반 사항이 경미할 경우 자진출국을 당할 수 있다. 자진출국은 즉시 추방보다는 가벼운 처벌이다. 이 경우 사안에 따라서 비자를 다시 청구할 수 있다.

즉시추방, 자진출국은 입국심사대에서 미국에 입국 전에 취해지는 조치이다. 이에 반하여 추방은 미국내에 이미 입국한 사람(불법 또는 합법)에게 강제적으로 출국 조치시키는 것이다. 이민법(INA)에서 규정한 입국 거절 사유는 다음과 같으며 포괄적이고 광범위하다.

- 건강과 관련된 입국거절; 전염병자, 예방접종 받지 않은 자, 약물중독자, 과거나 현재 정신병자 등.
- 범죄관련 입국거절; 중범죄자, 도덕적 범죄자, 마약사범, 2번이상 처벌받은 누범, 마약거래자, 윤락행위자 등.
- 국가안보관련 입국거절; 간첩, 미국정부 전복 행위, 테러행위, 미국 외교정책에 반한 행위, 나치참여자, 학살행위 가담자 등.
- 생활보호대상자 ;
- 노동관련 입국거절; 무허가 의사, 무허가 의료종사자 등.
- 불법입국자, 이민법위반자 입국거절; 밀입국자, 추방소송 불출석자, 시민권 허위주장자, 밀항자, 밀수업자, 이민법 위반으로 민사책임자, 학생비자 남용자 등.
- 서류 미비자 등.
- 시민권을 취득할 수 없는 자, 불법입국자, 추방된 자, 징병 기피자 등

10. 비자거부, 입국거절, 불법체류, 추방

그 사유가 너무나 많다. 그 내용범위가 너무나 커서 헤아릴 수 가 없다. 입국거절이 되는 경우 강제출국 시키거나 자진입국 철회를 시킨다. 입국이 어려운 경우 강제출국보다는 자진입국 철회를 하여 입국거절 사유를 검토하여 새 비자를 신청하거나 사면을 신청하는 것도 하나의 방법이다.

## 3) 불법체류란?

불법체류는 문자 그대로 이민법에 어긋난 미국의 체류이다. 이민법에 반하는 경우는 여러 가지가 있을 수 있다. 먼저 이민비자 (영주권)를 가지고 있는 사람은 해당이 되지 않는다. 영주권이란 합법적으로 미국에서 체류할 자격이 있는 권한이므로 영주권자에게는 불법체류란 말이 있을 수 없다. 다만, 영주권자가 불법행위를 하여 추방명령을 받았다면 그때부터 영주권자는 불법체류가 된다. 비이민비자를 소지한 사람에게만 불법문제가 발생한다. 넓은 의미에 있어서 밀입국자도 불법체류에 속하나 미국에 입국 근거가 없기 때문에 미국 밖으로 밀입국 방법으로 출국하였다면 실무적으로 미국정부에서 알 수가 없다.

불법체류가 발생하는 유형은 다음과 같다. 비자기간이 경과하지 않았으나 체류기간을 넘긴 경우(I-94) 또는 비자목적에 반하여 이민법을 위반한 경우도 불법체류자가 될 수 있다.

불법체류자는 그 기간에 따라서 미국의 입국이 금지된다. 불법체류 기간이 180일에서 1년 미만이면 3년, 1년 이상일 경우 10년간 미국에 입국할 수 없다.

불법체류자는 그 불법체류 사실이 발견될 때에는 강제추방 된다. 비자발급이나 영주권, 시민권 신청 시 불법체류 사실이 밝혀지면 영주권이나 시민권을 받지 못한다.

본인이나 자녀의 장래를 위하여서는 불법체류를 피하여야 한다. 유학생은 학업을 마치면 60일 이내에 출국해야 한다. 방문비자로 입국할 때 체류허가서의 허가기간을 잘 살펴야 한다.

최근 미국 내에 일고 있는 반이민정서로 불법체류자에 대한 단속을 점차 강화하고 있다. 일부 주에서는 주 경찰에게 불법체류 단속 권한을 부여하고, 운전면허증 발급이나 소셜넘버 발급을 원천적으로 봉쇄하고 있다.

미국사업자가 불법체류자를 고용하면 이들에게 벌금을 부과하는 등 불법체류자에 대한 단속이 그 어느 때보다 심해졌다.

## 4) 추방

추방은 불법적으로 미국에 입국하거나, 합법적으로 미국에 입국하였다 하더라도 이민법위반이나 범죄행위 등으로 강제로 미국 밖으로 내보내는 것이다. 추방은 영주권자에만 해당되고 시민권자에게는 해

## 10. 비자거부, 입국거절, 불법체류, 추방

당이 없다. 미국 **이민법(INA) 237조**에서 상세하게 추방할 수 있는 사유를 규정하고 있다. 크게 6개 군으로 분류하고 있다.

즉, 입국하거나 신분변경 할 때 거절사유가 있고 신분상태를 위반할 때(INA) 237(a)(1),

- **범죄행위를 저지를 때 (INA) 237(a)(2),**
- 서류를 위조하거나 등록을 하지 않을 경우 (INA) 237(a)(3),
- 국가 안보상의 이유 (INA) 237(a)(4),
- 정부 보조를 받을 경우 (INA) 237(a)(5)
- 불법 투표를 한 자 (INA)237(a)(6)등이다.

세부적으로는 추방사유가 너무 많다. 이민법 규정대로 한다면 영주권자 중에서 안 걸릴 사람이 없을 정도다. 심지어 영주권자가 이민국에 주소 변경을 하지 않은 경우도 해당된다. 막말로 마음만 먹으면 추방 할 수 있다. 이민법 규정이 그렇다. 단지 사소한 위반행위의 경우 추방을 안 시킬뿐 이다. 그저 조심스럽게 살아갈 수밖에 없다. 가급적 자격요건에 해당되는 사람은 시민권을 취득하는 것도 추방을 막는 방법이 될 수 있다. 사소한 사항도 추방대상이지만 가장 빈도가 높은 것은 범죄행위로 인한 추방이다. 이민법 제 237(a)(2)에 자세히 규정되어 있다.

1) 도덕적 타락행위 범죄로 1년 이상 실형을 선고받을 경우.
2) 두 번 이상의 범죄로 형의 선고를 받은 경우.
3) 가중중범죄로 형을 선고받았을 경우. 가중중범죄의 대상이

> 되는 범죄는 이민법제 101(a)(43) 조에 자세히 규정되어 있다.
> 4) 과속, 뺑소니 운전 및 성범죄자가 등록을 안 한 경우.
> 5) 마약 관련 범죄
> 6) 간첩죄 반역죄 등
> 7) 가정폭력 및 어린이에 대한 범죄
> 8) 인신매매 등

그 종류가 많다. 과실범이나 단순한 행정범 등을 제외하고는 모두 해당된다고 보면 된다. 영주권자나 비이민비자 소유자가 미국 내에서 범죄행위를 했다면 웬만한 범죄는 다 추방대상이고 영주권, 시민권을 받을 수 없다고 생각하면 된다. 단순 음주운전, 단순범죄(1년 이하) 등은 추방을 면할 수도 있으나 이들 범죄가 반복되면 추방당할 수 있다. 구체적인 추방대상 범죄인가는 구체적으로 면밀한 검토가 필요하다. 짧은 지면에 자세히 설명할 수 없다.

> 부록  영주권자(시민권자)가 알아야 할

# 한국법률
# 100문 100답

이 한 길 지음

미국변호사
(전)국회법제실장

부록 / 영주권자(시민권자)가 알아야 할, 한국법률 100문 100답

## 부록목차

### 한국 및 미국법률의 비교

1. 한국법률체계 및 구조 --- 233
2. 미국법률 체계 및 구조: 미국은 법률적으로는 50개의 국가라고 볼 수 있다. ------- 234
3. 한국법률이 더 어렵다. --- 235
4. 재외동포와 관련된 법령은 무수히 많다. --------- 237

### 국적법관련

5. 국적법이 개정되었다. (이중국적 인정 한다) ---------238
6. 이중국적자란? ------ 239
7. 이중국적 대상자는? ---- 240
8. 영주 목적중 외국에서 출생한 아이는 이중국적 가질 수 있다. 18세 이전에 국적이탈을 하지 않으면 병역을 마쳐야 한다. -- 241
9. 부모 유학중 출생한 남자는 병역을 마쳐야 이중국적 가질 수 있다. ---------- 242
10. 원정출산 자는 이중국적 가질 수 없다. --------- 243
11. 이중국적자는 한국 입, 출국 할 때 한국여권을 사용해야 한다. -243
12. 이중국적자는 22세전까지 국적을 선택 해야 한다.(남자는 병역마 친 후 2년 연장된다) ---- 244
13. 선천적 이중국적자 아니어도 이중국적 가질 수 있다. --- 244
14. 적극적으로 국적을 상실한 자는 이중국적 해당이 안 된다. --245
15. 앞으로 국적이탈 신고는 외국에서만 할 수 있다. ----- 246
16. 외국국적 불행사서약이란? 필요한 서류는 무엇인가? ---- 246
17. 이민 1.5세대는 이중국적이 안 된다. ----------- 248
18. 국적 자동상실자 구제된다. (부칙2조) ---------- 248

19. 적극적 국적이탈자는 부칙 2조 구제대상이 아니다. ----- 249
20. 한국 국적을 적극 이탈한 자는 이중국적을 가질 수 없으나 예외가 있다. ---------- 249

### 병 역

21. 영주권자는 병역의무 있다. - 251
22. 선천적 이중국적자는 병역의무 있다.(영주목적출생자) -- 252
23. 이중국적자(영주목적이 아닌 출생자)는 병역의무 있다.(부모유학중 출생) ---------- 253
24. 원정출산 이중국적자는 병역의무 있다. 이중국적도 안 된다. - 254
25. 이민자(영주권취득 후 시민권자)는 병역의무 없다. 한국 활동 제약도 없다. ---------- 255
26. 호적이 없는 이중국적자도 병역의무 있다. 그러나 병역 연기 처분을 받을 수 있고 한국 내 활동은 자유롭다. ---------- 256
27. 영주권자, 이중국적자중 병역미필의 경우 한국 방문시 출국 금지 되나? ----------- 257

28. 병역미필자 해외출국시 해외여행 허가를 받아야 된다. --- 258
29. 병역연기와 병역의무 면제는 다르다. ---------- 259
30. 국적 자동 상실자, 국적 이탈자 등은 병역의무 확실한 이해가 필요하다. ---------- 260
31. 영주권자, 시민권자이다. 군대 가고 싶다. -------- 260

### 재외동포법

32. 재외동포법은 재외동포들을 위한 법이다. -------- 262
33. 재외동포법 혜택을 볼 수 있는 사람은 누구인가? 대상자는? - 262
34. 재외동포법의 적용을 받으려면 어떠한 절차가 필요한가? -- 263
35. 재외동포는 F-4 비자 받으면 유리하다. 체류, 의료보험 등 혜택이 많다. ---------- 264
36. F-4 비자로 단순노동행위, 사행행위 할 수 없다. ----- 265
37. 거소등록은 주민등록 효과가 있다. ---------- 265
38. 시민권자는 외국인 등록을 해야 한다. F-4비자 받으면 안해도 된

부록 / 영주권자(시민권자)가 알아야 할, 한국법률 100문 100답

다. ---------- 266

### 한국여권

39. 여권, 비자의 차이점? -- 267
40. 영주권자는 거주여권을 받아야 한다. --------- 267
41. 기소중지자는 여권을 발급 받지 못한다. --------- 268
42. 여권을 재발급 받지 못하면 영주권·시민권 신청에 지장이 있나? ------------ 268
43. 영주권자는 여권이 만료된 경우 재발급 받아야 한다. 벌금 없다. ------------ 269
44. 시민권자인데 한국국적 상실신고를 안했다. 한국여권 사용하면 문제가 된다. ------- 269

### 비 자

45. 시민권자 장기간 한국에 체류하려면 한국비자를 받아야 한다. F-4 비자 받으면 외국인 등록 필요 없다. ---------- 271
46. 시민권자 무비자 단기 한국방문은 90일이다. ------ 271

47. 병역 미필 영주권자 F-4 비자 받을 수 있나? 국내활동 시 병역연기 취소되거나 추방될 수 있다. --- ----------- 272

### 부동산관련사항

48. 외국인(시민권자)은 한국 토지 매입하려면 신고해야 한다. - 273
49. 시민권자(영주권자) 한국부동산 매입자금 송금은 문제없나?. - 274
50. 한국에 부동산이 있는데 시민권을 받았다. 가지고 있던 토지는 신고하여야 한다. ------ 275
51. 시민권자는 전원주택 매입할 때 주의해야 한다. ------ 276
52. 시민권자(영주권자) 부동산 매입, 매각 등기 절차는? 미국에서도 한국에 오지 않고 한국 부동산을 매입·매각할 수 있다. --- 277
53. 한국 부동산 매각 대금 반출 할 수 있나? --------- 278
54. 부모로부터 상속받은 재산을 처분하여 반출 할 수 있다. -- 279
55. 한국은 부동산 실명제를 실시하고 있다. ---------- 279
56. 주택을 임대차(렌트)할 때 주의해

야 한다. ------- 280

### 금융거래, 투자

57. 시민권자(영주권자)도 주식투자 및 예금거래를 할 수 있다. - 282
58. 금융투자 금액 회수하여 반출할 수 있나? ------- 283
59. 시민권자(영주권자)는 한국에 있는 주식, 예금을 미국 IRS에 보고할 의무가 있다. ------ 284
60. 투자 할 자금 송금 및 투자한 자금 반출에 문제없다. -- 285
61. 영주권자나 영주권 없는 자도 미국 내 부동산 구매자금을 합법적으로 송금할수 있다. ----- 286

### 가족관계법

62. 한국 호적법은 폐지되었다.
    ------------ 287
63. 미국에서도 혼인신고 및 가족관계 신고 할 수 있다. ---- 287
64. 시민권, 영주권 받으면 주민등록은 어떻게 되나요? ----- 288
65. 시민권자도 한국 부모로부터 상속 받을 수 있다. ----- 288

66. 시민권자끼리 결혼신고 한국에서 받아주나? ------- 289
67. 미국 내에서도 이혼할 수 있다(협의이혼). -------- 289
68. 한국 남편이 이혼을 해주지 않는다. 미국법원에서 이혼판결 효력이 있나? --------- 290
69. 상속지분은? 부모가 한국국적인 경우와 시민권자인 경우가 다르다.
    ----------- 292

### 세금관계

70. 영주권자는 금융자산 한국정부에 신고하여야하나? ---- 294
71. 세금은 국적 기준이 아니라 거주자냐 비거주자이냐에 따라 구분하여 과세한다. -------- 294
72. 미국에도 양도소득세가 있다.
    ----------- 296
73. 비거주자 (시민권자, 영주권자)는 한국내 재산 양도소득세 한국정부에 내야 한다. ------ 296
74. 시민권자인 부모가 시민권자인 자녀에게 한국에 있는 재산을 증여할 때 한국에서 증여세를 부과한다.
    ----------- 297

부록 / 영주권자(시민권자)가 알아야 할, 한국법률 100문 100답

75. 상속받은 재산을 매각하여 미국에 반출할 수 있다. ----- 298
76. 부모님이 비거주자(시민권자, 영주권자)이면 모든 상속세 미국에 낸다. 한국에 있는 재산은 한국정부에 낸다. ------- 299
77. 부모님이 한국거주자 (통상 한국사람)이면 미국재산 및 한국 재산 모두 한국정부에 상속세를 납부해야 한다. --------- 300

## 취 업

78. 병역을 마치지 아니한 영주권자 또는 이중국적자는 한국에서 취업하지 못한다. 군대 갈 수 있다.
    ------------- 301
79. 국적상실자는 국내취업에 문제없다. 단 병역회피 목적 있다면 F-4 비자 거절당할 수 있다. - 301
80. H-2(방문취업비자) 받을 수 있나? 재미동포는 안 된다. - 302
81. 시민권자 병역 마쳤다. 한국취업 제한 없다. F-4 비자 받으면 유리하다. --------- 303

## 교 육

82. 영주권자(시민권자)는 한국의 대학에 입학할 경우 혜택을 준다. -- ------------- 304
83. 병역미필(영주권자, 이중국적자) 남자는 한국에서 대학 졸업 후 6개월 이상 거주하지 못한다. 취업도 못한다. 군대갈수 있다. -- 304

## 건강보험, 국민연금, 공무원연금

84. 재외동포(영주권, 시민권자)도 건강보험 가입할 수 있다. - 305
85. 영주권자, 시민권자도 국민연금 가입할 수 있다. ------ 305
86. 공무원연금, 사학연금, 국민연금 수급자는 영주권, 시민권 받아도 계속 연금을 받을 수 있다. - 306
87. 건강보험 한국에서 가입하지 않을 수 있다. --------- 307

## 관세, 검역

88. 여행자 휴대품은 양주 1병, 담배 10갑, 향수 1병이다. --- 308

## 형사법관련

231

89. 범법자들의 도피는 계속 될 수 없다. --------- 309
90. 기소중지 중인 영주권자는 입국시 검거된다. -------310
91. 시민권자 한국에서 범죄행위는? 처벌된다. ------- 310
92. 시민권자 미국에서 범죄 후 한국으로 도피했다. 처벌될 수 있다. ------------ 311
93. 범죄인도 및 형사사법공조란 무엇인가? --------- 312

### 소송관련

94. 미국에서 한국인에게 빌려준 돈을 한국에서 받을 수 있나? － 313

### 선 거

95. 영주권자도 선거할 수 있다. ----------- 314
96. 영주권자도 국회의원, 서울시장, 대통령 선거에 출마 할 수 있나? ----------- 314
97. 재외동포를 지원하는 국가기관에는 어느 부처가 있는지요? － 315

### 복지 노인

98. 노인에 대한 많은 혜택이 있다. ------------ 318
99. 한국의 병원비와 건강보험료는 미국에 비해 엄청나게 싸다. 319
100. 한국에서 노인들이 취업할 기회는 매우 적다. ------ 319

부록 / 영주권자(시민권자)가 알아야 할, 한국법률 100문 100답

## 부록  한국 및 미국법률의 비교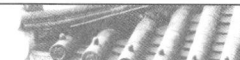

## 1. 한국법률 체계 및 구조

**문:** 한국법률 체계 및 구조는 어떠한지요?
**답:** 최고 상위법인 헌법이 있고 그 아래에 국회에서 제정하는 각종법률이 있습니다. 법률의 위임을 받아서 정부에서 제정하는 대통령령 및 부령 등이 있습니다. 국민의 권리(權利)와 의무에 관한 사항은 법률로만 규정토록 되어 있으나 이 부분이 명확하지 않습니다.

법률의 집행을 위하여 정부에서는 대통령령(시행령이라고도 함), 부령(각 행정부처 장관이 제정함. 시행규칙 이라고도함)등을 만들고 또 지방자치단체에서는 조례 등을 제정합니다.

헌법에서는 대개 추상적이고 선언적인 사항을 규정하고, 각각 개별 법률에서 실질적이고 구체적인 권리, 의무관계를 규정하고 있습니다. 대부분 국민들의 인가, 허가 사항들이 법률에 규정되는 경우도 있지만 행정부에 위임될 경우가 많습니다. 따라서 케이스별로 구체적인 국민의 인·허가 사항들을 해결하려면 법률보다도 하위법령인 대통령령, 부령 등에 규정된 경우가 많아서 이들을 꼼꼼히 살펴봐야 합니다. 어떻게 보면 법률보다는 대통령령, 부령 등이 더 중요한 경우가 많습니다. 한국의 법률은 대륙법적(독일법, 일본법)인 요소가 강합니다. 일본의 법률과 유사한 것이 많으며 일본은 독일법을 많이 모방하고 있습니다. 따라서 판례중심으로 형성된 영·미법과는 많은 차이가 있습니다.

## 2. 미국법률 체계 및 구조 : 미국은 법률적으로는 50개의 국가라고 볼 수 있다.

**문:** 미국 법률체계 및 구조에 대하여 알고 싶습니다.

**답:** 미국은 법률적으로 50개 나라입니다. 개별 주는 각 주마다 독립된 주권을 가지고 있습니다. 각 주마다 헌법이 있고 독자적인 주 의회에서 법률을 제정합니다. 연방헌법에서 규정하지 아니한 권한은 개별 주의 권한 사항으로 하고 있습니다. 국방, 외교, 통화, 금융, 이민, 상품거래등 연방정부소관 사항을 제외하고는 각 개별 주에서 법률을 만들고 또 주마다 법률이 다릅니다.

연방국가의 성격상 연방법과 각 개별 주법으로 크게 구분할 수 있습니다. 연방법은 연방의회에서 제정하고 개별 주법보다 상위관계에 있습니다. 판례를 중심으로 형성된 영.미법 계통의 법률과 성문법 중심의 대륙법계통의 법률은 법정신이나 그 근저에 흐르는 법률이론 등이 차이가 있으나 실질적인 법집행 과정에 있어서는 큰 차이점은 없다고 보여 집니다. 연방정부 관할 사항을 제외하고 각 주마다 법이 다르기 때문에 미국법률은 이렇다라고 한마디로 단정 지을 수 없습니다. 일례로 미국 내에서도 사형을 폐지한 주도 있고 사형제를 계속 유지하는 주도 있습니다. 형법도 다 주마다 다릅니다. 사형에 대한 사면권도 각 주의 주지사가 가지고 있습니다. 결혼요건, 이혼사유 등이 주마다 모두 다릅니다.

변호사도 각 주마다 시험을 보며 의사, 간호사, 운전면허 등 면허요건도 각 주마다 다릅니다. 연방관할 사건은 연방헌법에 제한적으로 규정되었고, 기타의 모든 사항은 각 주마다 법률을 만들고 또 각 주마다 법률이 다르기 때문에 특정한 사안(이혼, 결혼, 형사, 부동산거래 등)

**부록** / 영주권자(시민권자)가 알아야 할, 한국법률 100문 100답

은 그 주의 법률을 검토해야 합니다. 그러나 한국법률과는 달리 개별 법률에서 자세히 규정하기 때문에(한국과 차이점) 오히려 한국법률보다 알기 쉽다고 할 수 있습니다.

## 3. 한국법률이 더 어렵다.

**문:** 한국법률은 어렵다고 하는데 그 이유는 무엇입니까?
**답:** 법률에 근거를 두고 시행령, 시행규칙 등 행정부처에서 하위법령을 제정하고 있으나 주요내용은 오히려 하위법령에서 규정한 경우가 많아서 해당 법률만 가지고 case를 해결할 수 없습니다. 하위법령인 대통령령, 부령 등을 자세히 보아야 합니다. 또한, 법률의 가장 중요한 것은 본칙도 중요하지만 개별 법률의 부칙을 봐야 합니다. 즉, 관계되는 법률만 보아서는 안 됩니다. 또 여러 개의 법률을 동시에 봐야 합니다. 법률 전문가가 아니면 이해하기가 어렵습니다. 그 이유는 다른 법률에서 상호간에 법률의 적용을 서로 배척하거나 다르게 적용하는 경우가 많기 때문입니다.

　미국은 각 주마다 법이 달라서, 어렵다고는 하나 개별 법률을 유관성 있게 법률체계가 편제되어 여러 법률을 보지 않아도 쉽게 확인할 수 있습니다. 한국법은 한국 내에서는 통일된 단일 법률이나(이 점에서는 간단하다고 할 수 있음) 1개의 case를 구체적으로 법률문제를 해결하려면 여러 법을 비교해야 합니다. 다른 법률에서 특정 법률의 효과를 배제 시키거나, 특례를 두는 경우가 너무 많기 때문입니다. 예컨대, 외국인(시민권자)이 토지를 구입할 경우 고려하여야 할 사항이 외국인 토지법, 농지법, 국토이용관리법(허가) 등을 모두 검토해야지 단

순히「외국인토지법」만을 믿고 토지를 매입했다가는 큰 낭패를 볼 수 있습니다. 그렇기 때문에 한국법이 더 어렵습니다. 한 가지 민원업무에 1개 부처가 관련된 단순한 것도 있지만 대부분의 경우 여러 부처가 관련된 복잡한 민원업무가 많습니다. 업무를 나누어서 관장하기 때문에 정부부처간에 업무협조 및 타 부처 업무에 대한 무지 등으로 민원인들이 많은 애로 사항이 있습니다.

예컨대, 20대의 남자 교포가 한국에서 취업을 하려고 한 경우, 여기에는 병역문제, 이중국적 문제, 취업가능 여부 등 case별로 여러 가지 복잡한 문제가 발생하는데 이것을 명확히 답변해 주는 부처가 없습니다. 한 부처에만 관련된 간단한 법률문제는 해당부처에서 답변하여 주지만 타 부처와 관련된 문제는 서로 잘 모르는 경우가 많습니다.

이 문제는 병역법, 국적법, 재외동포법, 여권법, 노동법 등과 서로 복잡하게 얽혀 있어 한 개 법률만으로 판단할 수 없는 문제가 발생하고 해당부처는 법무부, 병무청, 노동부, 외교통상부 등 관련부처가 여럿이 엮여 있습니다.

이것을 시원하게 답변해 주는 정부부처 공무원들이 없습니다. 병무청에서는 병역문제만을, 법무부에서는 국적문제만을 답변하고 자기부서 업무가 아닌 것은 잘 모르고 있습니다.

그래서 민원인들이 애를 먹고 있는데 국내 변호사들도 속 시원하게 답변해주는 사람이 없습니다.

이러한 문제는 한국법률이 너무 자주 바뀌고 담당 공무원들도 자주 바뀌어서 업무의 연속성이 없고 한국법률 구조의 특성 때문에 그렇습니다.

## 4. 재외동포와 관련된 법령은 무수히 많다.

**문:** 재외동포와 관련된 법률은 무엇이 있나요?
**답:** 헌법에는 재외동포, 재외국민 보호 조항이 있습니다, 한국헌법에 재외동포는 한국정부로부터 보호받도록 규정하고 있습니다. 기타 법률로서 재외동포의 출·입국과 법적 지위에 관한 법률, 국적법, 병역법, 각종 세법, 출입국관리법, 재외동포재단법, 외국인등록법, 외국환 관리법 등이 직접적·간접적으로 관련되어 있고 기타 한국 내에서 일어나는 법률관계는 한국법을 적용 하기 때문에 재외동포들의 한국과 관련된 모든 법률관계는 한국법과 관련이 된다고 할 수 있습니다.

부 록　국적법관련사항

## 5. 국적법이 개정되었다. (이중국적 인정 한다)

**문:** 최근 한국의 국적법이 개정되었다고 합니다. 어떠한 내용입니까?
**답:** 최근 2010년 5월 4일 국적법이 개정되었습니다. 개정된 국적법의 내용은 복잡한데 큰 줄거리는 다음과 같습니다.

• 이중국적을 인정 합니다.

　과거에는 출생에 의한 선천적 이중국적자의 경우 22세가 될 때까지 한국국적을 선택하지 아니하면 자동으로 한국국적이 상실되었으나, 개정법에서는 22세가 될 때까지 단순히「외국국적 불행사 서약」을 하면 이중국적을 인정하고, 또 22세가 될 때까지 국적 선택을 하지 않더라도 자동으로 한국국적을 상실시키지 않고「국적선택명령」을 하고 명령을 받은 지 1년 내에 국적 선택을 하지 않으면 비로소 한국국적을 상실토록 하였습니다.

• 한국국적이 자동 상실되었던 자 소급하여 이중국적을 인정합니다.
　과거 국적법에서 한국국적이 자동 상실 되었던 자들에게도 소급하여 이중국적을 인정하여 일괄 구제하고 있습니다.(부칙 제2조)

• 65세 이상 자와 우수 인재는 후천적 이중국적 인정합니다.

부록 / 영주권자(시민권자)가 알아야 할, 한국법률 100문 100답

65세 이상 고령자와 재능이 있는 우수 인재는 후천적 이중국적 인정합니다. 이들에게는 선천적 이중국적과 관계없이 이중국적을 인정합니다.

## 6. 이중국적자란?

**문:** 이중국적자란 무슨 의미입니까? 이중국적이 발생하는 이유는 무엇입니까?

**답:** 통상적으로 사람은 1개의 국적이 부여됩니다. 이중국적을 가지고 있다는 의미는 이 사람은 2개의 나라의 국민이 된다는 의미입니다. 예를 들어 자연인 1인이 한국국적과 미국국적을 동시에 가지고 있다고 하면 이 사람은 법적으로 한국 사람도 되고 또 미국사람도 됩니다.

이중국적이 부여되면 많은 국제법적인 문제점이 야기될 수 있습니다. 따라서 대부분의 나라에서는 이중국적을 인정치 않고 있는 현실입니다. 2010년 5월 4일 이전까지 우리나라에서는 이중국적을 인정치 않았습니다. 다만 한시적으로 출생에 의한 선천적 이중국적자에게만 22세전까지 인정하고 일체의 예외 없이 22세 이후에는 이중국적이 인정되지 않았습니다.

이번 개정법은 가히 파격적이라고 할 수 있습니다. 이중국적이 발생하는 이유는 속인주의를 채택하고 있는 국가(부모가 한국 사람이면 자녀가 세계 어디에서 태어나도 부모의 국적을 따라가는 주의:한국)의 사람이 속지주의국가(자기나라에서 태어난 자에게 국적을 부여하는 주의: 미국)에서 자녀가 태어나는 경우, 이 자녀는 부모의 국적도 가지고 또한 태어난 국가의 국적도 가지기 때문에 발생하는 것입니다.

대부분 나라에서는 이러한 경우 과거의 우리 국적법처럼 태어난 아

이가 성년이 된 경우, 본인의 의사에 따라서 국적을 결정할 수 있도록 하고 있습니다.

## 7. 이중국적 대상자는?

문: 이중국적이 될 수 있는 대상자는 누구입니까?
답: 2중국적 대상이 되는 자는 크게 3가지 유형이 있을 수 있습니다.
  (1) 출생에 의한 선천적 이중국적자(아빠나 엄마가 한국사람 +미국출생)
  (2) 영주 귀국하려는 해외동포로 65세 이상 또는 우수 인재로 인정되는 자.
  (3) 본인의 의사와 무관하게 외국국적을 취득(결혼 등)하고 6개월 내에 한국 국적 보유신고를 하는 자 등이 있습니다.
  국적법은 기본적으로 출생에 의한 이중국적자만을 대상으로 하고 있으며, 이를 다시 3가지로 분류하여 취득요건을 달리하고 있습니다.

  첫째는, 부모가 영주목적으로 외국에서 거주 중에 자녀가 태어난 경우.(부모가 영주권 취득하거나 자녀 출생 후 영주권취득)(국적법 제12조제1항, 제2항 유추해석)
  둘째는, 부모가 영주할 목적 없이 외국에 체류 중에 자녀가 태어난 경우.(예, 유학중 자녀출산)(국적법 제12조제3항)
  셋째는, 원정출산으로 자녀를 출산한 경우입니다. (국적법 제13조 제3항)
  자녀 출생 당시 부모의 거주 또는 출생 목적에 따라서 이중국적 인정 여부가 결정되고 또 남자의 경우 병역의무와 관련하여 인정 여부가 달라집니다.

**부록** / 영주권자(시민권자)가 알아야 할, 한국법률 100문 100답

부모가 영주권 상태에서 자녀를 출생한 경우 22세 안에 서약을 하면 이중국적을 받을 수 있습니다. 다만 남자의 경우 병역의무를 마쳐야만 이중국적이 인정됩니다. 18세가 되어 병역법에 따라서 제1국민역에 편입된 자는 국적이탈도 할 수 없습니다.

영주목적외 출생한 경우는 부모가 외국에 생활기반을 두고 영주권이나 시민권을 취득한 상태에서 출생한자가 아닌 자와 이에 준하는 자를 말합니다.(시행령 16조의2) 이 경우 남자는 병역을 마치기 전에는 국적이탈을 할 수 없습니다.(18세 이전에도 안 됨. 2005년 개정됨)

원정출산 자는 출생당시 모가 자녀에게 외국국적을 취득하게 할 목적으로 외국에서 체류 중이었던 자로 이중국적 취득 대상자에서 제외되며(국적법 제13조 3항), 출생 당시 부모가 해당 국가에서 영주권이 있거나 유학 등 2년 이상 체류한 상태에서 태어난 자녀는 원정출산으로 보지 않습니다.(국적법시행령 17조 3항)

후천적 이중국적은 인정되지 않습니다. 극히 예외적으로 인정 합니다. 한국계 미국 시민권자로서 65세 이상의 자가 영주 귀국하려고 할 경우와, 65세는 해당되지 아니하나 우수한 인재로서 수상이나 연구 실적이 국제적으로 권위를 인정받은 자로서 법무부장관이 인정한 자에 한정시키고 있습니다. (국적법 제10조제1항2호 및 제4호)

## 8. 영주 목적 중 외국에서 출생한 아이는 이중국적 가질 수 있다. 18세 이전에 국적이탈하지 않으면 병역을 마쳐야 한다.

**문:** 20세 남자입니다. 부모님께서 영주권을 가진 상태에서 출생하였는데 저는 2중국적을 가질 수 있는지요?

**답:** 귀하는 출생에 의한 선천적 이중국적자입니다(부모: 한국인, 출생: 미

국). 따라서 귀하는 이중국적을 가질 수 있습니다.만약 귀하의 부모님들이 모두 시민권을 얻은 상태에서 출생하였다면 해당이 되지 않습니다. (부모; 미국인, 출생: 미국)

    귀하의 출생당시 부모님은 영주권자였기 때문에 귀하는 대한민국 국민(출생에 의한 선천적 이중국적자)이며 병역의무가 있습니다. 국적법과 병역법에 의하여 병역을 마친 후 2년 내에 이중국적을 가질 수 있습니다. 만약에 귀하가 병역을 마치지 않거나 한국국적을 이탈할 경우에는 해당되지 않습니다.

## 9. 부모 유학 중 출생한 남자는 병역을 마쳐야 이중국적 가질 수 있다.

문: 21세 남자입니다. 부모님이 유학중(80. 1. 1)미국에서 태어났습니다. 현재 미국에 거주하고 있습니다.(1) 저의 경우 이중국적이 가능한지요? (2)남자의 경우 병역이 걸림돌이 되는데 제가 병역을 마치면 이중국적을 가질 수 있는지요?

답: (1) 이중국적이 가능합니다. 출생에 의한 선천적 이중국적자입니다. (2) 남자의 경우 병역을 마치고 2년 내에 이중국적취득이 가능합니다. 만약 국적이탈이 되지 않았다면(18세 이전, 2005년 전) 귀하는 병역이 해소되기 전에는 한국국적을 포기하고 싶어도 포기할 수 없습니다. 영주 목적 외 출생의 경우(유학) 2005년부터 병역의무를 마치기 전에는 국적이탈을 못합니다. 병역을 마치고 나면 국적 선택기간(22세)과 관계없이 2년 내에 이중국적을 취득할 수 있습니다. 만약에 여성이라면 병역의무가 없기 때문에 22세가 될 때까지 국적선택을 할 수 있고 이중국적을 가질 수도 있습니다.

## 10. 원정출산 자는 이중국적 가질 수 없다.

문: 원정출산 자는 이중국적 및 국적이탈도 허용치 않고 병역도 마쳐야 한다는데 원정출산의 기준은 무엇이며 병역을 마쳐야 하는지요?

답: 원정출산 자는 이중국적을 인정하지 아니하며 병역을 마칠 때까지 국적이탈도 금지하고 있습니다.(국적법 제13조 제3항 )
  구체적으로 원정출산의 기준은 국적법에는 규정치 아니하고 있고 국적법시행령에서 규정하고 있습니다.(국적법시행령 제17조제3항)


## 11. 이중국적자는 한국 입, 출국할 때 한국여권을 사용해야 한다.

문: 이중국적자입니다. 한국에 출,입국 할 때 한국여권을 사용해야 하나요?

답: 한국여권을 사용해야 합니다. 이중국적자는 한국 내에서는 대한민국 국민으로서 처우합니다.(국적법제 11 조의2) 이 말은 대한민국의 모든 의무가 부과된다는 뜻입니다. 만약에 귀하가 프랑스에서 영국을 여행할 경우 이때 귀하는 미국여권을 사용해도 됩니다. 그러나 한국 내에서는 미국인으로 주장을 못 합니다. 따라서 한국여권을 사용하고 한국인으로서 권리를 누리고 의무를 부담합니다. 외국인 등록이나 F-4 비자 등을 받을 필요가 없습니다. 따라서 한국을 입국하거나 한국에서 출국할 때 반드시 한국여권을 사용해야 합니다 .

## 12. 이중국적자는 22세 전까지 국적을 선택해야 한다. (남자는 병역 마친 후 2년 연장된다)

문: 25세 여성입니다. 부모님께서 상사 주재원으로서 미국에 있는 동안 출생하였습니다. 선천적 이중국적자입니다. 현재 국적 선택을 하지 않고 한국에 살고 있습니다. 국적법이 개정됨으로써 저에게 어떤 신분상 영향이 있는지요?

답: 과거의 국적법에 의하면 귀하는 이미 한국 사람이 아닙니다. 미국사람입니다. 왜냐하면 선척적 이중국적자는 22세가 되면 한국국적이 자동 상실되기 때문입니다. 따라서 이미 귀하는 과거국적법 규정에 따라서 한국에 거주하던, 미국에 거주하던 한국 사람이 아닙니다. 그러나 귀하와 같은 경우 개정된 국적법 부칙 2조에서 구제하고 있습니다. 귀하께서 2012. 5. 4일까지 「국적 불행사 서약」을 하면 한국 국적을 취득할 수 있습니다. 이중국적을 가질 수 있습니다. 시간이 얼마 남지 않았습니다.

귀하께서 만약에 남성이었다면 병역필 후 2년 내까지 연장됩니다. 남성의 경우 병역문제를 해결하지 않고는 이중국적을 취득할 수 없습니다.

## 13. 선천적 이중국적자 아니어도 이중국적 가질 수 있다.

문: 미국에 이민 온 지 30년이 지났습니다. 나이 70세인데 이중국적을 가질 수 있습니까?

답: 이중국적을 가질 수 있습니다. 출생에 의한 선천적 이중국적자만 이중

국적을 인정하는데 예외적으로 65세 이상 고령자 또는 과학, 경제, 문화 체육 등 특정분야에서 우수한 능력을 보유한 사람은 이중국적을 인정하도록 하고 있습니다. 따라서 귀하께서는 미국국적을 유지한 채 한국국적을 가질 수 있으며 한국에서는 한국인으로서 생활하고 미국에서는 미국시민으로서 생활 하실 수 있습니다.(국적법 10조제2항)

## 14. 적극적으로 국적을 상실한 자는 이중국적 해당이 안 된다.

문: 저는 서울에서 태어나서 미국에 이민 왔습니다. 시민권자이며 현재 25살입니다. 한국에서 병역을 마치면 이중국적을 보유할 수 있는지요?

답: 이중국적이 안됩니다. 귀하는 병역을 마치거나 안 마치거나 관계없이 이중국적을 가질 수 없습니다. 왜냐하면 귀하는 출생에 의한 선천적 이중국적자가 아니기 때문입니다.

또한 선천적 이중국적자라 하더라도 적극적으로 국적이탈 한 경우 이중국적을 인정하지 않습니다. 귀하는 본인의 뜻에 따라 이민을 왔기 때문에 해당되지 않습니다.(적극적 국적상실임). 국적법 부칙 제2조 구제대상에도 해당되지 않습니다.

다만, 귀하께서 65세가 되거나 또는 65세 이전이라도 탁월한 재능을 보유한 경우 법무부장관의 허가를 받아 한국국적을 추가적으로 가질 수 있습니다. 이때는 이중국적을 가질 수 있습니다.

## 15. 앞으로 국적이탈 신고는 외국에서만 할 수 있다.

문: 90. 1. 1 여성입니다. 상사주재원으로 부모님이 미국에 계시는 동안 태어났습니다. 새로운 국적법에 따라 미국 국적을 선택하고 싶은데 언제까지 가능합니까?

답: 한국국적을 포기하고 미국 국적 선택하려면 22세 내에 할 수 있는데 국적이탈 신고는 외국에서만 가능합니다. 개정된 국적법에서 앞으로 국적이탈 신고는 국내에서는 할 수 없고 국외에서만 할 수 있도록 하였습니다. 따라서 생활기반이 국내인 사람은 사실상 국적이탈이 어렵게 되었습니다. 이와 같이 규정한 이유는 사실상 국내에 거주하는 한국 사람이 국적만 외국국적을 취득하려는 것을 방지하고자 하는 취지입니다. (국적법 제14조)

## 16. 외국국적 불행사서약이란? 필요한 서류는 무엇인가?

문: (1)외국국적 불행사서약이란 무엇이며 (2)필요한 서류는 무엇입니까?

답: (1)외국국적 불행사 서약은 대한민국 내에서 외국국적을 행사하지 않겠다는 뜻을 서약하는 것 입니다. 이중국적을 보유하는데 하나의 요식적 행위입니다. 종이 한 장에 한국 내에서 외국국적 행사하지 않겠다는 서약인데 한국 내에서 외국국적을 행사할 일이 전혀 있을 수 없고 법률적으로 발생할 일도 거의 없습니다. 거창하고 대단히 요란해 보이지만 간단합니다. 미국에서 출생한 선천적 2중국적자들은 본인이 원하면 사실상 모두 이중국적을 인정해준다고 보면 됩니다.(남자는 병역해결이 선결임) (2)법무부 출입국 외국인 정책본부 사이트에 가면 필요 양식이 있습니다. 사이트에 소개된 필요서류는 다음과 같습니다.

부록 / 영주권자(시민권자)가 알아야 할, 한국법률 100문 100답

[필요서류]

◇ 국적선택신고서(www.hikorea.go.kr의 민원서식 참조)
◇ 외국국적불행사서약서(www.hikorea.go.kr의 민원서식 참조)
◇ 복수국적자임을 입증하는 서류(아래 서류 모두 필요)
  - 출생증명서, 외국여권 사본
  - 신고인의 기본증명서, 가족관계증명서, 부·모의 기본증명서 (또는 부·모의 제적부)
◇ 원정출산자가 아님을 입증하는 서류(다음 중 1가지)
  - 부 또는 모의 시민권증서 사본(원본대조)
  - 부 또는 모의 영주권 사본(원본대조)
  - 외국의 체류허가(자격변경) 증명서류
  - 유학, 상사 주재원, 기타 직무 파견을 목적으로 자녀 출생 전후를 통산하여 2년 이상 체류하였음을 입증하느 서류(예: 학위증, 성적증명서, 재직증명서, 파견명령서 등)
◇ 확인서(출입국관리사무소 비치)
  - 원정출산 제외기준 제3호에 해당된다고 주장하는 자에 한함 (www.hikorea.go.kr 홈페이지-정보마당-출입국체류 안내-개정 국적법 참조)
◇ 병역관련 증명 서류(남자의 경우)
  - 병적증명서 또는 주민등록초본
◇ 동일인 확인서(www.hikorea.go.kr의 민원서식 참조)
  - 이름, 생년월일, 출생지가 다른 경우에만 제출

◇ 「가족관계의 등록 등에 관한 규칙」에 따른 통보서
 (www.hikorea.go.kr의 민원서식 참조)
※ 심사과정에서 필요하다고 판단되는 경우 제출 서류의 가감을 요구
 할 수 있습니다.

## 17. 이민 1.5세대는 이중국적이 안 된다.

문: 10살 때 부모님 따라 이민 온 이민 1.5세대입니다. 시민권을 취득했습니다. 한국국적을 취득하여 이중국적을 가질 수 있는지요?

답: 이중국적이 해당되지 않습니다. 귀하와 같은 이민 1.5세대는 이중국적 대상이 아닙니다.
 이중국적을 인정하는 취지는 출생에 의한 선천적 이중국적자들이 한국국적을 포기하는 경향이 많으므로(주로 미국) 이것을 방지 하려는 데도 일부 그 취지가 있습니다. 귀하와 같이 적극적으로 국적을 이탈하여 이민을 간 경우 해당되지 않습니다(예외, 우수인재 또는 65세 이상).

## 18. 국적 자동 상실자 구제된다(부칙2조).

문: 현재 30세인 여성입니다. 출생에 의한 선천적 이중국적자 였는데 한국국적이 자동 상실 되었습니다. 이중국적이 가능하나요?

답: 가능합니다. 문12)와 유사합니다. 국적법 부칙 제2조에서 귀하와 같은 경우 소급해서 2중국적을 인정해 주고 있습니다. 만약 귀하가 남자였

다면 18세 이후 국적이탈 및 국적 자동상실이 되지 않기 때문에 병역을 마친 후 2년 내에 서약하면 됩니다.

## 19. 적극적 국적이탈자는 부칙 2조 구제대상이 아니다.

문: 저는 출생에 의한 선천적 이중국적자입니다. 군복무를 마치고 유학중에 대한민국 국적을 이탈(포기)하였습니다. 본인의 경우 국적법 2조의 적용을 받아 이중국적이 가능한지요?

답: 안됩니다. 부칙 제2조에서 구제하는 사람은 국적선택 불이행으로 과거 국적법에서 국적이 자동 상실된 사람과 외국국적(미국)을 포기하고 한국국적을 선택한 사람만이 대상이 됩니다. 대한민국의 국적을 적극적으로 이탈한 사람에게는 해당되지 않습니다. 이 규정은 국회법사위 심사과정에서 수정되었으며, 형평성 등에 논란이 많이 있습니다. 당시 국적법에 의하면 22세 이전에 국적을 선택 하도록 하고 선택을 안 하면 한국국적을 자동 상실시켰는데 법의규정에 따라서 국적선택을 한 사람은 구제하지 않고 법을 어겨 자동으로 한국국적을 상실한 사람만 구제하도록 했습니다. 결과적으로 법을 충실히 이행한 사람은 불이익을 받고, 법을 끝까지 위반하면서 한국국적이 상실된 사람만 혜택을 보게 되었습니다.

## 20. 한국 국적을 적극적으로 이탈한 자는 이중국적을 가질 수 없으나 예외가 있다.

문: 선천적 이중국적자가 국적을 이탈한 후 다시 한국인과 결혼하면 이중국적이 허용되는지요?
답: 안 됩니다. 이미 한국국적을 보유했던 적이 있던 자는 귀화신청을 할 수 없으며 국적법 9조에 따라서 국적회복허가를 받아야 합니다. 국적회복 신청을 할 때 우수한 외국인재에 해당하는 경우와, 65세 이상인 경우만 가능합니다.

부록 / 영주권자(시민권자)가 알아야 할, 한국법률 100문 100답

| 부 록 | 병 역 |  |

## 21. 영주권자는 병역의무 있다.

**문**: 부모님을 따라 15세에 미국으로 이민을 왔습니다. 영주권 받은지 5년이 지났으나 아직 시민권을 받지 못했습니다. (1)저는 병역의무가 있나요? (2)영주권자는 군대에 가지 않는다는데 사실인가요? (3)병역을 마치지 않으면 어떤 불이익이 있나요? (4)지금이라도 시민권을 받으면 병역의무가 없는지요? 또 (5) 18세가 넘었는데 국적이탈이 가능한지요?

**답**: (1), (2) 당연히 병역의무가 있습니다. 영주권자는 대한민국 국민입니다. 대한민국 남자는 18세가 되면 제1국민역에 편입됩니다(병역법제8조). 병역의무가 있다는 말과 군대에 간다는 말은 차이가 있습니다. 영주권자는 병역의무가 있습니다.

그러나 병역의무가 있다고 하여 모두 군대에 간다는 의미가 아닙니다. 영주권자 본인이 원하면 입대하여 현역으로 군복무를 마칠 수도 있습니다. 현실적으로 영주권자는 외국에 거주하여 살고 있기 때문에 대한민국 국민이라고 하여 이를 강제적으로 징집하여 군대에 보내기에는 여러 가지 어려움이 있습니다.

따라서 영주권자의 경우에는 일정기간 (37세) 병역을 연기해주고 있습니다. 38세가 되면 병역의무가 완전히 없어집니다.

(3) 병역의무를 마치기 전까지는 37세까지 연기를 할 수 있고, 연기하는 동안은 병역연기자가 국내에 6개월 이상 체류하거나, 국내에 취업하거나 또는 영리활동을 할 경우 이를 취소할 수 있습니다. 여기에서

주의해야 할 것은 금년부터 부.모와 함께 외국체류를 이유로 병역연기를 했는데 부모가 6개월 이상 한국에 체류할 경우에도 병역연기가 취소됩니다. 실제로 부.모가 국내에 거주하기 때문에 연기처분을 취소당하고 군대에 입대한 예도 있습니다.

  본인이 영주권자이거나, 영주권자인 부. 모와 같이 살거나, 영주권이 없어도 부모와 5년 이상 같이 거주하는 경우와, 이중국적자인 경우 부.모와(시민권자, 영주권자)같이 살거나, 24세 이전에 출국하여 부모와 같이 살거나, 10년 이상 부모와 같이 외국에 사는 경우 37세까지 연기해줍니다.

  이 경우 유념해야 할 것은 병역을 연기해주는 것이 부모와 같이 해외에 거주하기 때문에 연기해주는 것입니다. 따라서 본인이나 부모가 한국에 거주하게 되면 연기처분을 해주지 않습니다.

(4), (5) 지금 시민권을 받으면 병역의무가 없습니다. 한국국적을 상실하고 미국시민이 됩니다. 당연히 병역의무가 없습니다. 귀하는 이중국적자가 아니기 때문에 18세가 넘어도 언제든지 국적이탈을 할 수 있습니다. 만약 출생에 의한 이중국적자였다면 병역을 마치기 전 또는 37세까지 국적이탈을 할 수 없습니다.


## 22. 선천적 이중국적자는 병역의무 있다.(영주목적 출생자)

문: 부부가 영주권 상태에서 태어난 아들이 20세가 되었습니다. 우리 부부는 시민권자이고 우리 아들은 한국에 호적이나 주민등록이 되어있지 않습니다. (1)우리 아들은 병역의무가 있나요? (2) 지금 한국국적을 이탈할 수 있나요? (3) 병역의무를 피할 수 있는 방법이 없나요?

부록 / 영주권자(시민권자)가 알아야 할, 한국법률 100문 100답

**답:** (1) 귀하의 자제분은 출생에 의한 이중국적자(한국부모 +미국출생)입니다. 병역의무가 있습니다(37세까지). 호적 또는 주민등록여부는 이중국적과 관계가 없습니다. 병역법상 재외국민 2세에 해당 됩니다. 재외공관에서 확인을 받으면 한국입·출국 및 취업에 제약이 없습니다. 사실상 병역의무가 부과되지 않는다고 보시면 됩니다.

(2) 병역의무를 마치기 전에는 한국국적을 이탈(포기) 할 수 없습니다. 이중국적자중 영주목적 중에 태어난 아이는 18세가 되기 전에는 국적이탈을 할 수 있습니다. 귀하의 자제분은 지금은 시기를 놓쳤습니다. 37세까지 병역의무가 있습니다.

(3) 귀하의 자제분은 병역의무를 피해갈 방법이 전혀 없습니다. 만약에 자제분이 한국에서 태어났다면, 이중국적이 아니기 때문에 문(21)에서와 같이 국적이탈이 언제든지 가능하고 병역의무가 없는데 이중국적자이기 때문에 안 됩니다.


## 23. 이중국적자(영주목적이 아닌 출생)는 병역의무 있다.(부모 유학중 출생)

**문:** 본인이 유학 중에 아이가 출생되어 이중국적자가 되었습니다. 국적이탈은 하지 않았고, 현재 25세이며 미국 유학 중입니다. 우리 아들은 (1) 군대에 가야하나요? (2) 국적이탈은 가능한지요? (3) 이중국적은 어떻게 되나요?

**답:** (1) 병역의무가 있습니다. 출생에 의한 이중국적입니다. 부모와 같이 미국에 거주하면 37세까지 병역연기가 가능합니다. 부모가 국내에 거주하면 군대에 가야합니다.

(2) 병역을 마치기 전에는 국적이탈을 할 수 없습니다. (문22)와도 상황이 다릅니다( 영주 목적외 출생임). 2005년 전에는 귀하의 자제분도 (문22)에서와 같이 18세 이전에 국적이탈이 가능했는데 지금은 병역을 마치기전에는 국적이탈을 못하도록 하였습니다.(2005년도 국적법) (3) 병역의무를 마치면 (현역본무, 보충력 근무) 귀하의 아들은 2년 내에 이중국적 취득을 할 수 있습니다. 병역의무만 마치면 한국국적, 미국국적 동시에 가질 수 있습니다.

## 24. 원정출산 이중국적자는 병역의무 있다. 이중국적도 안 된다.

문: 방문비자로 미국 방문 중에 출생한 아들이 20세가 넘었습니다. 현재 미국에서 혼자 유학 중인데, 우리 아들의 경우 (1)병역의무가 있는지요? (2)국적이탈이 가능한지요? (3)병역연기가 가능한지요? (4) 이중국적 취득이 가능한지요? (5) 원정출산의 기준은 무엇입니까?

답: (1), (2) 출생에 의한 이중국적자입니다. 병역의무가 있고 원정 출산된 자는 이중국적도 인정되지 않습니다. 병역의무를 마치기전에는 한국국적을 이탈을 할 수 없습니다.(18세 이전에도 안됨) (3) 이중국적자의 병역연기는 37세까지 다음과 같은 경우 가능합니다. 부모와(시민권자, 영주권자)같이 살거나, 24세 이전에 출국하여 부모와 같이 살거나, 10년 이상 부모와 같이 외국에 사는 경우 37세까지 연기해줍니다 (국적법시행령 제128조). 이 경우 유념해야 할 것은 병역을 연기해주는 것이 부모와 같이 해외에 거주하기 때문에 연기해주는 것입니다. 따라서 본인이나 부모가 한국에 거주하게 되면 연기처분을 해주지 않습니다. 귀하의 자녀는 병역연기를 할 수 없고 군대를 가야합니다. 유

학을 이유로 대학24세, 박사과정 28세까지는 연기가 가능합니다(병역법시행령 제124조).

(4), (5) 원정출산된 자는 이중국적이 인정되지 않습니다. 귀하의 자제분은 설사 병역을 마치더라도, 한국 국적 또는 미국 국적 중 하나를 선택하여야 합니다. 병역을 마치기 전에는 한국국적을 포기 할 수 없습니다. 원정출산의 기준은 국적법 시행령에서 규정하고 있습니다. 자녀의 출산전후 1). 2년 이상 계속 거주한 경우, 2). 영주권, 시민권을 획득한 경우, 3). 유학 ,공무파견, 국외주재, 취업등 사회통념상 상당한 사유로 법무부장관이 정하는 기간 동안 외국에서 체류한 경우 외에는 원정출산으로 보고 있습니다.

## 25. 이민자(영주권 취득 후 시민권자)는 병역의무 없다. 한국 활동 제약도 없다.

문: 한국에서 출생하였습니다. 본인만 영주권을 받은 후 시민권 획득하였고, 현재25세입니다. 가족은 한국에 거주하고 있습니다. 본인의 경우, (1) 군대에 가야한다는데 사실인지요? (2) 한국에 가면 공항에서 체포된다는 소문이 있던데요? (3) 한국에 호적 및 국적정리가 안되어 있습니다. 어떤 문제점이 있나요?

답: (1)전혀 그렇지 않다. 귀하는 출생에 의한 이중국적자가 아닙니다. 미국 시민권자라해도 병역 의무가 부과되는 것은 선천적 이중국적자만 대상이 됩니다. 귀하는 국적상실 이민자이기 때문에 병역 의무가 없고, 병역법상 국내 취업 제한이 없습니다. 법적으로 한국 사람이 아닌 외국인입니다.

(2), (3)전혀 사실과 다릅니다. 주민등록정리나 국적이탈신고가 안된 경우 병역사범으로 공항에 통보될 경우는 있을 수 있습니다. 이 경우 신원확인 등을 위하여 억류되거나 비행기 탑승이 지체될 수도 있으나 그러나 귀하는 한국국적이 상실된 시민권자이기 때문에 전혀 문제가 없습니다. 호적이나 주민등록여부에 따라서 국적여부가 결정되는 것이 아닙니다. 이러한 공항에서의 불편을 없애려면 여행 전에 미리 국적상실 신고를 하여 두는 것이 좋습니다.

## 26. 호적이 없는 이중국적자도 병역의무 있다. 그러나 병역 연기 처분을 받을 수 있고 한국내 활동은 자유롭다.

**문**: 본인이 미국에 영주권을 가진 상태에서(시민권이 아님) 우리 아이가 출생하였는데 한국에 출생신고도 하지 않아 호적도 주민등록도 전혀 없습니다. (1)병역의무가 있나요? (2)한국국적이탈이 가능한지요? (3)재외국민 2세로서 병역혜택이 있는지요? (4) 한국에 취업하면 군대 간다는데 맞나요?

**답**: (1), (2)병역의무가 있으며 자제분이 18세가 되었으면 국적이탈을 할 수 없습니다. 37세까지 병역의무가 있습니다.
(3)재외국민 2세 제도는 병역법 시행령 128조 5항에서 규정하고 있습니다. 이는 해외에서 태어나거나 6세 이전에 출국하여 국내 사정이 여의치 아니한 재외국민 2세에 병역혜택을 주며 국내 활동의 제약이 없도록 하기 위한 제도입니다. 귀하의 자제의 경우 선천적 이중 국적자로서 병역의무는 있으나, 재외국민 2세에 해당되면 한국체류 및 취업 등에 제약이 없습니다.

부록 / 영주권자(시민권자)가 알아야 할, 한국법률 100문 100답

(4) 그렇지 않습니다. 재외국민 2세들이 한국에 취업을 하고자 할 경우 최근까지 애로사항이 많았습니다. 이중국적이라는 이유로 교포들에게 주는 F-4비자를 주지 않고 거소증도 만들 수 없으며 또 외국인 등록도 받아주지 않고 있습니다. 대부분 이런 경우 재외국민 2세에 해당되기 때문에 주민등록을 하면 병역연기가 취소되었습니다. 그러나 최근 병무당국에서는 병역법규정(시행령147조의2)을 융통성 있게 해석하고 행정 조치를 하고 있다. 즉 주민등록을 하더라도 병역연기를 취소하지 않도록 하였습니다. 다음에 시행령을 개정할 때 이를 바꿀 예정입니다.

## 27. 영주권자, 이중국적자중 병역미필의 경우 한국 방문시 출국 금지 되나?

문: 25세 영주권자입니다. 가족 모두 미국에 이민을 왔으며 사정상 시민권 신청을 하지 않았습니다. 병역을 마치지 않은 영주권자가 한국에 입국하면 출국을 못한다는데 사실입니까?

답: 국외여행 허가를 받은 경우 문제되지 않습니다. 병역을 마치지 아니한 24세 이상의 남자는 국외 여행시 국외여행 허가를 받아야 합니다. 특별한 경우에만 예외적으로 국외여행을 허가하고 있습니다. 예컨대, 유학, 국외취업, 부 또는 모와 국외거주, 국제 경기 참가 등(병역법 시행령 제109조)입니다. 해외유학생의 경우 대학은 24세, 대학원은 26~28세 까지 자동 연장되고 있습니다. 24세 이전에 출국한자와 국외에서 출생한 자 중 계속 국외에서 거주하고자 하는 자는 25세가 되는 해 1월 15일까지 국외여행 기간연장 허가를 받아야 합니다.

그러나, 본인이 영주권자이거나 부 또는 모가 해외에 거주할 경우 국외여행허가를 받은 것으로 간주하고 있습니다. 이 경우에도 25세 1월 15일까지 재외공관을 거쳐서 병무청에 국외여행 허가 신청서를 제출하여야 합니다.

귀하가 만약에 25세가 되는 해 1월 15일 전 국외여행 허가 신청서를 제출하였다면 귀하는 한국 방문 후 출국하는데 지장이 없습니다. 그렇지 아니한 경우 공항에서 출국금지를 당할 수 있습니다. 이중국적자로서 외국에 부모와 같이 거주하는 자도 마찬가지입니다. 이중국적자이나 부모는 국내에 거주하고 본인만 외국에 거주하는 경우, 예외규정이 없는 경우 출국을 할 수 없습니다. (병역법시행령 제145조)

## 28. 병역미필자 해외출국 시 해외여행 허가를 받아야 한다.

**문:** 이중국적자입니다. 본인의 부모는 한국에 살고 있습니다. 26세이며 병역을 마치지 않았습니다. 본인이 해외여행을 할 수 있는지요?

**답:** 못합니다. 25세 이상은 해외출국 시 병역을 마치지 아니하면 유학, 취업 등의 예외적인 경우를 제외하고 출국허가가 나오지 않습니다. 영주권자와 이중국적자에게 특례를 인정하고 있으나, 그 요건은 본인 부모가 국외에 계속 거주하여야 합니다.

귀하의 경우 부모는 한국에 거주하고 있기 때문에 요건에 맞지 아니합니다.

부록 / 영주권자(시민권자)가 알아야 할, 한국법률 100문 100답

## 29. 병역연기와 병역의무 면제는 다르다.

**문:** 영주권자나 이중국적 자는 군대가지 않는다는데 사실인지요?
**답:** 그렇지 않습니다. 영주권자나 이중국적을 가지고 현재 미국에 거주하여도 병역의무가 있습니다. 대한민국 남자는 18세가 되면 제1국민역에 편입되어 병역자원으로 관리대상이 됩니다. 선천적 2중국적자도 대한민국 국민이기 때문에 당연히 병역의무가 있습니다. 또 18세 이후에는 병역을 마치지 아니하면 국적이탈도 되지 아니합니다.

다만 현실적으로 전 가족이 해외에 이주하여 생활하거나, 이중국적자가 해외에서 실질적으로 거주하는 경우 사실상 병역의무를 적극적으로 강제하기에는 어려움이 있습니다. 그래서 이러한 경우 등에는 37세까지 병역 연기시켜주고 있습니다. 그러나 병역 연기처분을 받은 이들 대상자가 국내에서 영리활동 등에 종사하게 되면 병역연기 처분이 취소되어 병역의무를 마쳐야 합니다. 결국, 다시 말씀드리면 이들 대상자들은 병역연기 기간 국내에서 취업하거나 영리활동을 할 수 없다는 이야기입니다.

시민권자인 경우 병역의무는 당연히 없습니다. (선천적 이중국적이 아닌 적극적 국적 이탈의 경우). 즉, 후천적 국적이탈(한국에서 태어나 한국 국적이었으나 후에 미국이민을 가서 시민권취득)인 경우 병역의무가 없으며, 외국인의 자격으로 국내에 취업활동을 할 수 있습니다. 또한 이 경우 재외동포법의 대상자인 경우 F-4비자를 받아 내국인과 거의 차별 없는 경제활동을 할 수 있습니다. 이 경우도 병역 회피의 목적이 있는 경우 재외동포법의 적용을 받지 못할 수도 있습니다. 그러나 취업 등 영리활동에는 제약이 없습니다.

## 30. 국적 자동 상실자, 국적 이탈자 등은 병역의무 확실한 이해가 필요하다.

문: 영주권자나 시민권자 등 병역의무 관계가 사람마다 하는 이야기가 달라서 혼란스럽다.

답: 많은 교포들이 혼란을 빚고 있습니다. 쉽게 설명 드리면 한국 국적이 있는 대한민국 남자는 병역의무가 있으며 만 18세가 되면 제1국민역으로 자동 편입됩니다. 영주권자나 선천적 이중국적자(부모 유학 중 미국 출생)도 해당됩니다. 그러나 국적 적극 상실자(한국에서 태어나 미국 시민권취득)는 병역의무가 없습니다. 영주권자나 선천적 이중국적자의 경우 37세까지 병역연기 처분을 받을 수 있습니다. 이 기간 동안 국내 취업 등을 못합니다. 그러나 37세가 경과하면 병역의무가 해소됩니다. 그 이후는 영리활동에 제약이 없습니다. 영주권자는 주민등록이 제적되어 있을 경우, 또는 선천적 이중국적자이나 한국내 주민등록이 애당초 없는 경우 제1국민역에 편입되지 아니하고, (제1국민역 편입은 주민등록을 기준으로 하고 있음) 또 확인할 방법도 없으나 후에 이러한 사실이 밝혀지면 병역의무가 부과되거나 영리행위를 못하게 될 가능성이 있습니다.

## 31. 영주권자, 시민권자이다. 군대가고 싶다.

문: 영주권자(시민권자)입니다. 한국 군대에 가고 싶은데요?
답: ⑴ 영주권자는 입영에 별 문제점이 없습니다. 외국에서 오랜 생활을 한 영주권자들을 위하여 군 당국에서 특별 배려를 해주고 있습니다.

**부록** / 영주권자(시민권자)가 알아야 할, 한국법률 100문 100답

특히 영주권 박탈 등을 고려하여 휴가를 갈 수 있도록 특별히 배려하고 있습니다. 그러나 영주권자의 경우 재입국 등을 고려하여야 합니다. 이민법상 복잡한 문제가 발생할 수도 있습니다. (2) 이중국적자의 경우 한국군 입대는 별다른 문제가 없으나, 미국시민권자인 경우 미국시민권을 포기하고 한국국적을 취득한 후 군에 입대할 수는 있습니다.

알기쉬운 미국이민법 · 영주권을 원하십니까?

### 부 록  재외동포법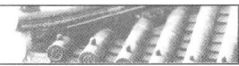

## 32. 재외동포법은 재외동포들을 위한 법이다.

**문:** 재외동포들을 위한 재외동포법의 구체적인 내용을 알고 싶습니다.

**답:** 재외동포의 출입국과 법적 지위에 관한 법률(이하 "재외동포법"이라 약칭함)은 재외동포가 한국의 출·입국 및 한국 내에서 법적지위를 도모할 목적으로 김대중 정부 당시 1999년 9월 2일 제정되었습니다. 그 주요내용은 재외국민(영주권자나 시민권자 및 그 직계비속 등)의 한국 출·입국을 간편히 하고, 한국 내에서 각종 경제활동을 기타 외국인에 비하여 대폭 간소화한 것이 주된 내용입니다.

재외동포법에서는 F-4 비자를 신설하여 이 비자를 받은 재외동포는 2년간의 체류기간을 주고(연장도 가능함) 국내에서 모든 경제활동에 제약을 폐지하고 있습니다(단순노무, 사행행위는 안됨). F-4 비자를 소지한 동포는 외국인 등록을 할 필요가 없고(거소 신고는 해야 함) 건강보험 및 국민연금도 가입할 수 있도록 하였습니다.

또한 부동산거래, 금융거래, 외국환거래 등에 외국인들과는 달리 많은 제약을 폐지하여 내국인과 유사한 처우를 하도록 하고 있습니다.

## 33. 재외동포법 혜택을 볼 수 있는 사람은 누구인가? 대상자는?

**문:** 본인은 미국에서 태어난 시민권자이고, 부모도 미국 시민권을 취득하

부록 / 영주권(시민권자)가 알아야 할, 한국법률 100문 100답

였습니다. 저는 재외동포법에 따른 재외동포에 해당되는지요?

답: 재외동포법 제2조에서 제외동포 범위를 정하고 있습니다. 대상자는 영주권자, 한국국적을 보유하였던 자와 그의 직계비속이 대상자입니다 (동법 제2조). 따라서 귀하의 부모는 과거 한국국적을 보유했던 관계로 현재 시민권자라 하더라도 재외동포에 해당되어 본법의 적용 대상입니다.
　귀하는 한국에 입·출국할 때 또는 경제활동에 있어서 외국인과는 다르게 특별한 혜택을 줍니다. F-4 비자를 받으면 외국인 등록을 할 필요가 없습니다. 별도의 취업비자를 받을 필요가 없습니다. 단순히 거소신고만 함으로써 주민등록과 같은 효력이 부여되고 또한 금융거래, 부동산 거래 등 외국인들과 달리 한국 사람으로 대우 받습니다. 귀하가 이중국적자인 경우는 해당되지 않습니다.

## 34. 재외동포법의 적용을 받으려면 어떠한 절차가 필요한가?

문: 재외동포법에 의한 F-4 비자를 취득하려면 어떠한 절차가 필요한지요?
답: 재외공관에서도 신청할 수 있고, 일단 무비자로 한국에 입국한 후 출입국관리사무소에서 신청할 수도 있습니다. 병역기피 등을 목적으로 한 국적이탈, 상실자 등에게는 이 자격이 부여되지 아니하므로 사전에 재외공관에 신청하여 F-4비자 발급여부를 확인하고 그 대상이 되지 아니하면 기타 외국인의 자격에 준한 합당한 비자를 발급받는 것이 바

람직스럽다고 할 수 있습니다. 이중국적자였던 자가 병역을 면탈할 목적으로 한국국적을 이탈할 경우에는 이 법의 대상자가 아닙니다(동법 제5조 제2항).

## 35. 재외동포는 F-4 비자 받으면 유리하다. 체류, 의료보험 등 혜택이 많다.

문: 한국계 미국 시민권자입니다. 한국에 취업으로 장기체류하고자 합니다. 재외동포법에 의한 F-4비자를 받는 것과 일반외국인으로 비자를 받아 체류하는 것 중 어느 것이 유리한지요?

답: 재외동포법의 대상자이면 F-4비자로 오는 것이 유리합니다. F-4비자를 발부하는 이유가 외국 사람이지만 동포라는 이유로 특별히 우대해 주기 때문입니다. F-4 비자를 받으면 최소 2년간 한국에 체류할 수 있고 체류기간 연장이 가능하나 일반외국인 비자로 입국하는 경우 비자종류(36개)별로 행위제한이 있고 그 기간이 다릅니다.(재외동포법 제10조)

또한 F-4 비자는 사행행위(도박장 개설 등), 단순노무행 등을 제외한 경제행위에 제한이 없습니다. 외국인 등록을 할 필요가 없고, 단순히 거소신고만 함으로써 주민등록증을 대용할 수 있습니다. 외국인은 건강보험 가입에 제약이 있으나 재외동포는 의료보험에 가입할 수도 있고(90일 이상 체류시) 또 국민연금도 가입할 수 있습니다.

## 36. F-4 비자로 단순 노동행위, 사행행위 할 수 없다.

문: 재외동포에게 주어지는 F-4 비자로 할 수 있는 것이 무엇입니까?
답: 일반 외국인은 한국에 입국하면 장기(90일 초과) 체류인 경우 비자목적에 맞는 행위만 할 수 있습니다. 그러나 재외동포들이 F-4 비자로 입국하면 단순노동행위, 사행행위만을 제외하고 내국인과 거의 대등한 경제활동을 할 수 있습니다.

단순 노무행위는 단순하고 일상적인 육체노동을 요하는 업무로서 한국 표준 직업 분류상의 단순노무직 근로자의 취업분야를 말합니다. 사행행위 등 선량한 풍속 기타 사회질서 위반 행위는 사행행위 영업장소 등에의 취업, 유흥주점 등에서 유흥종사자로 종사하는 행위, 선량한 풍속에 반하는 영업장소 취업 등입니다.

기타 공공의 이익이나 취업질서 등의 유지를 위하여 취업을 제한할 필요가 있다고 인정되는 경우 법무부장관은 위 재외동포의 취업활동 제한에 관한 구체적 범위를 지정하여 고시합니다.

## 37. 거소등록은 주민등록 효과가 있다.

문: 재외동포법상 거소등록을 주민등록증에 갈음한다는 의미는 무엇입니까?
답: 재외동포는 한국 내에서 주민등록이 말소되거나 없는 것이 대부분입니다. 그러나 한국에서의 생활은 본인의 사실 확인 등에 있어서 주민등록증, 주민등록등(초)본 등이 필수적입니다. 각종 면허증, 자격증,

인ㆍ허가를 신청할 경우 주민등록등이 요구 될 때 거소 등록증으로 주민등록에 대신할 수 있다는 의미입니다. 따라서 재외동포가 한국 내에서 활동할 때 많은 경우에 주민등록증 지참이 필수적인데 거소증으로 주민등록증과 같은 효과를 대치할 수 있기 때문에 그만큼 재외동포의 한국 내 각종 생활이 편리해질 수 있습니다.

## 38. 시민권자는 외국인 등록을 해야 한다. F-4비자 받으면 안해도 된다.

문: 시민권자 입니다. 사업상 1년 이상 한국에 체류해야 하는데 (1)외국인 등록을 해야 하나요? (2)주민등록이 말소된 영주권자는 어떻게 합니까?
답: (1) 90일 이상 국내 거주하는 자는 외국인 등록을 해야 합니다(출입국관리법제31조). 재외동포법에서 재외동포 요건에 해당하면 거소신고만 하면 됩니다. 영주권자는 등록할 필요 없습니다. 한국국민 입니다.
(2) 영주권자도 거소등록을 할 수 있습니다 (재외동포법제6조). 영주권자는 거주여권을 받도록 되어있고, 주민등록은 말소 됩니다. 주민등록이 말소된 관계로 각종 은행거래, 자동차 면허 등을 위해서 거소등록을 합니다. 미국에서 신분변경을 통하여 영주권을 취득한 경우 주민등록이 말소 되지 않는 경우가 많이 있습니다. (한국정부에서 모르니까) 영주권을 취득한 자는 거주여권을 발급받아야 합니다. 거주여권을 기피하고 있는데, 그 이유는 한국 내에서 불편함, 특히 의료보험 등 혜택을 보려고 그러는데, 거주 여권을 가진다 해도 금융거래, 부동산 거래, 의료보험 등에 문제가 없습니다. (의료보험은 90일이 경과하여야 함)

**부록** / 영주권자(시민권자)가 알아야 할, 한국법률 100문 100답

## 부록  여 권

### 39. 여권, 비자의 차이점?

문: 여권과 비자의 차이점은 무엇입니까?
답: 여권은 외국을 여행하는 자기나라 사람의 신분이나 국적을 증명하고 상대국에 그 보호를 의뢰하는 문서입니다. 여권법에는 일반 여권, 관용(官用) 여권, 외교관 여권으로 구분하고 있고, 거주여권에 대한 법적인 근거는 여권법에는 없습니다. 비자는 개인이 타국으로 들어가려고 할 때, 그 국가의 공관으로부터 여권의 검사를 받고 입국해도 좋다는 입국허가 즉 입국사증을 말합니다.

### 40. 영주권자는 거주여권을 받아야한다.

문: 방문비자를 받아서 미국에 온 후 현지에서 영주권을 받았습니다. 여권의 만료기간이 많이 남아 있는데, 거주여권으로 바꿔야 하나요?
답: 영주권을 취득한 자는 일반여권을 반납하고 거주여권을 소지하도록 하고 있습니다. 영주권자는 외국에 장기 거주를 목적으로 하기 때문에 단기적 임시적으로 외국여행을 목적으로 하는 일반여권과 다르기 때문입니다. 거주여권의 효력은 일반여권과 전혀 다르지 않습니다. 영주권자에게는 보통 10년 기간의 거주 여권을 재발급을 해주고 있습니다.

## 41. 기소중지자는 여권을 발급 받지 못한다.

문: 한국에서 범죄행위 때문에 기소중지인 상태입니다. 외국에 도피 중인데 여권이 만료되었습니다. 여권을 재발급할 수 있나요?

답: 안됩니다. 일반 국민이 외국에 체류 중에 여권이 만료된 경우 대사관이나 총영사관에서 여권을 재발급해 주고 있습니다. 3년 이상의 형에 해당하는 죄를 범하고 국외로 도망하여 기소중지인 경우 여권 재발급을 해주지 않습니다.(여권법 제12조). 여권 재발급시 해외공관에서 본국으로 신원조회를 합니다. 신원조회 시 기소 중지자는 신원조회에 나타나기 때문에 재발급이 불가능합니다.


## 42. 여권을 재발급 받지 못하면 영주권, 시민권 신청에 지장이 있나?

문: 여권이 만료되었습니다. 여권 재발급을 신청했는데 한국에서 불미스러운 일로 기소중지 중에 있는 관계로 재발급이 되지 않는다고 합니다. 저는 영주권이나 시민권 신청을 할 수 없는지요?

답: 비자를 연장하거나 체류신분을 변경하려면 유효한 여권이 있어야 합니다. 여권의 유효기간이 만료되었다면 미국의 이민국에서는 신청서류 미비로 비자연장, 신분변경이 허가되지 않습니다. 한국에서 이민비자를 신청할 때도(가족이민, 취업이민, 투자이민 등) 유효한 여권사본을 제출해야 합니다. 영주권을 미국에서 신청할 때(I-485) 이때는 유효한 여권을 요구하지는 않지만 가급적 유효한 여권을 제출하는 것이 바람직스럽습니다. 시민권을 신청할 때는 여권을 제출하지 않습니다. 유

부록 / 영주권자(시민권자)가 알아야 할, 한국법률 100문 100답

효한 여권이 없으면 영주권 신청할 때 다소 문제가 될 수 있고 시민권 신청할 때에는 문제가 없으나 시민권을 받을 때까지는 한국여행 등을 고려하여 유효한 여권을 소지하는 것이 바람직스럽습니다. 가급적 범죄문제를 해결하여 기소중지를 풀고 유효하게 여권 연장을 하시길 바랍니다.

## 43. 영주권자는 여권이 만료된 경우 재발급 받아야 한다. 벌금 없다.

**문:** 영주권자입니다. 바쁘게 생활하다보니 여권 유효기간이 훨씬 지났습니다. 급히 한국을 방문할 일이 발생하여 여권을 재발급 받아야 하는데 문제가 없는지요? 벌금이나 처벌받지 아니하는지요?

**답:** 여권을 재발급 받으실 수 있습니다. 벌금을 납부하거나 처벌을 받지 아니합니다. 원래 외국에 체류하는 경우 유효한 여권을 소지하여야 합니다(영주권자도). 귀하는 사실상 여권법을 위반한 상태이나 이런 경우 처벌조항은 없습니다. 일부 교민들 중에 어떠한 처벌이나 벌금 등이 있을 것을 염려하는데, 염려할 필요 없습니다. 여권 재발급 등에 신원조회 시간이 필요하니 충분한 시간을 가지고 대사관 또는 총영사관에 가서 신청을 하면 됩니다.

## 44. 시민권자인데 한국 국적 상실신고를 안했다. 한국 여권 사용 하면 문제가 된다

**문:** 미국에서 영주권을 받은 후 시민권을 받은 시민권자입니다. 한국 국적 상실신고를 아니하였고, 한국 내 주민등록 등 전혀 변동사항이 없고, 유효한 한국 여권도 있습니다. 한국 방문 할 때 한국 여권을 사용해도 문제점은 없는지요?

**답:** 안됩니다. 미국 국적 취득과 동시에 한국 국적이 자동 상실되었으며 귀하는 한국 사람이 아닙니다. 미국인입니다. 여권의 효력은 자동상실 됩니다(여권법제13조제1항7호).따라서 한국 여권 사용은 한국법과 미국법을 동시에 위반하는 결과가 됩니다.

**부록** / 영주권자(시민권자)가 알아야 할, 한국법률 100문 100답

| 부 록 | 한국비자 |

## 45. 시민권자 장기간 한국에 체류하려면 한국비자를 받아야 한다. F-4비자 받으면 외국인 등록 필요 없다.

**문:** 시민권자입니다. 사업상 장기간 한국에 체류하여야 하는데 (1) 한국 비자를 받아야 하나요? (2) 외국인 등록도 해야 하나요?

**답:** (1) 장기간 한국에 체류하여야 할 경우 목적에 맞는 한국 비자를 받아야 합니다. 귀하께서 「재외동포법」에 의한 재외동포인 경우 비자 없이 방문하여 재외동포 신분을 확보하면 2년간 체류가 가능합니다(재외동포법 제10조제1항). 또 갱신할 수 있습니다. 한국 출입국 관리사무소나 분소 등에 가서서 하면 됩니다. (2) F-4비자를 받으면 외국인 등록이 필요 없으며 거소 등록만하면 됩니다.(동법 제10조제4항)

## 46. 시민권자 무비자 단기 한국 방문은 90일이다.

**문:** 시민권자입니다. 단기간 한국을 방문하고자 하는데, 비자가 필요합니까?

**답:** 단기(90일) 한국 방문은 비자가 필요 없습니다. 30일 이상 체류하는 경우 거소신고를 한 후 거소증을 발급 받을 수도 있습니다. 거소신고는 출입국 관리 사무소에서 합니다. 한국계 미국인이 아니면(해외동포

를 제외한 순수한 미국 시민권자) 90일을 초과하여 한국에 체류하려면 목적에 맞는 비자를 발급받아야 합니다. 순수 외국인은 해외동포법에 의한 F-4 비자를 받을 수 없습니다.

## 47. 병역미필 영주권자 F-4비자 받을 수 있나? 국내활동시 병역연기 취소되거나 추방될 수 있다.

문: 영주권자입니다. 병역을 마치지 아니하고 연기 중에 있습니다. F-4 비자를 받아서 국내에서 활동할 수 있는지요?

답: 영주권자나 이중국적자는 F-4비자를 받을 수 없습니다. F-4비자는 시민권자에게만 발급됩니다. 시민권자라도 병역기피의 목적으로 한국 국적을 이탈한 경우에는 발급되지 않습니다. 병역연기를 한 영주권자는 국내에서 영리활동이나 취업을 할 수 없습니다.

다만, 최근 해외동포 중 병역을 마치지 아니하고 외국국적을 취득 후 F-4 비자를 발급받아 국내에서 활동하는 문제에 대하여 병무당국에서는 불만이 많습니다. 특히 일부 연예인들이 이런 경우가 많아서 정부에서는 유심히 관찰하고 있으며, 법의 적용을 강화하거나 규제할 움직임도 있습니다. 현재로서는 병역기피 목적이 없으면 자유롭게 활동할 수 있습니다

부록 / 영주권자(시민권자)가 알아야 할, 한국법률 100문 100답

**부 록**  부동산관련사항

## 48. 외국인(시민권자)은 한국토지 매입하려면 신고해야 한다.

**문:** 시민권자입니다. 여유자금으로 한국에 있는 토지, 건물 등 부동산을 구입하고자 하는데 가능한지요?

**답:** 외국인이 건물을 매입하는 데에는 별다른 제약을 두지 않습니다. '외국인 토지법'에 의하여 외국인에게 특별히 제약을 둘 필요가 있는 경우(예, 군사시설 보호구역 등)외국인은 토지매입을 할 수 없습니다. 이러한 제약이 없는 경우 관계행정기관(시, 군, 구)에 신고만 하면 토지취득을 할 수 있습니다. 최근에 외국인 토지법을 개정하여 "부동산거래신고"를 하는 경우 별도의 토지취득신고를 하지 않아도 되도록 하였습니다. 이것은 외국인 토지법상 규정입니다.(외국인토지법 제 4조)

　여기에서 주의해야 할 것은 앞에서도 설명한 바와같이 미국법과 체계가 다른 한국법률은 타 법률에서 그 적용을 배제시키거나 예외 규정을 두는 경우가 너무 많습니다. 미국법률과 체제가 다릅니다. 미국법률은 다른 법률에 배제시키거나 예외규정을 두는 경우 해당법률에서 자세히 규정하고 있습니다. 또 체계적으로 규정되어 있습니다. 따라서 해당 법률만 잘 숙지하면 별다른 문제점이 없습니다. 한국법률 체계와 너무나 차이가 납니다. 한국법률은 해당되는 그 법률만 확인하면 안 됩니다. 다른 법률에서 또 어떻게 규정하였는지도 살펴봐야합니다. 해당 법률 조문만 알고 있다가 예상치도 않은 법률에서 전혀 다른 내용

으로 그 법률의 효과를 배제시키는 경우가 너무 많습니다.

여기에서도 그렇습니다.「외국인토지법」에서는 군사시설 보호구역 등 일부 제한되는 것을 제외하고는 외국인도 토지를 구입할 수 있도록 하고 있으나,「농지법」에서는 직접 농사를 짓지 않으면 토지(농지)를 구입할 수 없도록 하고 있습니다.「이들 관계되는 법률을 모두 확인해야 됩니다.

전반적으로 한국법률이 서로 엮여있어서 이들 법률을 모두 조사하고 검토해야 합니다.

## 49. 시민권자(영주권자) 한국부동산 매입자금 송금은 문제없나?

문: 시민권자(영주권자)입니다. (1) 한국부동산 매입자금을 미국에서 송금할 때 문제점은 없는지요, (2) 또 제가 부동산을 매각할 때 그 대금을 한국에서 미국으로 반출이 가능한지요?

답: (1) 문제점이 없습니다. 미국에서 한국에 송금할 때 그 해당자금이 범죄에 의한 수익금 등이 아니고 합법적인 송금자금의 출처를 확인할 수 있으면 문제없습니다. 가급적 본인 명의로 송금하고 수취인이 본인명의로 되는 것이 바람직스럽습니다. 타인명의로 송금하거나 송금을 받을 경우 증여세 문제가 제기될 가능성도 있습니다. (2) 한국에서 해당 부동산을 매각하여 미국에 반출할 때도 문제가 없습니다. 대금 반출시 자금 출처를 밝히고 해당 세무서장이 발급하는 세금완납 증명서를 외국환 거래 은행(대부분 은행이 해당됨)에 제출하시면 반출 대금 송금에 문제가 없습니다.(외국환거래규정)

부록 / 영주권자(시민권자)가 알아야 할, 한국법률 100문 100답

## 50. 한국에 부동산이 있는데 시민권을 받았다. 가지고 있던 토지는 신고하여야 한다.

문: 최근 시민권을 받았습니다. 한국에 상당한 토지 및 건물 등 부동산이 있습니다. (1)영주권자인 경우와 시민권자인 지금의 경우 차이가 있나요? (2) 처분하기 보다는 자녀들(시민권자)에게 물려주고 싶은데요?

답: (1) 외국인 토지법에 의하여 귀하께서는 토지의 경우 6개월 이내에 신고해야합니다. 건물은 상관없습니다. 외국인 토지법에 의하면 외국인이 토지를 매입하고 신고를 하지 않을 경우 300만원의 과태료를 부과합니다. 군사시설보호구역, 문화재보호구역, 자연환경 생태보전지역, 야생동식물보호구역 등의 경우 신고하지 아니하고, 토지취득 계약을 체결 하거나, 부정한 방법으로 허가를 받는 경우 2년 이하의 징역이나 2천만원 이하의 벌금에 처하도록 되어 있습니다.

귀하의 경우도 신규매입은 아니나 외국인으로 신분이 변경되었기 때문에 계속보유 신고를 하여야 합니다. 신고를 6개월 이내에 하여야 합니다(외국인토지법제6조).

신고를 하지 아니하였다면 해당법률에 의하여 처벌받습니다.(현재 과태료 100만원임)

(2) 자녀에게 한국에 있는 재산을 상속. 증여할 경우 상속. 증여세를 납부 하여야하며, 상속. 증여세 납부 의무는 미국정부에도 있고 한국정부에도 있습니다. 그 이유는 귀하는 시민권자(미국세법상 미국거주자)이기 때문에 미국정부에 상속세나 증여세 과세권이 있고 또한 상속재산이 한국에 있기 때문에 한국 정부에도 과세권이 있습니다.

따라서 한국정부에도 납부해야합니다. 결과적으로 2중으로 세금을 납부 하여야 된다는 결론인데, 한국과 미국사이에 2중과세방지 조약

알기쉬운 미국이민법·영주권을 원하십니까?

이 체결되어 있는 관계로 한국에서 납부한 세금은 미국에서 공제 받을 수 있습니다.

## 51. 시민권자는 전원주택 매입할 때 주의해야한다.

**문:** 미국에 이민 온 지 30년이 지났습니다. (1) 은퇴 후 고향근처 시골에 토지를 구입하여 전원주택을 지어서 살고 싶습니다. 문제점은 없는지요? (2) 등기절차가 복잡하여 동생 명의로 등기하고자하는데 문제가 있나요?

**답:** (1) 한국에서 토지를 구입 할 경우 많은 법적인 제약이 있습니다. 먼저, 귀하께서는 외국인이기 때문에 계약 체결일로부터 60일 이내에 토지 취득 신고를 하여야합니다(시·군.구). "부동산거래신고"를 하였다면 다시 토지취득신고를 할 필요는 없습니다. 군사보호지역, 문화재보호구역, 자연환경생태. 경관보전지역, 야생동식물 보호구역등의 토지를 구입할 때는 사전 허가를 받아야합니다(외국인토지법제4조제2항). 토지라 하더라도 "농지"는 사실상 농민이 아니면 구입할 수 없습니다. 농민이 아닌 경우 300평(1000㎡)까지 주말 체험농장 목적으로 구입할 수는 있습니다. 그러나 직접농사를 지을 수 있어야 합니다. (농지법 6조, 7조) 따라서 사실상 귀하의 시골에 있는 농지를 구입할 수 없습니다. 시골에 토지를 구입하기 전에는 이러한 법률적 검토가 사전에 충분히 되어야 합니다. 해당 토지가 농지인지 여부는 토지대장이나 등기부를 확인하면 알 수 있습니다. 시골에 있는 토지라도 지목이 대지로 되어 있으면 문제점이 없습니다.

(2) 과거에는 친척 등 다른 사람의 명의를 빌려서 농지 등을 구입하기

도 했으나 "부동산 실권리자명의 등기에 관한 법률"이 제정되어 친척 등 제 3자 명의로 부동산을 취득하는 것이 금지되었고, 잘못하면 소유권도 잃을 수 있습니다. 형사처벌까지 받습니다.

따라서 귀하께서 전원주택을 짓고자 하는 대상 토지가 "농지"인지 여부를 먼저 확인하고, 농지가 아니면(대지, 잡종지) 도시계획 확인원을 발급받아 행위제한(예컨대 군사보호지역, 상수도 보호지역, 환경보호지역등)이 없는지 확인하고, 모든 제한이 없으면 시청, 군청에 외국인 토지매입 신고를 하거나 허가를 받으면 됩니다. 그리고 등기는 귀하의 명의로 직접 해야 합니다.

## 52. 시민권자(영주권자) 부동산 매입, 매각 등기 절차는? 미국에서도 한국에 오지 않고 한국 부동산을 매입·매각할 수 있다.

문: 시민권자입니다. 한국에 부동산을 매입하려는데 등기절차는 어떠한지요? (2) 매각할 때 문제점은 없나요?

답: (1) 시민권자가 부동산등기를 하려면 출입국관리소에서 외국인 부동산 등기용 등록번호를 부여받아야 합니다(부동산등기법제41조의제1항). 재외동포법에 의한 재외동포는 국내거소 신고번호로도 가능합니다. 영주권자의 경우 주민등록이 말소되지 않은 경우 주민등록번호를 사용할 수도 있습니다. (부동산 등기법)

(2) 부동산 매각의 경우도 큰 문제점이 없습니다. 매각할 때 인감증명이 필요한 경우 인감을 신고할 수도 있고, 인감증명이 없는 미국 내에서 처분하고자 할 때 처분위임장에 서명을 하고 해외공관에서 증명을

받거나 공증하여 인감증명에 대체할 수도 있습니다. 한국에 오지 않고 미국에서도 매각할 수 있습니다. 등기절차가 복잡하여 한국 내에서 부동산 거래의 등기수속은 통상적으로 「법무사」에게 대행시키고 있습니다. 비용도 비싸지 않습니다. 본인이 직접 하기에는 절차가 너무 복잡합니다.

## 53. 한국 부동산 매각 대금 반출 할 수 있나?

**문:** 미국시민권자(영주권자)입니다. 한국에 토지 및 건물 등 부동산이 있습니다. 이를 처분하여 미국에 반출하고자 합니다. 어떻게 하여야 합니까?

**답:** 과거에는 한국에서 한국의 재산을 외국에 반출할 때는 외국환 관리법에서 엄격히 제한을 하였습니다. 아무리 자기 재산이 많다 하더라도 외국으로 임의로 자기 재산을 반출할 수 없었습니다. 지금은 이러한 외환거래 제한을 대폭 완화하였습니다.

먼저, 자기 재산을 외국에 반출하려면 외국환 거래은행을 지정하고, $10만 이상의 경우 자금출처를 확인 받아야 합니다. 부동산 매각대금인 경우, 부동산 매매계약서 및 각종 세금 완납 증명서를 관할 세무서장으로부터 확인을 받아야 합니다. 이러한 절차를 거치면 금액제한 없이 외국에 부동산 매각대금을 반출 할 수 있습니다.(외국환거래규정)

## 54. 부모로부터 상속받은 재산을 처분하여 반출할 수 있다.

문: 시민권자(영주권자)입니다. 한국에 계신 부모님으로부터 상당량의 부동산을 상속받았습니다. (1) 매각하여 대금을 반출시킬 수 있나요? (2) 본인이 사정상 한국에 갈 수 없습니다. 한국에 가지 않고도 매각하여 자금반출이 가능한지요?

답: (1) 가능합니다. 매각하신 대금을 송금할 때 관할 세무서장으로부터 모든 세금(상속세, 양도소득세 등)을 완납하였다는 증명서를 발급받아 외국환 거래은행(대부분 은행이 외국환 거래를 함)에 가셔서 본인 통장을 개설하고 본인 명의로 미국에 있는 본인 계좌에 송금하시면 됩니다. 본인 구좌에서 미국의 타인구좌로 송금할 경우 제약을 받고 증여세 등이 부과될 수도 있습니다. 본인 계좌에서 본인계좌로의 송금이 자금출처도 명확하고 미국 측에서도 송금된 금액이 마약 및 범죄자금이 아니라고 증명할 수 있는 방법이 되기도 합니다. (2) 본인이 직접한국에 가지 않고 처분하여 그 대금을 반출할 수 있습니다. 대리인을 통하여 매각할 수 있습니다. 문52를 참고 하시기 바랍니다.


## 55. 한국은 부동산 실명제를 실시하고 있다.

문: 미국에 이민 오기 전에 한국에 토지 및 건물 등을 구입하여 사정상 처남 명의로 등기를 하였습니다. (1)본인 명의로 등기 이전을 받고 싶은데 문제점은 없는지요? (2)매매계약서를 작성하여 소유권을 넘겨받는 방법은 없는지요?

답: (1)과태료를 납부하여야 합니다. 부동산 실권리자 명의 등기에 관한 법

률이 1995년 7월 1일 제정되어 실시되고 있습니다. 이 법은 부동산을 매입·매각할 때 친척 등 제3자 명의로 하지 못하게 하고 있으며, 이미 제3자 명의로 명의 신탁이 된 경우 일정한 기간 내에 본인 명의로 이전토록 하고 있습니다. 이에 대한 이행이 늦어지면 과태료를 부과하고 있습니다.

이 법의 과태료 규정을 살펴보면 이 법의 시행시기인 1995년 7월 1일 이후 실소유자로 명의 이전이 되지 아니하면 부동산 가액의 30%까지 과태료를 부과하도록 되어 있습니다(경과규정을 두고 있으나 그 기간이 지났음).

따라서 귀하의 명의로 이전하려면 30% 이하의 과태료를 납부하여야 합니다(부동산 가액이 10억이면 3억의 과태료)

(2)과태료 납부를 회피하려고 허위로 매매 등을 하여 대금을 지급받는 편법행위를 할 경우도 있는데, 이런 경우 법위반의 정도에 따라 최고 5년 이하의 징역 또는 2억원 이하의 벌금형에 의하여 처벌받게 됩니다. (동법제 7조)

## 56. 주택을 임대차(렌트)할 때 주의해야 한다.

**문:** 시민권자(영주권자)입니다. 미국 회사에 취직이 되어 근무 중인데 한국 지사 발령이 난 관계로, 2년 동안 서울에 있을 예정입니다. 주택구입은 할 수 없고 Rent를 하여야 하는데, 임대차 관계에서 유의해야 할 점은 무엇입니까?

**답:** 주거용 건물을 임차할 때 주택임대차보호법의 보호를 받습니다. 한국에서 주택임차는(Rent) 미국의 "월세" 보다는 한국만의 특징인 전세

제도가 대부분입니다. 전세 보증금이 주택의 40~60%에 해당되어 고액입니다. 잘못하면 전세 보증금을 반환받지 못할 염려가 있습니다.

다행히 주택임대차보호법에서 세입자를 보호하기 위하여 주택의 인도와 주민등록 전입신고 및 임대차 계약서에 확정일자를 받으면 임차보증금(전세금)을 우선순위로 반환 받을 수 있는 길이 있으나, 이미 선순위 저당권자 등이 있을 경우 문제가 발생 할 수 있습니다(주택임대차보호법 제3조).

특히, 시민권자 영주권자는 주민등록이 되어 있지 않기 때문에 주민등록 전입신고를 할 수 없어 확실하게 보증금을 보호받기에는 어려움이 있습니다. 재외동포법에서 거소등록을 하면 주민등록의 효과를 인정하고 있으며(재외동포법 제9조) 하급법원의 판례에서 거소등록을 한 경우 주민등록 전입신고와 같은 효력을 인정한 경우도 있습니다. 이러한 점들을 비추어볼 때 거소등록을 한 경우에도 보증금이 보호된다고 보여지나 아직 대법원의 판례나 임대차 보호법에 명시적인 보호 규정이 없기 때문에 다소 주의가 요망됩니다. 가급적 월세를 구하는 것도 한 방법이라고 하겠습니다.

## 부록 금융거래, 투자

## 57. 시민권자(영주권자)도 한국 주식투자 및 예금거래를 할 수 있다.

문: 시민권자(영주권자)입니다. 한국에서 주식투자, 펀드 및 예금거래를 할 수 있나요?

답: 할 수 있습니다. 영주권자 또는 시민권자가 국내의 펀드에 투자하고자 하는 경우 국내 거주자와 동일하게 자유롭게 투자할 수 있습니다. 펀드투자는 금융기관과 금융상품계약을 체결하는 것이므로 신분을 증명할 수 있는 신분증이 있어야 하며, 인감 날인 또는 서명으로 펀드 거래가 가능합니다.

국내의 증권에 투자하고자 하는 경우 외국환은행에 '증권투자전용 외화계정'과 '증권투자전용 원화계정'을 만든 후에, 증권회사에 위탁계좌를 개설하고 거래하면 됩니다.(외국환 거래규정) 다만, 시민권자의 경우에는 금융감독원에 외국인 투자등록(투자등록신청서와 본인임을 확인할 수 있는 여권 등을 첨부하여 등록신청)을 먼저 하여야 합니다. 국내에 6개월 이상 주소를 두거나 거주하고 있는 외국인의 경우에는 외국인 투자등록이 면제됩니다. 또한 내국민 대우를 하는 외국인(국내에 있는 영업소, 사무소에서 근무하는 자)의 경우에도 투자등록이 면제됩니다. 즉, 이 경우에는 투자등록을 할 필요가 없이 '증권투자전용 외화계정'과 '증권투자전용 원화계정'을 만든 후, 증권회사에 위탁계좌를 개설하여 거래할 수 있습니다.

외국인 투자 촉진법상 외국인투자에 해당하는 경우(투자금액이 1억원 이상으로 국내기업의 의결권 있는 주식총수 또는 출자총액의 100분의 10 이상을 소유하는 경우 혹은 임원선임계약을 체결하는 경우 등) 주식취득은 물론 투자금액, 투자비율 변경 시에도 지식경제부장관에게 사전 신고하여야 합니다(외국환거래규정 제7-36조, 7-37조, 7-38조, 7-39조 , 외국인 투자촉진법 시행령 제 2조제1항).

## 58. 금융투자 금액 회수하여 반출할 수 있나?

문: 한국의 금융자산에 투자하고 있습니다. 사정상 한국에 갈 수 없는데 (1) 대리인을 통하여 투자자금을 반출할 수 있는지요? (2) 송금절차는 어떤지요?

답: (1) 가능합니다. 국내에서 대리인을 통해서 계좌해지가 가능합니다. 대리인을 통하여 계좌를 해지하는 경우 다음의 서류를 제출하여야 합니다.
(1) 본인의 실명확인증표(여권, 외국인투자 등록증 등). 단, 대리인이 해지하는 경우 실명확인증표 사본도 가능
(2) 대리인의 실명확인증표(주민등록증 등)
(3) 공증을 받은 위임장 또는 한국 대사관(영사관)에서 확인한 위 임장 등이 필요합니다.

　일부 한국계 은행 미국 지점에서는 계좌해지에 필요한 본인의 실명확인을 미국 현지에서 할 수 있도록 편의를 제공하고 있으므로 본인의 신분증(여권, 운전면허증 등)을 지참하고 한국계 은행 미국 지점을 직접 방문하여 계좌해지에 대하여 상담하면 됩니다.
　(2) 국내의 예금, 채권, 펀드, 증권 등에 투자한 자금을 해외로 송금

하고자 하는 경우 당초 투자할 때의 자금출처를 입증하는 서류(예 : 국내로 송금한 증빙서류, 계좌를 개설할 때 신고서류 등)를 금융기관에 함께 제시하여야 합니다.

예금 및 신탁계정 원리금, 증권매각대금 등의 합계액이 $100,000를 초과하는 경우 거래 외국환은행(대부분 한국의 은행들은 외국환 은행임. 농협도 외국환은행임) 관할 세무서장이 발행한 반출자금 전체에 대한 '자금출처확인서'를 제출하여야 해외송금이 가능합니다.(외국환 거래규정)

## 59. 시민권자(영주권자)는 한국에 있는 주식, 예금을 미국 IRS에 보고할 의무가 있다.

영주권자 또는 시민권자가 해외에 금융계좌(은행계좌는 물론 파생상품, 뮤추얼펀드를 포함한 증권계좌, 일정한 종류의 연기금계좌 등)를 가지고 있고, 1년(Calendar Year)동안 어느 시점이든 모든 해외 금융계좌 잔고의 합계액이 $10,000를 초과하는 경우에는 다음 해 6월 30일까지 재무부에 그 내역을 보고하여야 합니다.(Report of Foreign Bank and Financial Accounts. FBAR)

또한 4월 15일까지 미국 국세청에 소득세 신고를 할 때는 소득세 신고서식(Form 1040)의 Schedule B, Part Ⅲ에 계좌보유사실을 보고하고(Yes에 표시 및 보유국가 기재), 동 계좌에서 소득이 발생할 경우 이를 합산하여 신고하여야 합니다.

보고하지 않은 경우에는 고의가 없으면(Non-Willful) 계좌당 $10,000, 고의가 있으면(Willful) $100,000 와 계좌 최대 잔고의 50%

중 많은 금액이 Penalty로 부과됩니다(매년 부과).

미국 납세자가 해외 금융계좌($10,000 초과여부에 관계없음)에서 이자소득, 배당소득, Capital Gain이 발생한 경우에는 해외에서 세금을 납부하였다 하더라도 다시 다음해 4월 15일까지 동 소득을 미국에 합산하여 신고하여야 합니다. 소득세 신고를 누락한 경우에는 누락한 세금과 이자, 그리고 무신고 또는 과소 신고에 따른 가산세를 부담하여야 합니다.

## 60. 투자 할 자금 송금 및 투자한 자금 반출에 문제없다.

문: 한국에 여유자금을 투자하고 싶습니다. 투자금 반출시 문제가 없나요?
답: 외국환 거래규정에 제약이 없습니다. 영주권자 또는 시민권자가 국내의 금융자산 또는 부동산에 투자하였다가 이를 회수하여 자금을 해외로 송금함에 있어서 거래 외국환은행을 지정하고 동 은행을 통하여 송금하는 경우에는 연간 $50,000 범위 내에서는 증빙서류 없이 자유롭게 송금할 수 있습니다. 그러나 송금액이 연간 $50,000를 초과하는 경우에는 자금의 취득경위를 입증하는 서류(예시 : 부동산 취득신고 수리서, 부동산 매매계약서, 당초 투자시의 송금서류 등)를 거래 외국환은행에 제출하여야 해외송금이 가능합니다. 자금출처가 확인되는 경우에는 금액의 제한 없이 송금이 가능합니다.

다만, 부동산 처분대금의 경우 부동산 소재지 관할 세무서장이 발행한 '부동산 매각 자금 확인서'(동 확인서 신청일이 부동산 양도일부터 5년 이내인 경우에 한함)를 제출하여야 하고, 예금 및 신탁계정 원리금, 증권매각대금 등의 합계액이 $100,000를 초과하는 경우 거래 외국환은행 괄할 세무서장이 발행한 반출자금 전체에 대한 '자금출처확인서'를 제출하여야 합니다.(외국환거래규정)

## 61. 영주권자나 영주권 없는 자도 미국 내 부동산 매입자금을 합법적으로 송금할 수 있다.

**문:** 서울에 거주하고 있는 학부모입니다. 두 자녀가 미국에 유학 중에 있습니다. 주택을 Rent 하고 있는데, Rent비가 비싸서 구입하고자 합니다. 미국에 제 명의로 주택구입이 가능한지요?

**답:** 가능합니다. 과거에는 한국 사람이 국내에서 송금하여 외국에 부동산을 구매할 수 없었으나, 외국환 거래규정이 개정되어서 국내거주 내국인도 외국에 있는 부동산을 구입할 수 있습니다. 투자나 거주를 위하여 먼저 외국환은행에 부동산 취득신고서를 제출하고, 외국환 은행을 통하여 구입자금을 송금할 수 있습니다. 투자 금액은 제한이 없습니다. 거주 목적으로는 1채로 제한이 되고 투자목적은 제한이 없습니다. 그 후 부동산 취득 및 처분 시 3개월 이내에 취득, 처분 신고서를 외국환 은행에 제출하여야 합니다.

## 부록 가족관계법

### 62. 한국 호적법은 폐지되었다.

문: 한국에서는 호적제도가 폐지되었다는데 사실인지요?

답: 2008년 1월 1일 호적법이 폐지되었습니다. 더 이상 호적제도는 한국에는 존재하지 않습니다. 호적법을 폐지하는 대신 "가족관계등록 등에 관한법률"에 의한 가족관계 등록부가 호적 대신 사용되고 있습니다. 한국에서는 관공서 등에 제출하는 서류 중 호적을 제출하여야 되는 경우(결혼, 이혼 증명 등) 가족관계등록부로 대체하고 있습니다. 영주권이나 시민권을 신청하는 경우 가족관계를 증명하는 데에 가족관계증명서로 대체하고 있습니다.

### 63. 미국에서도 혼인신고 및 가족관계 신고 할 수 있다.

문: 영주권자입니다. 아이가 태어났는데 호적이 없다면 가족관계 증명을 어떻게 합니까?

답: 호적이 폐지된 대신「가족관계등록부」에 등록을 하면 됩니다. 가족관계등록신고(출생, 혼인, 이혼, 사망 등)는 본인의 등록지 또는 신고인의 주소지에 할 수 있습니다. 외국에 나가있는 국민은 재외공관(대사관, 총영사관)에 신고할 수 있습니다. 외국에서 결혼을 한 경우 재외공관에 신고할 수 있습니다(재외국민들에 대한 별도 특례법이 있음).

알기쉬운 미국이민법 • 영주권을 원하십니까?

## 64. 시민권, 영주권 받으면 주민등록은 어떻게 되나요?

문: 영주권을 받았습니다. 5년 후 시민권도 취득할 예정인데, 한국에 있는 주민등록은 어떻게 되나요?

답: 영주권을 취득한 경우 국내의 주민등록은 제적되거나 말소됩니다. 해외이주법에 따라서 국내에서 이민수속을 한 경우 국내에서 바로 시, 군, 구에 통보되어 제적 처리되나, 외국(미국)에서 영주권을 취득한 경우 국내에서 이를 확인할 방법이 없습니다. 그래서 영주권을 취득하여도 국내에 주민등록이 그대로 남아 있습니다. 미국 내에서 영주권을 취득한 대다수 교포들은 주민등록이 말소되거나 제적되기를 원치 않습니다.

그 이유는 한국에 돌아올 경우 등을 생각하고 주민등록이 없으면 여러 가지 생활이 불편하기 때문입니다. 그러나 여권을 재발급할 때 영주권자에게 일반여권 대신 거주여권을 발급하고 또 행정기관에 통보하여 주민등록을 말소시키고 있습니다.

## 65. 시민권자도 한국 부모로부터 상속 받을 수 있다.

문: 부모님께서 많은 재산을 남기고 돌아가셨습니다. 형제들은 한국에 살고 있고 저는 미국에 이민 와서 살고 있습니다. 시민권자입니다. 저도 상속받을 수 있나요?

답: 가능합니다. 피상속인(부모님)이 유언 없이 재산을 남긴 경우 배우자는 1.5배, 기타 자녀들은 남, 녀 차별 없이 동등한 몫으로 유산을 상속 받을 수 있습니다(민법제1009조).

부록 / 영주권자(시민권자)가 알아야 할, 한국법률 100문 100답

문제는 귀하께서 돌아가신 부모님의 자녀임을 입증하여야 하는데, 과거의 호적등본이나 또는 제적등본, 현재 가족관계등록부에 자녀임이 기록되어 있으면 별 문제가 없으나, 이에 대한 기록 등이 없다면 별도의 소송절차를 통하여 이것을 입증하여야 할 것 입니다.

## 66. 시민권자끼리 결혼신고 한국에서 받아주나?

문: 시민권자입니다. 여기에서 시민권자(한국계)와 결혼을 했는데 한국에 혼인신고를 할 수 있나요?

답: 안됩니다. 한국인이 아니기 때문에 혼인신고를 접수받지 않고 가족관계등록부에 등재도 할 수 없습니다. 부부 중 1명이 한국 사람이면 할 수 있습니다.

## 67. 미국 내에서도 이혼할 수 있다(협의이혼).

문: 자녀들 교육을 위해서 아이들을 데리고 미국에 온지 10년이 지났습니다. 남편은 한국에서 다른 여자와 별도 살림을 차리고 있어서 협의이혼을 고려 중 입니다. 여기(미국)에서도 가능한지요?

답: 가능하나, 절차가 복잡합니다. 협의에 의한 이혼은 한국법에 따라서 할 수도 있고 직접 한국법정에 가지 않아도 됩니다. 영주권자의 경우 재외공관에 협의 이혼의사 확인을 신청하면 재외공관에서는 신청서 및 진술서를 영사의 앞에서 확인하고 이 신청서를 국내의 가정법원에 보내고 법원에서는 국내에 거주하는 자(남편)를 소환하여 협의이혼 확인

절차를 밟습니다.

　미국법에 따라서도 협의이혼을 할 수도 있습니다. 미국에서는 결혼·이혼 등 가정 관계 법률은 연방法에서 취급하지 아니하고, 각 주마다 별도로 정하고 있는 관계로 각 주마다 이혼의 요건이 다릅니다.

　예컨대, N.Y 주 같은 경우는 남편이 이혼사유에 해당하는 행위를 하지 아니했다면 이혼이 성립되지 않고, 사실상 협의이혼의 경우 1년 이상 별거를 하여야 하며, 또 네바다 주의 경우 아무런 제약 없이 이혼이 언제든지 가능합니다. 협의이혼을 하려면 먼저 해당 주에서 협의이혼을 인정하는지 여부를 확인하여야 합니다. 협의이혼이 허용된다면 주 법원의 판결이나 결정을 공증하여 관할 시, 구, 군청에 접수합니다.

## 68. 한국 남편이 이혼을 해주지 않는다. 미국법원에서 이혼 판결 효력이 있나?

**문:** 한국에 있는 남편과 이혼하고 싶은데, 남편이 이혼에 동의하지 않고 있습니다. (1)여기(미국)에서 이혼 소송 및 위자료 청구 소송, 아이들 부양료 청구소송을 제기할 수 있나요? (2)또 미국에서 판결 받은 이혼 소송 및 위자료 소송이 한국에서 효력이 인정되나요?

**답:** (1) 미국에서 이혼소송을 제기할 수 있습니다. 그러나 위자료 청구소송 등은 다소 법률적인 검토가 필요 합니다. 먼저 이혼 소송과 위자료, 부양료, 재산분배 등 경제적 부분과 나누어서 생각하여야 합니다. 단순히 이혼 소송의 경우, 귀하가 거주하는 주에서 이혼의 요건에 해당하면 미국법원에서도 이혼판결을 할 수 있습니다. 그 이혼 판결을 한국에서도 일정한 경우 인정하고 있습니다.(민사소송법 제217조)

(2) 그러나 이혼과 수반된 재산 관련 문제는 미국의 각 주에서도 일정한 요건(관할이라고도 함. personal jurisdiction)이 없으면 소송을 제기할 수 없거나 설사 소송을 제기하여 승소 판결을 받았다 해도 다른 주에서 관할권이 없으면 그 효력을 인정해주지 않고 있습니다. 다시 말씀드리면 미국의 각 주의 법원에서는 이혼 판결을 일방적으로 할 수 있지만 재산분배, 위자료, 자녀들의 부양료 등은 일방적으로 판결할 수 없습니다. 또 판결한다 해도 그 효력이 다른 주에 직접적으로 인정이 되지 않습니다(관할권이 있어야 함). 우리 민사소송법도 이와 유사합니다. 즉 외국의 판결은 그 효력을 일정한 경우에 한국에서도 인정하지만 금전지급과 관련된 사항에 대하여서는 별도의 한국법원으로부터 판결 또는 집행판결을 받도록 하고 있습니다. 이런 취지로 볼 때 설사 이혼 판결을 받았다 해도 위자료, 재산분배, 자녀들의 부양료 청구 등은 한국에서 별도로 집행판결을 받아야 할 것으로 보입니다. 이 경우 또 남편께서 이혼 무효소송 등을 제기 할 수 있습니다.

실무적으로, 미국에서 이혼판결을 받은 경우 판결문을 공증하여 시, 구, 군청에 제출하면 시, 구, 군에서는 이혼판결문을 접수하여 가족관계등록부에 기재를 하고 혼인관계가 종료됩니다. 그러나 재산문제는 한국법원에서 별도의 재판을 거쳐야 합니다. 본 문제는 복잡한 법률문제라 미국의 이혼 관련 전문변호사의 구체적인 자문과 한국의 이혼전문변호사의 자문을 해 보는 것이 바람직스럽습니다. 양국의 이혼변호사의 자문과 대법원 판례 등의 검토가 필요한 복잡한 법률문제입니다. 또 본 사안과 같은 국제이혼 문제는 대법원 판례마다 다르게 판결되고 있어 단순히 결론을 내리기는 어렵습니다.

## 69. 상속지분은? 부모가 한국 국적인 경우와 시민권자인 경우가 다르다.

문: 부친이 시민권자인데 유언 없이 사망하였습니다.(1) 형제가 3인인데 2명은 시민권자이고 본인은 영주권자 입니다. 상속지분은 어떻게 되나요? (2) 한국에 부동산이 많이 있습니다. 지분은 어떻게 되나요?

답: (1) 각자의 상속지분은 미국法에 의하되, 아버님께서 거주하시는 주의 법률에 따릅니다. 부친의 거주지역의 N.Y이면 N.Y法, V.A이면 버지니아법을 적용합니다. 따라서 어느 주법을 적용하느냐에 따라서 지분이 달라집니다.

(2) 한국에 부동산이 소재하는 경우 많은 주에서 부동산 소재지법에 의하도록 하고 있기는 하나, 부친이 거주하던 주의 법률을 먼저 확인해야 합니다.

만약에 적용하여야할 법률이 한국법이라면 유언이나 협의가 없으면 원칙적으로 민법의 규정에 따라 상속재산의 분배가 이루어집니다. 민법의 규정에 의한 상속 순위는 ① 피상속인의 직계비속과 배우자, ② 피상속인의 직계존속과 배우자, ③ 피상속인의 형제자매, ④ 피상속인의 4촌 이내의 방계혈족 순입니다.

동순위의 상속인이 여러 사람인 경우에는 최근친이 선우선이고(예 : 아들과 손자가 있는 경우 아들), 촌수가 같은 상속인이 여러 명인 경우는 공동상속(아들과 딸이 있는 경우는 공동상속)합니다. 피상속인의 배우자는 직계비속 또는 직계존속의 상속인이 있을 경우에는 공동상속인이 되며 상속분은 다른 상속인의 1.5배가 됩니다. 직계비속이나 직계존속의 상속인이 없는 경우에는 피상속인의 배우자가 단독 상속인이 됩니다(민법제1003조).

**부록** / 영주권자(시민권자)가 알아야 할, 한국법률 100문 100답

   법정 상속분과 다르게 상속재산을 분배하고자 한다면 피상속인이 유언을 하거나, 상속인들이 상속재산을 협의 분할하는 방법이 있습니다. 다만, 피상속인이 유언을 통하여 상속재산을 법정상속분과 다르게 분배하더라도, 상속인의 유류분을 침해할 수 없습니다. 유류분 권리자는 피상속인의 배우자, 직계비속, 직계존속, 형제자매이며, 유류분의 범위는 배우자 및 직계비속은 법정상속분의 1/2이고, 직계존속 및 형제자매는 법정 상속분의 1/3입니다(민법제1112조).

알기쉬운 미국이민법 • 영주권을 원하십니까?

## 부록  세금관계

### 70. 영주권자는 금융자산을 한국정부에 신고하여야하나?

문: 영주권자입니다. 수년 전부터 사정상 한국에 거주하여 사업을 하고 있습니다. 저는 한국정부에 "해외금융계좌"신고를 하여야하나요?

답: "국제 조세조정에 관한법률"에 의거 해외 금융계좌 신고의무자(거주자 또는 내국법인)는 신고대상 연도 종료일 현재 해외금융기관에 개설한 해외금융 계좌에 보유하고 있는 현금 또는 상장주식 평가액이 신고대상 연도 중 어느 하루라도 10억 원을 넘는 경우 신고해야 합니다. 영주권자이더라도 국내에 1년 이상 거주하면 신고대상이 됩니다. 귀하는 관할 세무서에 6월 1일 부터 30일 까지 신고하여야 합니다. 신고하지 아니하면 미신고 금액의 10% 이하의(2011년 첫 신고는 5%)과태료가 부과됩니다.

### 71. 세금은 국적 기준이 아니라 거주자냐 비거주냐에 따라 구분하여 과세한다.

문: 시민권자입니다. 미국과 한국을 왕래하며 한국에서 사업을 하고 있습니다. 사업소득에 과세권이 어느 국가에 있는지 궁금합니다.

답: 세금의 징수권은 납세 의무자의 국적과도 관계가 있으나, 더 관계 되는 것은 납세자가 과세하는 국가의 거주자냐 비거주자이냐에 더 중요한

**부록** / 영주권자(시민권자)가 알아야 할, 한국법률 100문 100답

관련이 있습니다 (소득세법 제2조, 제2조의2, 시행령 제2조). 따라서 귀하께서 한국세법상 거주자로 판명되면 모든 소득에 대하여 한국 사람과 같이 한국 정부에 납부해야 합니다(미국에서 발생한 소득까지도). 이미 미국정부에 미국에서 발생한 소득에 대하여 소득세 등을 납부하였다면 미국에 납부한 세금을 공제 받을 수 있습니다(한미 2중과세 방지 협약).

한국 세법은 개인을 거주자와 비거주자로 구분하여 과세소득의 범위와 과세방법 등을 달리 적용하고 있습니다(미국도 거주자, 비거주자로 구분하여 과세함). 한국의 거주자는 전 소득에 대하여 납세의무를 부담하지만, 비거주자는 국내원천소득(Domestic Source Income)에 대하여만 한국에서 납세의무를 부담합니다. 거주자가 외국에서 발생한 소득에 대하여 당해 국가에서 소득세를 납부한 경우에는 한국에서 소득세를 계산할 때 외국에서 납부한 세액에 상당하는 금액을 외국납부세액으로 공제받을 수 있습니다(소득세법제57조).

개인의 경우 국내에 주소를 두거나 1년 이상 거소를 둔 경우 한국의 거주자로 보며, 그 외의 자는 비거주자로 봅니다. 여기서 주소란 생활의 근거가 되는 장소로서 국내에 생계를 같이 하는 가족, 국내에 소재하는 자산의 유무 등 생활관계의 객관적 사실에 따라 판단합니다. 거소는 상당한 기간 동안 계속하여 거주하는 장소로서 주소와 같이 밀접한 일반적 생활관계가 없는 장소를 말합니다 (소득세법시행령 제2조).

예를 들어, 영주권자 또는 시민권자가 한국에서 사업을 하면서 가족과 함께 1년 이상 거소를 두고 한국에 거주하는 경우에는 한국의 거주자에 해당됩니다. 그러면 한국정부에 과세권이 있습니다.

## 72. 미국에도 양도소득세가 있다.

문: 아이들 유학 중에 주거용으로 하기 위하여 주택을 구입하였습니다. 주택을 매각하려 하는데 주택가격이 구입 당시보다 많이 상승했습니다. 미국에 양도소득세를 납부해야 하는지요?

답: 미국에도 양도소득세가 있습니다. 미국 세법상 귀하가 미국의 거주자인지 비거주자인지에 따라서 납부할 국가가 달라집니다(시민권, 영주권 등과 다른 개념임). 미국의 세법상 거주자로 판명되면 전 세계 어디에서 발생한 소득에 대하여 양도소득세가 부과되며(한국에서 발생한 것도), 비거주자로 판명되면 미국에서 발생한 양도소득에 대하여서만 납세의무가 있습니다. 귀하의 경우 한국에 살고, 영주권, 시민권 등이 없는 것으로 보아 미국세법상 비거주자로 판명될 것으로 보입니다. 한국 세법에 의하면 한국에 살고 있기 때문에 거주자로 분류될 것입니다. 귀하는 한국 세법상 거주자이기 때문에 미국에서 발생한 소득에 대하여 한국정부에 세금을 납부하여야 하며 이미 미국에 납부한 세금은 외국납부세액으로 공제 받을 수 있습니다(소득세법제57조).

## 73. 비거주자 (시민권자, 영주권자)는 한국내 재산 양도소득세 한국정부에 내야 한다.

문: 미국의 영주권자입니다. 몇 년 전 서울에 APT를 구입했는데, 가격이 많이 올랐습니다. 처분하여 반출하고 싶은데 양도소득세를 납부하여야 하는지요.

답: 귀하의 경우 한국세법에 의하면 비거주자로 보여지며, 미국의 세법에

의한 경우 거주자로 보여집니다. 귀하는 먼저 한국정부에 양도소득세를 납부하여야 합니다. 비거주자도 당연히 한국에서 발생한 소득에 대하여 납세의무가 있습니다. 또 귀하는 미국세법상 거주자로 보여지기 때문에 미국에 양도소득세를 납부해야 합니다. 왜냐면 미국의 거주자는 전 세계 어디에서 발생한 소득에 납세의무가 있기 때문입니다. 결과적으로 귀하는 2번에 걸쳐 세금을 납부하는 결과가 됩니다.

이러한 이중과세를 방지하기 위하여 한미조세조약이 체결되어 있고, 이미 귀하가 한국에 납부한 세금은 공제받거나 감액될 수 있습니다. 귀하가 설사 영주권자, 시민권자라 하더라도 거주자로 판명이 되면 일반 한국 국민과 똑같은 양도소득세를 납부하여야 합니다. 비거주자는 양도세 감면 특례규정 및 공제액등이 달리 적용되며, 이에 따라 납부해야 할 세액도 거주자와 비교할 때 엄청난 차이가 있을 수 있습니다.

## 74. 시민권자인 부모가 시민권자인 자녀에게 한국 재산을 증여할 때 한국에서 증여세를 부과한다.

**문:** 미국에 이민 온 지 몇 년이 지났다. 시민권을 취득했으며 자녀들도 시민권자입니다. 한국에 있는 재산을 자녀들에게 증여하고 싶은데 증여세는 어느 정부에 납부해야 하나요?

**답:** 수증자(아들)가 비거주자(일반적으로 영주권자 또는 시민권자는 한국의 비거자주에 해당)인 경우에는 증여재산이 국내에 소재한 경우에만 증여세가 과세됩니다. 그 이유는 부모와 아들이 시민권자이고 비거주라해도 재산이 한국에 있는 관계로 한국에 있는 재산에 대하여만 증여

세가 부과됩니다. 미국재산에 대하여서는 과세되지 않습니다. 이 경우 수증자가 비거주자이므로 증여재산공제는 허용되지 않습니다.

　미국에서는 증여자(부모)에게 증여세가 과세되며, 그 이유는 미국 세법에 의하여 미국의 거주자에 해당하는 경우에는 전 세계 모든 증여재산에 대하여 증여세가 과세됩니다.

　따라서 본 사례와 같이 미국 거주 부모가 미국 거주 자녀에게 한국 소재 재산을 증여하는 경우 한국에서는 한국에 있는 재산에 대하여서만 자녀에게 증여세를 과세할 수 있고, 미국에서는 증여자인 부모에게 전 재산에 대하여 증여세를 과세할 수 있습니다. 이 경우 미국에서 증여세를 납부한 경우, 한국에서는 미국에서 납부한 세액을 공제할 수 있습니다.

## 75. 상속받은 재산을 매각하여 미국에 반출할 수 있다.

**문:** 영주권자입니다. 한국에 있는 부모님으로부터 재산을 상속 받았습니다. 상속받은 부동산 가격이 많이 올랐습니다. (1)이를 미국에 반출하고자 하는데 가능합니까? (2)미국에서의 세금은 어떻게 됩니까? 상속세는 이미 수년 전에 납부하였습니다.

**답:** (1) 가능합니다. 비거주자(일반적으로 영주권자 또는 시민권자는 한국의 비거주자에 해당)가 상속받은 국내 부동산을 처분한 경우 보유기간 중 발생된 양도소득에 대하여 먼저 한국에서 양도소득세를 납부하여야 합니다. 영주권자 또는 시민권자가 상속받은 부동산 처분대금을 해외로 반출하려면 거래 외국환은행을 지정하고, '재외동포 재산반출 신청서', '부동산 매매계약서', 세무서장이 발급한 '부동산 매각자금 확

**부록 /** 영주권자(시민권자)가 알아야 할, 한국법률 100문 100답

인서'(확인서 신청일이 부동산 양도일로부터 5년 이내인 경우에 한함) 등을 거래 외국환은행에 제출하여야 합니다.

(2) 또한, 미국 납세자는 전 세계 소득에 대하여 미국에서 납세의무가 있으므로 양도일에 속하는 연도의 다음 연도 4월 15일까지 한국에서의 부동산 양도소득을 미국 국세청에 신고하여야 합니다. 이 경우 한국에서 납부한 양도소득세에 상당하는 금액을 외국납부세액으로 공제받을 수 있습니다.

## 76. 부모님이 비거주자(시민권자, 영주권자)이면 모든 상속세 미국에 낸다. 한국에 있는 재산은 한국정부에 낸다.

문: 부모님께서 시민권이고 미국에 거주하고 계십니다. 한국과 미국에 많은 재산을 남겨두었는데 상속세를 어느 정부에 납부합니까?

답: 상속세는 피상속인(부모)이 거주자 또는 비거주자 여부에 따라서 달라집니다. 한국의 상속세법에 의하면 비거주자가 사망한 경우 한국내 상속재산에 대해서만 한국에서 상속세가 부과됩니다. 거주자가 사망한 경우에는 배우자공제, 자녀공제 등 인적공제를 받을 수 있지만, 비거주자가 사망한 경우에는 기초공제액만이 공제됩니다. 피상속인(부모)이 국내 거주자인가 비거주자인가 여부는 영주권 또는 시민권 취득여부와 상관없이 생활의 근거지가 국내인가 또는 국외인가를 기준으로 판단하며, 생활근거지는 직업, 생계를 같이 하는 가족, 재산 소유상태 등 객관적인 자료에 의하여 판단합니다.

　미국 거주자(통상적으로 시민권자, 영주권자 등이 여기에 포함됨)가 사망한 경우 미국에서는 전 세계 상속재산에 대하여 상속세가 부과되

므로 한국내 재산에 대하여서도 한국에서 상속세가 부과되었다 하더라도 미국에서 상속세 납세의무가 있습니다. 이 경우에 한국에서 납부한 상속세는 미국에서 외국납부세액으로 공제받을 수 있습니다. 미국세법과 한국세법에서 모두 거주자로 되는 경우( 예, 영주권자가 한국에서 1년 이상 실제거주하면서 생활하는 경우) 어느 나라의 거주자로 판단 할 것인가는 한미조세조약의 규정에 따라서 해결합니다.

## 77. 부모님이 한국거주자 (통상 한국사람)이면 미국재산 및 한국재산 모두 한국정부에 상속세를 납부해야 한다.

**문:** 부모님이 한국에서 사시다가 많은 재산을 미국과 한국에 남겨두셨습니다. 상속세는 어느 정부에 내야 합니까?

**답:** 한국정부에 상속세를 납부해야 하며, 미국내 재산에 대하여서는 미국에 상속세를 납부해야 합니다.

결과적으로 미국내 재산에 대하여서는 2번에 걸쳐서 상속세를 납부하는 결과가 되는데 이를 방지하기 위하여 미국재산에 대하여 한국에서 상속세를 납부한 경우 미국에서 상속세를 납부할 때 공제를 받을 수 있습니다.

부록 / 영주권자(시민권자)가 알아야 할, 한국법률 100문 100답

### 부록　취 업

## 78. 병역을 마치지 아니한 영주권자 또는 이중국적자는 한국에서 취업하지 못한다. 군대 갈 수 있다.

문: 저는 25살입니다. 17살 때 부모님을 따라 미국에 와서 영주권을 받았고 병역은 연기된 상태입니다. 한국 유수기업에서 좋은 조건으로 취업 제의가 왔습니다. 제가 한국기업에 취업하면 군대에 갈 수 있다는데 맞는 이야기 인가요?

답: 맞습니다. 병역이 연기된 영주권자, 선천적 이중국적자는 국내에서 영리활동을 하는 경우 병역연기 처분이 취소될 수 있습니다(병역법시행령제 147조의2).

　　현재의 상태에서 귀하는 한국 내에서 영리활동, 취업을 37세까지는 할 수 없습니다. 그러나 귀하는 선천적 이중국적이 아니며, 부모님들이 함께 이민을 간 상황으로 보여지므로, 귀하가 시민권을 취득하는 경우에는 더 이상 한국인이 아니기 때문에 병역의무 부담이 없습니다. 외국인으로서 취업할 수 있으며 F-4비자도 받을 수 있습니다.


## 79. 국적상실자는 국내취업에 문제없다. 단 병역회피 목적 있다면 F-4 VISA 거절당할 수 있다.

문: 25세 남자입니다. 선천적 이중국적자는 아닙니다. 본인 단독으로 미국 시민권 취득 했으며 가족들은 한국에 거주하고 있습니다. (1)병역의무

가 있는지요? (2) 이중국적 취득이가능한지요? 한국취업에 제약은 없는지요? (3)F-4 비자를 받을 수 있는지요?

**답:** (1) 병역의무는 없습니다. (2) 이중국적 취득은 안됩니다. 귀하가 노벨상을 받을 정도로 유명한 인사이면 가능합니다. 또 65세가 되면 2중국적을 취득할 수 있습니다. 귀하는 한국 취업에 제약이 없습니다.
(3) F-4 비자 취득여부는 문제점이 있을 수 있습니다. 재외동포법에 의하면 병역회피 목적으로 국적을 이탈한 경우 F-4 비자를 허용치 않는데, 이 문제는 사실관계를 확인할 필요성이 있다고 보여집니다. 전 가족이 이민을 갔다고 하면 병역회피의 목적이 없는 것으로 보이나 귀하만 단독으로 이민을 갔다면 다소 문제점이 있을 수도 있습니다(재외동포법 제5조제2항2호). F-4 비자가 허용되지 않으면 귀하는 외국인의 자격으로만 취업하고 활동할 수 있습니다.

## 80. H-2(방문취업비자) 받을 수 있나? 재미동포는 안된다.

**문:** 미국 시민권자입니다. H-2비자(방문취업비자)를 받을 수 있나요?

**답:** 재미동포는 H-2 방문취업 비자는 안 됩니다. H-2 비자는 방문취업비자로 중국 및 CIS 지역 등에 거주하는 외국국적 동포들에 대해 취업기회를 확대하고, 만 25세 이상으로 일정한 요건을 갖춘 경우 자유로운 출입국과 취업활동이 가능한 방문취업(H-2) 사증을 발급하는 제도를 말합니다.

방문취업(H-2) 사증으로 입국한 동포들은 노동부 취업교육을 마치고 구직신청 후 허용된 업종 범위 내에서 고용지원센터의 취업알선을 받거나 특례고용 가능확인서를 발급받은 사업체에 자율적으로 취업할 수 있으며 신고만으로 사업체 변경이 가능합니다.

## 81. 시민권자 병역 마쳤다. 한국취업 제한 없다. F-4 비자 받으면 유리하다.

**문:** 시민권자 입니다. 한국에서 병역을 마쳤습니다. 한국에서 취업제의가 있는데 제약은 없는지요?

**답:** 귀하는 한국내에서 영리활동에 제약이 없습니다(단순노무행위, 사행행위 영리활동은 안 됨). 더욱이 귀하는 재외동포법에 의한 F-4 비자를 받으면 출·입국 및 경제활동에 다른 외국인보다도 자유롭습니다. 가급적 F-4 비자를 받으시기를 바랍니다. F-4 비자는 한국에서도 발급받을 수 있으며 해외공관에서도 발급합니다.

## 부록 교육

### 82. 영주권자(시민권자) 한국의 대학에 입학 할 경우 혜택을 준다.

문: 시민권자입니다. 자녀들이 한국에서 대학교를 다니고자 합니다. 특별히 시민권자(영주권자)를 위하여 혜택이 있는지요?

답: 고등교육법에서 외국인 및 재외동포 등의 자녀들이 한국대학에 진학하고자 할 때 이들에게 별도의 입학 정원을 인정해 주고 있습니다. 따라서 각 대학에서는 해외동포 자녀들의 유치를 위하여 경쟁관계에 있고, 입학에 있어서 다른 내국인보다 우대해 주고 있습니다. 장학금 지급 및 입학 특례 등은 각 대학별로 별도로 정하고 있으니, 가고자 하는 대학에 직접 확인해 보아야 합니다. 한국 대학교육협의회에서 관장하고 있으며 이곳의 홈페이지를 방문하면 대학별로 자세한 정보가 수록되어 있습니다.

### 83. 병역미필(영주권자, 이중국적자) 남자는 한국에서 대학 졸업 후 6개월 이상 거주하지 못한다. 취업도 못한다. 군대갈 수 있다.

문: 영주권자입니다. 병역을 연기 중에 있고 한국에서 대학을 졸업하였습니다. 한국에 거주하거나 취업할 수 있나요?

부록 / 영주권자(시민권자)가 알아야 할, 한국법률 100문 100답

**답:** 안됩니다. 귀하는 병역의무가 있으나 영주권자이기 때문에 병역연기를 받았을 뿐입니다. 귀하는 국내대학에서 학업을 마치면 6개월내에 출국해야 하며 국내 취업도 할 수 없습니다. 만일 귀하가 재외국민 2세에 해당되거나 병역을 마쳤다면 국내에서 거주, 취업에 제한이 없습니다. 여자의 경우 이런 제한이 없습니다. (병역법시행령 제128조)

## 부록　건강보험, 국민연금, 공무원연금

### 84. 재외동포(영주권, 시민권자)도 건강보험에 가입할 수 있다.

**문:** 영주권자(시민권자)입니다. 사정상 한국에서 거주하여야 할 입장입니다. 의료 보험 가입이 되나요?

**답:** 가능합니다. 재외동포법 제14조는 '국내거소신고를 한 재외동포가 90일 이상 대한민국 안에 체류할 때에는 건강보험 관계법령이 정하는 바에 의하여 건강보험을 적용받을 수 있다'고 규정하고 있으며, 국민건강보험법에서도 본인의 신청으로 건강보험 가입자가 될 수 있다고 구체화하고 있습니다.

### 85. 영주권자, 시민권자도 국민연금 가입할 수 있다.

**문:** 영주권자(시민권자)입니다. 사정상 한국에 거주하여 할 입장입니다. 국민연금에 가입할 수 있나요?

답: 국내 거주하는 18세 이상 60세 미만의 국민은 국민연금 가입대상입니다. 여기서 말하는 「국민」에는 외국 영주권을 취득한 국민을 포함합니다. 다만 「국내에 거주하는」이라는 요건을 충족하여야 하는데, 국민연금공단에서는 통상적으로 국내에 주소를 두거나 거소를 두는 경우라고 해석합니다. 해외 유학생이나 우리나라 법인의 국외 사업장 등에 파견된 근로자는 국내에 거주하는 것으로 취급합니다.

또한 국민연금법의 적용을 받는 사업장에 상용되고 있는 외국인과 국내에 거주하는 외국인으로서 대통령령에서 제외하는 자 이외의 외국인은 당연히 사업장가입자 또는 지역가입자가 됩니다. 따라서 재외동포 체류자격으로 대한민국에 체류 중인 외국국적동포도 일정한 경우 국민연금 가입대상이 됩니다. 그리고 외국인도 내국인과 동일하게 연금을 지급받을 수 있습니다. 다만, 반환일시금은 사회보장협정 또는 상호주의에 따라 협정내용에 따르거나 외국인의 본국법이 대한민국 국민에게 반환일시금에 상응하는 급여를 지급하는 경우에 반환일시금을 지급합니다.

## 86. 공무원연금, 사학연금, 국민연금 수급자는 영주권, 시민권 받아도 계속 연금을 받을 수 있다.

문: 공직생활을 은퇴하고 연금을 받고 있습니다. 자녀들이 미국에 살고 있기 때문에 이민을 고려하고 있습니다. 연금 수급자가 영주권, 시민권을 취득하면 연금지급이 중단되나요?

답: 그렇지 않습니다. 연금은 국가에서 은혜적으로 베푸는 자선사업이 아

닙니다. 이미 가입자의 적립금액을 정부에서 운용하여 지급하겠다는 상호 계약적 의미가 있습니다(보험계약과 같은 성격). 당연히 국적여부를 떠나서 받을 수 있습니다. 공무원연금법, 국민연금법에도 연금대상자가 영주권, 시민권을 취득하더라도 연금은 계속 지급하도록 되어 있으며, 본인이 원하면 4년 상당의 일시금을 받을 수도 있습니다(공무원연금법제44조, 시행령 제3조).

## 87. 건강보험 한국에서 가입하지 않을 수 있다.

문: 본인은 미국의 유력한 회사에 근무하고 있습니다. 회사에서 이미 미국의 보험회사와 의료보험 계약이 되어 있고, 본인은 한국에서 3년간 근무할 예정입니다. 이미 미국에 보험이 가입되어 있어서 이곳에서 가입하면 2중 가입이 되기 때문에 가입하지 않고 싶습니다. 가능한지요?

답: 가능합니다. 한국은 건강보험을 전 국민이 의무적으로 가입하게 되어 있고 미국과는 제도가 다릅니다. 귀하의 경우, 한국에서 직장의료보험 가입을 면제 받을 수 있습니다.

| 부 록 | 관세, 검역 |

## 88. 여행자 휴대품은 양주 1병, 담배 10갑, 향수 1병이다.

**문:** 여행자가 반입할 수 있는 물품은 무엇이 있나요?
**답:** 여행자 휴대품의 면세통관 범위는 다음과 같습니다.
　　기본 면세금액은 $400이내입니다. 이외에 주류1병 1리터 이하, 담배 10갑, 향수 1병 입니다.

　　반입하는 물품 중에 면세범위를 초과하거나 관세법 이외의 다른 법령에서 반입을 제한하는 물품이 있는 경우 세관에 신고하여야 하고, 허위신고하거나 성실하게 신고하지 않을 경우 관세법에 따라 처벌되거나, 납부할 세액의 30%에 상당하는 가산세가 부과됩니다.

부록 / 영주권자(시민권자)가 알아야 할, 한국법률 100문 100답

### 부록  형사법관련

## 89. 범법자들의 도피는 계속 될 수 없다.

**문:** 한국에서 형사사건에 연류되어 미국으로 도피중입니다. 하루하루 생활이 불안하고 여권의 만료기간도 지났습니다. (1) 현재 불법체류 상태인데 어떻게 하면 좋을지요? (2) 여권 재발급은 가능한지요?

**답:** (1) 가급적 자수하여 법의 선처를 바라는 것이 바람직하여 보입니다. 현재 한국과 미국 사이에 "범죄인 인도 협약"이 맺어 있습니다. 또한 「국제형사공조조약」에 가입되어 있습니다. 어떠한 범죄행위를 저지르고 타국에 도피하는 것은 갈수록 어려워지고 있습니다. 또한 전산망이 갈수록 발전되어 거미줄처럼 전 세계에 뻗쳐 있어서 죄를 짓고 외국에 도피생활 한다는 것이 어려워졌습니다. 현재 대사관 및 주요 총영사관에는 한국에서 파견된 검사, 경찰관들이 상주하고 있어 본국과의 협조체계가 강화되고 있습니다. 특히 귀하와 같이 불법 체류 신분으로 무한정 미국에 체류하는 것이 갈수록 어려워지고 있습니다. 더욱이 귀하는 현재 미국에 도피중임을 수사기관에서 알고 있을 것입니다. 전산망이 발달되어서 귀하의 출국사실은 바로 알 수 있습니다.

(2) 귀하의 여권이 만료되었으나 귀하의 여권 재발급을 할 수 없을 것입니다. 왜냐면 이미 수사기관에서는 기소중지자로 일선 공항, 항만에 통보되었고, 여권재발급을 위하여 신원조회를 하게되면 귀하가 기소중지자임이 전산망에 나타나기 때문에 여권 재발급도 할 수 없습니다. 여권이 없으면 미국 내에서 체류기간연장, 신분변경이 어렵고 결과적으로 영주권이나 시민권 취득도 어렵습니다.

지금으로서 방법이 없으며 하루 빨리 귀국하셔서 법의 선처를 바라는 수밖에 없다고 생각됩니다. 혹시 미국에서 불법체류자 단속에 걸려 강제 소환되면 더더욱 법의 선처를 바라기는 어려워 보입니다.

## 90. 기소중지 중인 영주권자 입국시 검거된다.

**문:** 한국에서 범죄행위 후 미국으로 도피 중에 있습니다. 기소 중지자입니다. (1)미국생활이 힘들어 귀국하려고 하는데 어떤 문제점이 있습니까? (2) 여기에서 기소중지를 해결할 방법이 없는지요?

**답:** (1) 한국에서 범죄행위를 하고 국외에 도피중인 경우, 수사기관에서 범인이 외국에 도피중임이 확인되면 기소중지를 합니다. 한국내 computer system이 잘 발달되어서 귀하가 외국으로 도피했는지 여부는 바로 알 수 있습니다. 기소중지중인 자가 귀국 시 바로 공항에서 체포되어 관할 수사기관에 이첩됩니다. 피할 수 있는 방법이 없습니다. 가급적 자수하거나, 범죄피해자 등과 합의를 하여 법이 허용하는 최대한의 관용을 기대할 수밖에 없습니다.

(2) 일단 한국수사기관에 출두하여 조사를 받아야 합니다. 사전에 변호인을 통하여 형사처벌 수위 등을 알아볼 수는 있으나, 여기 미국에서 해결할 수 있는 방법은 없습니다.

## 91. 시민권자 한국에서 범죄 행위는? 처벌된다.

**문:** 시민권자입니다. 한국에서 범죄 행위와 관련되어 현재 한국 내에서 도

부록 / 영주권자(시민권자)가 알아야 할, 한국법률 100문 100답

피중입니다. 제가 미국 시민권자인데 한국 정부에서 처벌할 수 있습니까?

**답:** 처벌받습니다. 귀하가 미국 시민권자라 해도 한국 내에서 범죄행위를 하였다면 한국정부의 형사 처벌권이 있습니다. 한국에서 처벌받고 또 미국에서도 처벌 받을 수 있습니다.
  또한 귀하가 미국으로 도피하려고 해도 한국정부에서 이것을 알면 출국을 금지시킬 수도 있습니다. 가급적 자수하여 법의 선처를 바라는 것이 바람직스럽다고 보여 집니다.


## 92. 시민권자 미국에서 범죄 후 한국으로 도피했다. 처벌될 수 있다.

**문:** 미국에서 범죄행위와 관련되어 한국으로 도피 중에 있습니다. 어떻게 되나요?

**답:** 피해자가 한국인이 아니라면 한국 정부는 귀하에 대한 형사처벌권이 없습니다. 왜냐면 귀하는 미국시민이고 범죄행위가 미국에서 발생하였고, 피해자가 한국인과 관계없기 때문입니다.
  그러나 미국과 범죄인인도 협정이 맺어져 있고, 국제형사공조협조조약에 가입되어 있어, 미국정부에서 귀하의 소재를 파악한 후 귀하를 체포, 인도요청이 있을 경우 한국수사기관이 귀하를 체포하여 미국 정부에 인도할 수도 있습니다.

## 93. 범죄인인도 및 형사사법공조란 무엇인가?

**문**: 범죄인인도 및 형사사법공조조약이란 무엇입니까?
**답**: 범죄인인도란 한 나라의 형법 또는 형사관계법을 위반한 혐의를 받고 있는 범죄인이 다른 나라에 소재하고 있어 형벌권을 행사할 수 없는 경우 범죄인 소재국이 형벌권 행사국의 요청에 따라 그 범죄인을 인도하는 국제법상의 제도입니다. 한편 형사사법공조란 형사사건의 수사·재판과 관련된 증거자료의 수집. 제공을 위하여 국가 간에 서로 협력하는 제도를 말합니다.

해외여행의 자유화로 국내 범죄인의 국외도피가 날로 증가하고 있고, 다수국을 활동무대로 하는 국제범죄가 날로 심화되고 있어 범죄인 인도조약을 통한 범죄인의 신병확보와 형사사법공조를 통한 국제범죄의 공동대처 필요성은 날로 증대되고 있습니다. 우리나라도 이에 대처하기 위하여 1998년 6월 10일 미국과 범죄인 인도조약을 체결한 것을 비롯하여 호주, 필리핀, 캐나다, 태국, 몽골, 중국, 일본, 베트남, 프랑스, 홍콩등 30여 개국과 범죄인 인도조약을 체결하였으며 호주, 미국, 캐나다, 중국, 홍콩, 러시아, 필리핀, 태국, 베트남, 일본 등 25개국과 형사사법공조조약을 체결한바 있습니다.

부록 / 영주권자(시민권자)가 알아야 할, 한국법률 100문 100답

**부록** 소송관련

## 94. 미국에서 한국인에게 빌려준 돈을 한국에서 받을 수 있나?

**문:** 미국 시민권자입니다. 아는 친척에게 돈을 빌려주었는데 변제하지 않고 한국으로 갔습니다.(1) 미국에서 재판을 통하여 받을 수 있나요? (2) 한국법원에 소송을 제기할 수 있나요?

**답:** (1) 미국 법원에 제소하여 판결을 받을 수 있습니다. 외국법원의 판결은 국내에서 집행할 경우, 예컨대 판결문에 기한 강제집행 등을 하려면 국내법원에서 외국법원의 판결에 기한 집행판결을 별도로 받아야 합니다. (민사소송법 제 217조)

국내 법원에서 외국법원의 판결의 기한 집행판결을 받기 위해서는 ① 한국의 법령 또는 조약으로 당해 외국법원이 재판권이 인정되어야 하고, ② 패소한 피고가 한국민인 경우 공시송달에 의하지 아니하고 소송의 개시에 필요한 소환 또는 명령의 송달을 받았거나 혹은 송달을 받지 않았더라도 자진하여 응소하였어야 하며, ③ 외국법원의 판결이 한국의 선량한 풍속 기타 사회질서에 위반하지 않아야 합니다. 또한 ④ 확정 판결의 효력에 대한 상호보증이 있어야 합니다.

이러한 요건이 모두 구비된 판결 중 한국법원이 그 적법함을 집행판결로 선고한 판결에 의하여 강제집행을 할 수 있는데, 이때 당해 외국판결이 반드시 확정된 판결이어야 함은 국내 판결의 강제집행에 있어서와 마찬가지입니다.

이때 집행판결을 청구하는 소는 피고의 주소지를 관할하는 법원에

제기하여야 하나 주소가 없거나 주소를 알 수 없는 때에는 피고의 재산소재지 관할 법원에 재기할 수 있습니다.

(2) 한국법원에 소송을 제기하여 받을 수도 있습니다.

## 부록  선 거

### 95. 영주권자도 선거할 수 있다.

문: 영주권자라도 다음의 국회의원 선거(지역 국회의원 선거는 제외) 대통령선거에서 투표권을 행사할 수 있다는데 어떻게 합니까? 시민권자도 선거권이 있는지요.

답: 2009년 2월 12일 공직선거법이 개정되어서 외국에 있는 대한국민 국민들도 국회의원, 대통령 선거에 참여할 수 있습니다. 투표권을 행사하려면 재외공관(대사관, 총영사관)에 선거일 150부터 60일 전에 부재자 신고를 하여야 합니다. 시민권자는 선거권이 없습니다. 이중국적자의 경우 대한민국 국민이기 때문에 선거권이 있습니다. 또한 국외부재자 신고를 하고 그 기간 내에 재외 선거인 등록 신청을 하여야 합니다. 이때 신분확인에 필요한 여권 사본과 함께 비자·영주권 등을 구비하여야 합니다.

### 96. 영주권자도 국회의원, 서울시장, 대통령 등 선거에 출마할 수 있나?

문: 영주권자입니다. 다음 선거에 서울 시장 선거에 출마하고자 하는데 가

부록 / 영주권자(시민권자)가 알아야 할, 한국법률 100문 100답

능한지요?
**답**: 가능합니다. 영주권자는 대한민국 국민이기 때문에 피선거권이 있습니다. 25세 이상이어야 하며 선거 60일 전까지 출마지역에 주민등록전입이 되어야 합니다. 영주권을 받아 주민등록이 말소된 경우 주민등록을 회복하여야 합니다. 대통령은 40세이상 자로 국내에 5년 이상 거주하여야 합니다.

## 97. 재외동포를 지원하는 국가기관에는 어느 부처가 있는지요?

**문**: 재외동포를 위해 지원하는 정부기관은 어느 곳 입니까?
**답**: 다음과 같은 기관에서 지원해 주고 있으며, 외국인 정책 본부에서 발간한 책자에서 소개된 기관은 다음과 같습니다.

| 업 무 | 관련 기관 및 부서 | Homepage | 전 화 |
|---|---|---|---|
| 국 적 | 국적난민과 | http://www.immigration.go.kr | 82-2-500-9227 |
| 체류(거소 신고) | 사회통합과 | http://www.immigration.go.kr | 82-2-500-9185 |
| 체류<br>(체류기간 연장,<br>체류자격 변경,<br>체류자격외<br>활동 허가,<br>재입국,<br>불법체류)<br>비자발급 | 법무부 체류 관리과 | http://www.immigration.go.kr | 82-2-500-9064 |
| 병 무 | 병무청 병역자원과 | http://www.mma.go.kr | 82-2-1588-9090 |

알기쉬운 미국이민법 · 영주권을 원하십니까?

| 업 무 | 관련 기관 및 부서 | Homepage | 전 화 |
|---|---|---|---|
| 부동산 등기 | 법원행정처 등기과 | http://www.scourt.go.kr | 82-2-3480-1394 |
| 가족관계등록 | 법원행정처 | http://www.scourt.go.kr | 82-2-3480-1389 |
| 세 금 | 국세청 민원실 | http://www.nts.go.kr | 82-2-1588-0060 |
| 학 교 | 교육과학기술부 재외동포교육과 | http://www.mest.go.kr | 82-2-2100-6789 |
| 주민등록 및 인감 | 행정안전부 주민과 | http://www.mopas.go.kr | 82-2-2100-3399 |
| 의료보험 | 보건복지가족부 보험정책과 | http://www.mw.go.kr | 82-2-2023-7392 |
| 여 권 | 외교통상부 여권과 | http://www.mofat.go.kr | 82-2-720-2736 |
| 부동산 취득 | 국토해양부 토지정책과 | http://www.mltm.go.kr | 82-2-1599-0081 |
| 보상금 | 국가보훈처 보상관리과 | http://www.mpav.go.kr | 82-2-2020-5163 |
| 외국인 투자, 국내 재산 반출 | 지식경제부 투자정책과 | http://www.mke.go.kr | 82-2-2110-5351 |
| 외국환거래 | 기획재정부 외환제도과 | http://www.most.go.kr | 82-2-2150-4836 |
| 외국인 근로자 임금체불 | 노동부 임금복지과 | http://www.molab.go.kr | 82-2-2110-7414 |
| 해외 이주 | 외교통상부 재외국민보호과 | http://www.mofat.go.kr | 82-2-2100-7587 |
| 국가소송 | 법무부 국가송무과 | http://www.moj.go.kr | 82-2-2110-3164 |
| 국민연금 | 국민연금관리공단 | http://www.nps.go.kr | 82-2-1355 |

**부록** / 영주권자(시민권자)가 알아야 할, 한국법률 100문 100답

| 업 무 | 관련 기관 및 부서 | Homepage | 전 화 |
|---|---|---|---|
| 공무원 연금 | 행정안전부 연금복지과 | http://www.mopas.go.kr | 82-2-2100-4168 |
| 군인연금 | 국방부 군인연금과 | http://www.mnd.go.kr | 82-2-748-6605 |
| 사립학교 교원연금 | 교원복지담당관실 교육과학기술부 교직발전기획과 | http://www.mest.go.kr | 82-2-2100-6461 |
| 일반 법률 상담 | 대한법률구조공단 | http://www.klac.or.kr | 82-2-2-132 |

부록  복지. 노인

## 98. 노인에 대한 많은 혜택이 있다.

**문:** 미국에서 퇴직 후 한국으로 역이민을 고려중입니다. (1)노인에 대한 사회보장 혜택은 무엇이 있는지요? (2) 이중국적이 인정되나요?

**답:** (1)한국의 소득 및 생활수준도 많이 나아졌습니다. 6.25 이후에 못 살고 못 먹던 시대와는 많은 차이가 납니다. 한국에서 대중교통의 경우 노인층에게 할인 혜택을 주며 지하철은 무료입니다. 의료보험은 미국과 비교할 수 없이 잘 되어있습니다. 동사무소 등의 각종 편의시설이 잘 되어있어 취미생활도 다양하게 할 수 있습니다.

　　미국에서 은퇴 후 연금을 받으신다면 한국에서의 물가수준, 의료서비스, 언어, 음식 등을 감안하면 한국으로의 역이민도 고려해 볼 만 합니다. 참고로 서울에서 충남에 있는 온양온천까지 전철이 연결되어있고, 노인의 경우 무료입니다. 서울에서 한국돈 만원만($10) 있으면 전철타고(무료) 온양에서 온천욕을 즐기고(노인 3,000원) 식사(5,000원)까지 마치고 당일 서울에 올 정도입니다. 의료비의 경우 1만원($10)만 있으면 병원진료가 가능합니다. 미국에서는 상상할 수 없는 것들입니다. 노년층에 대한 취업기회는 매우 적습니다. 여러 가지를 고려하셔서 현명한 선택을 하시기 바랍니다.

　　(2) 65세이상 고령자에게 이중국적을 인정하고 있습니다. 이중국적을 취득하는 절차도 지금은 훨씬 간편해 졌습니다. 6개월 이상 거주요건이 필요 없으며 미국국적을 버리지 않고 한국국적을 가짐으로서 여러 가지 혜택을 볼 수 있습니다.

부록 / 영주권자(시민권자)가 알아야 할, 한국법률 100문 100답

## 99. 한국의 병원비와 건강보험료는 미국에 비해 엄청나게 싸다.

문: 미국시민권자입니다. 은퇴 후 한국으로 귀국을 고려중입니다. 한국의 의료비와 건강보험료는 어떠한지요?

답: 미국에서의 생활 중 제일 큰 문제점은 의료보험을 개별적으로 보험회사에 가입해야 하고 보험료도 비싸기 때문에 많은 교민들이 의료보험에 가입하고 있지 않아서 의료 혜택을 제대로 받지 못하고 병원 수가도 비싸서 웬만하면 병원에도 가지 못하는 실정입니다.

한국에서는 전 국민이 의무적으로 건강보험이 가입하도록 되어 있고, 보험료도 소득 및 재산 수준에 따라서 부과되기 때문에 재산 및 소득이 없는 노년층의 경우 저렴한 보험료에 저렴한 병원비로 의료혜택을 볼 수 있습니다. 미국과는 비교도 되지 않을 만큼 건강보험료 및 병원비가 저렴합니다. 한국의 의료수준도 선진국에 비하여 그 수준이 대등하다고 합니다. 노년층의 경우 각종 질환에 노출 될 염려가 많은데, 한국에서는 저렴한 가격에 쉽게 병원에 갈 수 있습니다.

미국의 의료 제도보다 한국의 의료 제도는 비교 할 수 없을 정도로 한국이 잘 되어 있습니다. 미국에서 한국의 건강보험제도를 연구할 정도로 우리의 시스템이 잘 되어 있다고 합니다.

## 100. 한국에서 노인들이 취업할 기회는 매우 적다.

문: 미국에서 생활한 지 30년이 지났습니다. 한국에서 돌아가고 싶은데 65세가 넘었습니다. 한국에서 취업할 기회가 있는지요?

**답:** 한국에서 노인 등 장년층이 취업할 기회는 미국보다 적습니다. 조기퇴직, 명예퇴직이 유행하고 있어 갈수록 노년층의 취업은 어려워지고 있으며 단순한 노동행위 등도 젊은 사람들에게 빼앗기고 있습니다.

귀하께서 특별한 기능이 있다면, (예컨대 어학 등) 취업의 가능성도 있지만 단순한 노동이나 상업 등에만 종사하였다면 취업은 어렵습니다. 65세 이상의 교포에게 이중국적을 인정하므로 미국에서 연금을 받아서 대도시를 제외한 중소도시나 시골 등에서 생활하시면 생활비가 적게 들기 때문에 큰 어려움이 없을 것으로 보여 집니다. 또 한국의 경우 대중교통 수단이 발달되어 있습니다.

거미줄처럼 뻗어있는 지하철 노선과 대중교통수단은 미국보다 앞서 있습니다. 대중교통요금도 미국과 비교되지 않을 만큼 저렴합니다.